Die Wandlung Saturns

Ursula Strauß

Die Wandlung Saturns

Eine ganzheitliche Betrachtung des Hüters der Schwelle

Bibliografische Information der Deutschen Nationalbibliothek:
Die Deutsche Bibliothek verzeichnet diese Publikation in der Deutschen Nationalbibliografie; detaillierte bibliografische Daten sind im Internet über http://dnb.ddb.de abrufbar.

Herstellung und Verlag: BoD – Books on Demand, Norderstedt
ISBN 978-3-7526-6974-9
Die Wandlung Saturns. Eine ganzheitliche Betrachtung des Hüters der Schwelle

Korrektorat: Uta Koball
Layout, Grafik: Ursula Strauß
Umschlagmotiv: winter, inside. Mischtechik auf Spanplatte, 1997

Bildhinweise:
Die auf S. 13 abgebildete Plastik „Satyr“ stammt von der Malerin und Bildhauerin Heike Klinger. Mit freundlicher Abdruckgenehmigung der Künstlerin. Kontakt: Heike Klinger, Lanferbruchstraße 7, D-45899 Gelsenkirchen, www.heike-klinger.de..

Inhaltsverzeichnis

Vorwort zur Neuausgabe 2020

Die Wandlung Saturns ist erstmalig 1999 in der Blauen Reihe des Urania Verlags erschienen. Meine Befürchtung, dass das Buch wie Blei in den Regalen liegenbleibt, erwies sich glücklicherweise als unbegründet – ich freue mich sehr über die vielen Rückmeldungen, die mich bis heute erreichen und stets aufs Neue inspirieren. Danke an alle WegbegleiterInnen: für ihr Vertrauen, ihre Kritik, fürs Mut machen und dafür, dass ich von Ihnen lernen durfte.

Dass die Neuausgabe nun am Ende eines Jahres erscheint, in dem (auch staatliche) Einschränkungen, Eigenverantwortung, Disziplin, Isolation, Ernsthaftigkeit, Geduld und andere schmerzlich-saturnische Dinge Hochkonjunktur haben, war keinesfalls geplant. Es aber kein schlechter Zeitpunkt, um diese so konsequente Energie mit neuen Augen zu betrachten. Der besseren Lesbarkeit wegen wurden Sprache und Darstellung ein wenig aufgefrischt und die Anmerkungen in den Text integriert. Wo es passte, sind aktuelle Bezüge und Ergänzungen eingeflossen. Doch Saturns Themen sind nicht „modisch", sondern eher ewig und allzeit gegenwärtig. Nach und nach lernen wir mit und an ihnen, in einer Realität zu bestehen, in der unser Tun immer Folgen hat.

Gesellschaftliche Tendenzen haben sich in den letzten 21 Jahren zwar verschärft und treten sichtbarer hervor, wirklich gewandelt hat sich aber noch nichts. Saturns (Mit-)Herrschaft im Wassermann wird immer deutlicher spürbar – und Wassermann ist keine Kleinigkeit. Während sich einerseits das Individuum unbekümmert zur Norm macht, werden andererseits Normen kleinteilig individualisiert. Entsprechend schreitet die Polarisierung fort und offenbart die strukturelle Hilflosigkeit bestehender Systeme. Die Verantwortung, sich sowohl als Individuum als auch als Gemeinschaft wirklich neu erfinden und die verurteilte Seite des Seins integrieren zu müssen, ist mittlerweile unübersehbar. Die globalisierte Welt sucht nach einer Idee, die ihr hilft, die Folgen ihres Tuns zu überleben. Und dieser Prozess hat gerade erst begonnen.

Ein besonderer Dank geht an Uta Koball für das Korrekturlesen des Textes – you saved my day! Eventuell noch vorhandene Fehler gehen ausschließlich auf mein Konto.

Ursula Strauß, November 2020

Einführung

Während sich die Arbeit am Manuskript zur Erstausgabe dieses Buches dem Ende zuneigte, fand ich in meinen Unterlagen eine vergessene Notiz, die zum Zeitpunkt seiner Veröffentlichung bereits sieben Jahre alt war. Hastig hatte ich zwischen Traumaufzeichnungen und Lose-Gedanken-Sammlungen eingefügt: „Ich muss mich auf die Suche nach einem unverstandenen Gott machen. Es ist notwendig." Damit hatte ich, ohne es zu wissen, ein Versprechen abgegeben. Im Rückblick betrachtet hat jener Teil meiner Seele, dem ich dieses Versprechen gab, mich zu dessen Einlösung geführt, und das 1999 erschienene Buch war ein Ergebnis davon. Denn, ob es mir klar war oder nicht – ich hatte mein Versprechen wohl ernst gemeint. Und alles, was wir ernst meinen, hat Folgen. Selbst 21 Jahre später.

Dieser unverstandene Gott, wie ich ihn nannte, war Saturn, oder die Steinbock-Energie schlechthin – jene Qualität des Tierkreises, die nicht gerade den besten Ruf hat. Dennoch gilt es in der Astrologie als wichtig, Saturn „zu erlösen", denn das hat auf das eigene Leben eine befreiende Wirkung. Saturn zu erlösen bedeutet jedoch nicht, diese Qualität aus dem Tierkreis zu löschen, obwohl vielen vermutlich in so manchen misslichen, von Saturn bestimmten Situationen der Sinn danach stehen mag. Zwischen der unerlösten und der erlösten Saturnkraft steht ein Prozess der Wandlung dieser Energie, was jedoch letztendlich einer Wandlung unserer selbst gleichkommt. Saturn zu wandeln bedeutet, ihn zu integrieren und diese Kraft in der eigenen Seele und im eigenen Leben auf eine konstruktive und förderliche Weise zu spüren.

Wandlung ist jedoch ein Akt von Geist und Seele und ist nicht gleichbedeutend mit äußerlicher Veränderung – im Gegenteil. Etwas zu wandeln bedeutet, aus ihm durch einen inneren Vollzug ein Gleichnis zu machen und es somit in die symbolische Ebene zu transformieren. Ein beliebiger Gegenstand mag rein physisch derselbe bleiben – durch einen rituellen Akt erhält er jedoch eine symbolhafte Bedeutung und damit eine vollkommen veränderte Wirkung. Dies ist mit Wandlung gemeint, und was wir beispielsweise in religiösen Zeremonien gut beobachten können funktioniert auch mit der Energie Saturns, dem

Herrn dieser Welt. Wenn Saturns Wirkungen in unserem Leben sich verändern sollen, ist ein veränderter Blick auf diese Kraft notwendig, ein Blick, der aus ihr ein Gleichnis und somit zugleich eine Tür macht, durch die wir hindurchtreten können.

Die Wirkung gewandelter Gegenstände erklärt sich aus ihrer Einbindung in das Ganze. Eine brennende Kerze ist beispielsweise nichts weiter als Wachs, ein Docht und eine Flamme – wird sie jedoch in einen Zusammenhang gestellt und aus einer ganzheitlichen Perspektive betrachtet, wandelt sie sich zu einem Symbol für das Licht. Auf dieser symbolischen Ebene wird sie damit zugleich Empfängerin vieler anderer Zuschreibungen: Leben, Wärme, Liebe, Hoffnung, Kraft oder Zuversicht. Die Energie von Steinbock/Saturn zu wandeln erfordert einen ähnlichen Prozess, mit dem wir jedoch zumeist Mühe haben, da diese Qualität die ganz konkrete, physische Facette unserer Existenz betrifft. Es macht uns Mühe, die Welt als ein Gleichnis zu sehen, auch wenn uns Saturn dadurch ein Stück vertrauter wird. Noch mehr Mühe macht es uns aber, uns selbst als ein Symbol zu betrachten, uns selbst auf eine Ebene zu transformieren, auf der wir das, was wir konkret erfahren, vollkommen anders erleben.

Die Energie von Steinbock/Saturn in ihren Zusammenhang zu stellen, war mir ein persönliches Anliegen, denn einen anderen Weg zum Begreifen gab es für mich nicht. Erst hierdurch fiel mir jedoch die Zerrissenheit und Wurzellosigkeit dieser astrologischen Qualität auf, und dass sie in diesem Zustand ist, ist zu einem großen Teil das Ergebnis unseres weltanschaulichen Erbes. Die ganzheitliche Perspektive eröffnet einen neuen Blick auf Saturn, und somit auch auf jenen Teil unserer eigenen Seele, der verteufelt wurde und im Tartaros sitzt. Saturn zu erlösen heißt auch, uns selbst aus der Dunkelkammer zu befreien, und dies befähigt uns wiederum zu einer erdverbundenen Spiritualität, der wir Heutigen auch im Hinblick auf unsere Zukunft wohl mehr denn je bedürfen.

Aus diesem Grund befasst sich der mythologische Teil dieses Buches mit mehreren Gesichtspunkten saturnischer Energie. Allem voran steht die Betrachtung jener Bilder, deren Zuordnung zu Saturn bekannt ist: der griechische Mythos um Kronos und der Sündenfall der christlichen Theologie. Jedoch lassen sich zu Saturn gehörende Bilder bis in die Mythen der Mutterreligionen zurückverfolgen, und dieser

Blickwinkel wandelt seine Energie bereits erheblich. Zugleich erschien es mir notwendig, Saturns Verbindung zu den zwei neueren astrologischen Faktoren Chiron und Lilith zu betrachten, denn Chiron ist in der griechischen Mythologie der Sohn des Kronos, während Lilith im jüdischen Mythos die Gefährtin Satans wurde. Wann immer wir es im Leben mit Saturn zu tun haben – Chiron und Lilith stehen stets dabei.

Im zweiten Teil wende ich mich hauptsächlich der Heimat Saturns zu und betrachte das Zeichen Steinbock unter dem Gesichtspunkt seiner Position im Tierkreis. In der Darstellung des archetypischen Tierkreises steht der Steinbock in der Regel am Dach des Kreises, wodurch die prägende Kraft dieser Energie für unsere irdische Existenz symbolisiert wird. Jedoch erklärt sich im Grunde keine Energie des Tierkreises aus sich selbst heraus – und schon gar nicht die Heimat Saturns. Gerade bei Saturn neigen wir jedoch häufig zu einer isolierten Betrachtung, und der zweite Teil geht auch der Frage nach, warum das so ist und woher diese Sichtweise kommt. Wie alles erhält auch die Qualität des Steinbocks erst ihren Sinn, wenn sie in ihren Zusammenhang gestellt wird. Und erst aus dieser ganzheitlichen Sicht werden Ziel und Eigenart des Steinbocks umfassend offenbar und Verzerrungen dieser Energie erkennbar und heilbar.

Die Integration des Steinbocks in das Ganze bringt vor allem seine zum Wassermann weiterführende Qualität hervor und legt den Blick auf einen seelischen Schutzmechanismus offen, der nur allzu leicht als Behinderung abgetan wird. Der Hüter der Schwelle in uns mag uns einiges abverlangen, bis er die Tür freigibt, doch schließlich sind wir auch alle Zauberlehrlinge, die lernen müssen, mit den Geistern, die sie rufen, fertig zu werden. Auf der Schwelle Saturns lernen wir vor allem den ersten Schritt hierzu, nämlich zu erkennen, dass wir die Geister selbst gerufen haben. Jedoch sind diese Erkenntnis und der erlösende Zauberspruch ein und dasselbe, und es ist Saturn, der darüber wacht, dass wir in einem Tempo zaubern lernen, das weder uns noch anderen schadet.

Auf welche Weise und wo wir was lernen, ist Gegenstand des dritten Teils. Hier geht es vor allem um die Färbung der persönlichen Saturnqualität und um seine Konstellationen im individuellen Horoskop.

Neben der Betrachtung der Stellung Saturns in Zeichen und Häusern untersuche ich auch das Haus, in das im persönlichen Horoskop der Übergang von Steinbock zu Wassermann fällt. Dieses Haus entpuppt sich nicht selten als „Zauberschule" und kommt im realen Leben oft einer Sollbruchstelle gleich. Hier finden wir den Staudamm und das Elektrizitätswerk am Ufer des Sees zugleich, hier verdichten sich unsere Bemühungen um Integrität und Individualität – und hier ist ein wesentliches Thema unseres Lebensauftrags zu finden. Nicht selten lassen sich die Schwierigkeiten mit Saturn aus seiner Isolation innerhalb des Ganzen ableiten, und die Betrachtung des Übergangs zum Wassermann kann für jeden und jede persönlich die saturnische Qualität wandeln.

Der astrologische Blick auf Saturn wandelt sich in unserer Zeit auch allgemein, und dies hängt sicherlich zugleich mit der zunehmenden Beachtung der weiblichen Dimension der Welt zusammen. Dass Saturn im wahrsten Sinne des Wortes so ein Teufelskerl werden konnte, ist auch ein Resultat des historischen Aufstiegs des Patriarchats, dem wir einen mehr als verzerrten Blick auf die irdische Realität verdanken. Wir müssen jedoch wieder lernen, *mit* der Erde zu gehen, und dies setzt einen Blick voraus, welcher in der saturnischen Qualität die Liebe zum Leben entdecken will. Die Annahme, dass es ursprünglich in unserer Seele nichts gibt, was gegen uns ist, ist gerade in Bezug auf Saturn für manche nahezu revolutionär. Entsprechend befreiend wirkt sich jedoch auch die innere Bejahung seiner Energie aus. Es ist gut zu wissen, dass es Prometheus in uns ist, der will, dass wir die Energie Saturns in unsere eigene Seele integrieren.

Teil I:

Mythen

Die astrologischen Begriffe Saturn und Steinbock bezeichnen eine Qualität des Lebens, unserer Seele und des Ganzen, zu welcher der Zugang für viele nicht so ohne weiteres zu finden ist. Es fällt uns in der Regel nicht leicht, der zehnten astrologischen Energie ohne Vorbehalte zu begegnen, zumal wir wissen, dass mit ihr Elemente der Prüfung, der Mühe, harter Arbeit und dergleichen mehr verbunden sind. Wenngleich viele unserer Vorbehalte gegenüber Saturn aus seiner traditionellen Überlieferung als Übeltäter, Bremsschuh und oberster Richter kommen, sind es jedoch zugleich die Mythen, die uns einen etwas klareren Blick auf das astrologische Prinzip „Steinbock" ermöglichen und uns etwas über seine wechselvolle Geschichte erzählen können.

Das Leben ist ein vernetztes und geheimnisvolles Ganzes, welches sich letztendlich jeglicher Zuordnung und Katalogisierung entzieht. Nichtsdestotrotz versuchen wir, unsere Erfahrungen zu ordnen, um zu sie verstehen. Und wenn es sich um Bereiche handelt, die jenseits des merkurialen Wissens liegen, benutzen wir Bilder und Geschichten, greifen zu den Mitteln der Kunst bzw. kommunizieren generell auf einer Ebene, auf der wir ganzheitlich wahrnehmen. Auf diese Weise erhalten sich Überlieferungen von etwas Archetypischem, von etwas, das allem Leben und der menschlichen Seele schlechthin innewohnt.

Wollen wir uns also der Qualität Saturns in unserer eigenen Seele nähern, so wenden wir uns als erstes dem zu, was andere Menschen aus ihren Erfahrungen mit diesem Prinzip haben entstehen lassen, um ihr Wissen und ihre Einsichten an kommende Generationen weitergeben zu können. Dass wir Heutigen irgendwann auch einmal zu denen gehören werden, die ihre ganz eigenen Erfahrungen mit diesem Prinzip weitergeben, nimmt den Überlieferungen zum einen ihre Unantastbarkeit. Zum anderen kann uns das ermutigen, sie in uns selbst zu entdecken, durch uns selbst zu verändern und als einen lebendigen Prozess fortzuschreiben. Dieser dynamische Umgang mit unserer eigenen saturnischen Kraft entspräche ihrer Einbindung in das Lebensganze – und somit auch ihrer Verwandlung.

1. Bestandsaufnahme – Ein Blick auf alte Geschichten

Aufgrund der fruchtbaren Verbindung der Astrologie mit der Psychologie wissen wir mittlerweile, dass die Prinzipien der Astrologie als ein Prozess zu verstehen sind, der sich sowohl in der menschlichen Seele als auch in der Gesellschaft abspielt. Im Gewand unterschiedlicher Mythen, die im Laufe der menschlichen Geschichte entstanden sind, können wir somit den Prozess „Steinbock" auf eine recht umfassende Weise kennenlernen und Rückschlüsse auf die archetypische seelische Dynamik ziehen, die in jedem Einzelnen von uns wirkt.

In unserem westlichen Kulturkreis sind die uns geläufigsten Bilder jene aus der griechischen Mythologie und aus der christlichen Lehre. Die hieraus entstammenden Saturn-Analogien sind recht bekannt, allerdings gibt es das Steinbock-Prinzip in unserer Seele, seit es Menschen gibt. Wir tragen auch ein seelisches Erbe in uns, das wesentliche Elemente aus der Zeit der großen Muttergöttinnen beinhaltet. Der weltanschauliche Wandel, der mit dem Untergang des Matriarchats einherging, ließ indes auch das Steinbock-Prinzip nicht unberührt und brachte verschiedene Facetten des Steinbocks zum Verschwinden, die uns heute zu seinem Verständnis fehlen. Daher behandelt der letzte Abschnitt dieses Kapitels Bilder aus vorpatriarchaler Zeit – denn auch hier finden wir Darstellungen des zehnten Prinzips, wenn auch in überraschend anderer Weise.

a. Kronos/Saturn

Wenden wir uns jedoch zunächst dem antiken Mythos um die Energie des Steinbocks zu. Die Assoziationen und astrologischen Analogien zu Saturn leiten sich zum größten Teil aus dem griechischen Mythos um Kronos ab. Kronos ist ein Titan, der im Auftrag seiner Mutter seinen Vater entmannte und anschließend aus Furcht vor dem gleichen Schicksal seine eigenen Kinder fraß. Er konnte seinem Schicksal jedoch nicht entgehen. Zeus/Jupiter, sein Sohn, konnte ihm durch weibliche List entkommen, stieß ihn schließlich von seinem Thron und verbannte ihn in den Tartaros. Seither herrscht Zeus/Jupiter im griechischen Götterhimmel – und das tut er im menschlichen Bewusstsein zu einem guten Teil heute noch.

Saturn ist ein Synonym für Kastration geworden, seine mythologische Geschichte zeichnet das Bild einer Energie, welche die himmlische Urkraft (seinen Vater Uranus) beschneidet und gleichzeitig aus Angst vor Machtverlust den eigenen Schöpfungen das Lebensrecht verweigert. Der Mythos beschreibt jedoch auch, dass diese Prozesse jeweils von Frauen initiiert und ermöglicht wurden. Zum einen fordert seine Mutter Gaia, die Erde, ihren Sohn Kronos auf, den Vater zu entmannen und gibt ihm auch die Mittel dazu. Zum anderen ist es wieder die Mutter des Sohnes, nämlich Rhea als Mutter des Zeus, die durch eine List Zeus vor dem Verschlingen rettet und das Ende des Vaters ermöglicht. Zudem gelingt es Zeus mit Hilfe der Okeanide Metis, seine verschlungenen Geschwister zu befreien und mit ihnen gemeinsam den Vater Kronos zu besiegen.

Ein kurzer Auszug aus der griechischen Mythologie

Die begabtesten Kinder von Uranos (Himmel) und Gaia (Erde) waren die Titaninnen und Titanen, deren König Kronos wurde. Auf Veranlassung seiner Mutter Gaia entmannte er seinen Vater mit einer Sichel, da dieser immer wieder die hundertarmigen Riesen (Hekatoncheiren) und die Kyklopen in ihren Leib zurückstieß. Die abgeschnittenen Genitalien warf er hinter sich (nach anderer Auffassung ins Meer), aus dem Blut entstanden Furien, Giganten und Nymphen, nach Hesiod auch Aphrodite. Kronos herrschte nun anstelle seines Vaters, bald jedoch ebenso brutal. Ihm wurde ebenfalls der Sturz durch eines seiner Kinder geweissagt, und so verschlang er sie, als sie geboren wurden. Zeus wurde durch die List seiner Mutter Rhea gerettet, da sie Kronos stattdessen einen Stein zum Verschlingen gab. Zeus brachte Kronos mit einer List dazu, seine verschlungenen Geschwister wieder zu erbrechen, zudem befreite er die Giganten und Kyklopen, die Kronos in der Erde festgehalten hatte, und führte gemeinsam mit ihnen einen siegreichen Krieg gegen seinen Vater. Kronos wurde zugunsten von Zeus abgesetzt und in den Tartaros gestoßen, wo ihn die hundertarmigen Riesen bewachen mussten. Der Stein, der Zeus ersetzt hatte und den Kronos zuerst erbrach, wurde in Delphi aufgestellt und als Nabel der Welt bezeichnet.
Vgl. Lexikon der antiken Mythen und Gestalten, dtv 1989.

Mythen berichten zwar vom prinzipiellen Wechselspiel der Kräfte, der griechische Mythos berichtet jedoch auch von einem sich wandelnden männlichen Gottesbild, denn die Geschichte spielt sich in der Götterfolge Uranos – Kronos – Zeus ab. Mit dem Wechsel der himmlischen Macht von Uranos über Kronos zu Zeus können wir in der Mythologie auch den Machtverlust weiblicher Göttinnen beobachten. War Gaia, die Mutter des Kronos und des Uranos, noch die mächtige weibliche Erde, die Göttin mit ihrem Sohngeliebten als zentraler Teil des Geschehens, wurden mit Hera und der Vielzahl der Göttinnen des Olymp das weibliche Prinzip nach und nach dezentralisiert und der Darstellung seiner gesammelten Potenz beraubt.

Der von den Mythen überlieferte Wechsel der himmlischen Macht symbolisiert vor allem einen Wandel im Denken und Glauben der Menschheit. Mythen erzählen auch von der Geschichte des menschlichen Bewusstseins, die sich immer in den jeweiligen Göttern und dem Glauben der Menschen spiegelt. Der uns geläufige griechische Götterhimmel mit Zeus/Jupiter auf dem obersten Thron kennt zwar noch weibliche Gottheiten, hat aber zu einer matriarchalen Weltanschauung schon großen Abstand eingelegt.

Die Überlieferung spricht von einem Erstarken der männlichen gegenüber der weiblichen Kraft. Wenn wir davon ausgehen, dass die menschliche Urkultur matrizentrisch war[1], so berichtet die griechische Mythologie vom Wechsel des geistigen Schwerpunktes auf das männliche Prinzip. Im letzten Abschnitt dieses Kapitels werde ich auf die matriarchalen Wurzeln des Kronos/Saturn-Mythos eingehen und hierdurch ein ganz anderes Licht auf unseren eigenen Seelenanteil, genannt „Saturn", werfen. Doch zunächst zu den uns vertrautesten Bildern saturnischer Energie.

Welche Rolle spielt Kronos/Saturn in der griechischen Version des Steinbock-Prozesses? Als ein seiner Mutter gehorchender Sohn führt er ihren Aufruf zur Entmachtung des tyrannischen Vaters aus, um alsdann selbst ein Tyrann zu werden. Es ist kennzeichnend für die Energie Saturns, dass sie der Mutter bzw. der Erde verpflichtet ist – die astrologische Achse Krebs-Steinbock zeigt diese Verbindung zum Urgrund

1 Vgl. hierzu: Carola Meier-Seethaler: Von der göttlichen Löwin zum Wahrzeichen männlicher Macht. Ursprung und Wandel großer Symbole, Kreuz Verlag 1993.

der Natur in einem anderen Bild. Wenn wir dem Mythos folgen, ist Gaia dadurch, dass Uranos ihr die Kinder immer wieder in den Leib zurückstößt, in hoher Not und krümmt sich vor Schmerzen, und es ist unsere eigene Saturn-Energie, die bei einer solchen Geschichte ein Urteil fällt und sagt: „Das tut man ja auch nicht - das muss ein Ende haben...!"

Der Planet Uranus gilt in der Astrologie als Herrscher des Zeichens Wassermann. Der mythologische Himmelsgott Uranos hat jedoch mit der Qualität, die durch die Entdeckung des Planeten Uranus in unser Bewusstsein trat, scheinbar recht wenig gemein (plötzliche Veränderungen, Rebellion, Innovation, technologische Entdeckungen, Individualismus, Originalität, Freiheit etc.). Nach seiner Entmannung durch Kronos spielte Uranos in der Mythologie keine Rolle mehr. Der amerikanische Astrologe Richard Tarnas sieht im Mythos des Prometheus eine passendere Beschreibung für die Qualität des Wassermanns und befürwortet – zumindest in der Astrologie – eine Umbenennung des Planeten. Der Uranos der griechischen Mythologie ist ein tyrannischer und patriarchaler Himmelsgott, dessen Analogie zum Wassermann-Prinzip so einfach nicht herzustellen ist. Saturn ist jedoch auch Mitherrscher des Wassermanns, und in dieser Funktion kann man sein väterliches Erbe durchaus auf – im Sinne des Mythos – „uranische" Weise wirken sehen.
Vgl. Interview mit Richard Tarnas in ASTROLOGIE HEUTE Nr. 68 und Richard Tarnas: Uranus und Prometheus, Astrodienst Verlag, Zürich

Auch wenn wir für Gaia kein direktes astrologisches Prinzip haben, können wir bereits hier Saturns Zuordnung zum Erdelement nachvollziehen. Er steht auf der Seite jener Kraft, die das irdische und konkrete Leben hervorbringt und fällt in ihrem Dienst seine Urteile. Wenn wir diese Analogie ganz einfach auf unsere Gegenwart übertragen, dann können wir uns mitunter recht ratlos fragen, wo diese saturnische Seite heute ist. Wo ist der Anwalt der Erde, der ihrem (und damit auch unserem) Leid ein Ende setzt und Tyrannen entmachtet? Und – was ist das denn dann für ein Saturn, der uns tagtäglich Steine in den Weg zu werfen scheint? Im Verlauf dieses Buches können wir hoffentlich Saturn ein wenig der Masken entkleiden, die ihm aufgesetzt sind, und besser erkennen, welche Funktion diese Masken haben.

Mit der Differenzierung des menschlichen Bewusstseins tritt auch in der Mythologie eine weitere Kraft zu den Polen von Vater und Mutter hinzu: Saturn erscheint als eine männliche Energie, die sich für die Bedürfnisse der Mutter verantwortlich fühlt – auch durch die Sichel/Mond-Analogie repräsentiert, mit der er seinen Vater kastriert. Er handelt in ihrem Auftrag und richtet seine Kraft gegen sein eigenes Geschlecht. Die Figur des Uranos sowie der „Kampf zwischen Männern" lassen ein weit älteres mythologisches Motiv anklingen: Uranos ist zum einen der Gatte Gaias, zum anderen aber auch ihr Sohn[2].

Die Entmachtung des Vaters (Uranos) durch den Sohn (Kronos) erinnert an das alte Bild des Opfers des Jahreskönigs, ein matriarchaler Ritus, bei dem durch die stete Verjüngung des männlichen Prinzips die Weitergabe des Lebens gewährleistet werden sollte. In diesem Kontext ist Kronos der junge König, der neue Sohngeliebte, der nun den Platz an der Seite der Mutter/Göttin einnehmen wird. Indem er diesen Ritus jedoch ausführt, wird er in seiner Zeit auch zu einem Repräsentanten des Alten, des Vergehenden. Wenn wir davon ausgehen, dass die griechische Mythologie hier auch den Untergang des Matriarchats in Bilder fasst, gehört Kronos noch zu den Söhnen, die sich durch die weibliche Linie ihrer Herkunft definieren und den weiblichen Riten folgen – allerdings nur bis zu einem bestimmten Punkt.

An das Alte und eine sterbende Weltsicht gebunden steht er für das ein, was bisher gut und richtig, eben üblich war. Indem er jedoch einem fremden Urteil über seine eigene Art folgt (den Vater als Teil und Spiegel seiner selbst), verurteilt er sich unbewusst selbst und muss zwangsläufig zu dem Tyrannen werden, den er bekämpfte. In dem Moment, in dem der Ritus, den er vollzog, auf ihn selbst angewendet werden soll, sagt er nein. Diesen Teil der Abmachung fürchtet er und will an seiner Position festhalten.

Obwohl das Opfer des Jahreskönigs üblich war, erscheint in den Mythen mit Kronos ein Sohn, der zwar zum Teil dem Alten folgt, um selbst Macht zu erlangen, jedoch dem Neuen schon zu nahe ist, um den alten Ritus in letzter Konsequenz zu befolgen und sich selbst freiwillig zu opfern. Hier sieht er die Vorteile des Neuen und steht dazwischen,

2 Die griechische Mythologie erzählt die Geschichte der Schöpfung folgendermaßen: Gaia, die Erde, entstand aus dem Chaos. Anschließend brachte sie ohne Hilfe eines Mannes Uranos, den Himmel hervor. Aus der Vereinigung mit diesem ihrem Sohn entstand das Geschlecht der Titaninnen und Titanen.

ohne sich entscheiden zu können. Somit wird Kronos zur Personifikation des Zweifels und zur Darstellung der Schwelle schlechthin. Seine Figur ist im Grunde tragisch, denn sie hat ihren Platz zwischen zwei Welten: einer bekannten, aber sterbenden, und einer erstarkenden, aber noch unbekannten.

Entsprechend steht auch der Planet Saturn zwischen zwei Welten und fungiert in der Astrologie als Hüter der Schwelle zwischen den persönlichen und relativ bekannten Energien bis Jupiter und den geistigen, stets neuen und unbekannten Energien ab Uranus/Prometheus. Wenden wir das auf unser individuelles Befinden an, stellt sich die Frage, wer von uns diesen Zweifel nicht kennt, der vor allem auftaucht, wenn es um ganz konkrete, irdische und folgenreiche Situationen geht, um Wendepunkte und Machtwechsel in unserem Leben?

In solchen Situationen regiert Kronos über unsere Seele. In bewegte Situationen will er Dauer bringen und kann uns somit dazu befähigen, Krisen zu überstehen. Das Festhalten am erlangten Status ist jedoch auch typisch für das Steinbock-Prinzip, und hieraus leitet sich seine Neigung zur Erstarrung ab. Die Erstarrung entsteht jedoch erst, wenn die ausübende Autorität ihre Verbindung zum lebendigen Ganzen verloren hat und die Wirksamkeit anderer archetypischer Energien unterdrückt.

Die Beziehung zwischen dem formgebenden, gebärenden weiblichen Prinzip und dem zeugenden, initiierenden männlichen Prinzip beschreibt der Mythos als konflikthaft. Der Streit zwischen den Polen ist im Grunde Vorbedingung dafür, dass Kronos überhaupt existieren und einschreiten kann. Weder im gesellschaftlichen Kontext noch in unserer eigenen Seele ist dieser Konflikt gelöst. Jedoch führt der Glaube an endgültige, dauerhafte Lösungen zu Tyrannei, Erstarrung und Gewalt.

Wenn wir davon ausgehen, dass die menschliche Geisteskultur als erstes die Mutterreligionen hervorbrachte und jeder Mensch sich als eins mit seiner Mutter und der Mutter Erde empfand, dann hatte ein männlich-geistiges Prinzip in dieser Weltsicht noch keinen Platz. Seine Position war – da von ihr hervorgebracht – der allumfassenden Muttergöttin stets unter- bzw. nebengeordnet. Durch eine an Müttern und Frauen orientierte Gesellschaftsordnung wurde das Männliche als eigenständiges Prinzip nicht ernst genommen, denn auch das Matriarchat war sexistisch. „Jenseits der Mütter" gab es nichts, d.h. auch kein Bewusstsein, das die irdische Gegebenheit und Herkunft überstieg oder gar die Idee der menschlichen Originalität und die Geburt von etwas tatsächlich Neuem zuließ.

Die Uneinigkeit zwischen Gaia und Uranos symbolisiert auch den Machtkampf zwischen weiblichem und männlichem Prinzip auf einer sehr tiefen Ebene unseres eigenen Bewusstseins. Hier ist es dann unser inneres Steinbock-Prinzip, das sich automatisch auf die Seite der Herkunft und des Bisherigen stellen will. Diese Energie in uns spürt den Konflikt und fällt ein moralisches Urteil, das jedoch auch zugleich gegen die eigene Art gefällt wird. Kronos urteilt nicht nur über seinen Vater, sondern auch über das Männliche, zu dem er selbst gehört. Die Fragwürdigkeit, Unsicherheit und Notwendigkeit moralischer Urteile findet im Mythos des Kronos ein komplexes und entsprechend widersprüchliches Bild, ohne dass eine fadenscheinige Lösung für dieses menschliche Urproblem geboten wird. Den Göttern ihre Potenz zu entreißen, hat zwar einen Zuwachs an Macht und Bewusstsein zur Folge, stellt uns jedoch zugleich mehr und mehr selbst „vor Gericht".

Die Kraft, auf der Basis der bisherigen Erfahrung moralische Urteile zu fällen, wird immer wieder durch Glauben, neue Erkenntnisse und die Erschließung neuer geistiger Horizonte in Frage gestellt. Wenn wir an einmal gefällten Urteilen festhalten (was wir zunächst immer tun, weil sie so mühsam zu erwerben sind und dem Leben in Gemeinschaft Struktur geben), entbrennt früher oder später in uns selbst der Kampf der Götter und Titanen, den Zeus schließlich mit Prometheus an seiner Seite für sich entscheidet. Dies entspricht der Sextilverbindung der Zeichen Schütze und Wassermann im archetypischen Tierkreis; eine Dynamik, auf die ich im zweiten Teil noch näher eingehen werde.

Mit Zeus/Jupiter steht in der griechischen Mythologie nun ein männlicher Gott, der nicht durch seinen Sohn entmachtet wurde, am Himmel – zumindest nicht in diesem mythologischen Bezug. Dem schützehaften Glauben und seiner mitreißenden Überzeugung ist die Eindeutigkeit zu eigen, der Dimension Saturns jedoch die Zweideutigkeit als Metapher für unsere irdische Existenz.

Kronos/Saturn wird durch seinen Mythos zu einem Symbol für Situationen des Übergangs und kennzeichnet die Fähigkeit unserer Seele, Übergänge zu bestehen, ohne in ihnen unterzugehen. Im Gegenteil: Mögen uns unsere eigenen Urteile auch in den Abgrund des Tartaros stürzen, so verbinden sie jedoch auch die Pole auf eine vertikale Weise und eröffnen unserer Erfahrung eine ganz andere Welt – nämlich die der Kehrseite. Im Mythos von Kronos finden wir die Höhe des Herrschertums und die Tiefe des Abgrunds miteinander verbunden. Durch die Konflikte der Pole zu tragischer Berühmtheit gelangt, sind sie in Kronos selbst und seinem Schicksal jedoch vereinigt.

Übergänge sind Situationen, in denen Trennung und Zusammenhang gleichzeitig anwesend sind. Das macht sie so schwierig, und das Bild Saturns ist *das* Symbol dafür. Das mag einigen LeserInnen zunächst etwas befremdlich erscheinen. Wenn wir jedoch weiter unten den Spuren seiner Herkunft bis in matriarchale Zeiten folgen, werden wir sehen, dass er ursprünglich nichts anderes war als genau das.

Kronos stellt sich im griechischen Mythos zwar gegen den Wandel der Zeiten, indem er dem Alten verpflichtet ist und für sich selbst Dauer beansprucht. Bei der Betrachtung der Beziehung von Saturn und Lilith wird jedoch später ersichtlich, dass diese Starre letztendlich den Umschlag und die Neuerung forciert. Da Saturn auch das Prinzip für materielle Manifestation an sich ist, können wir durch ein tieferes Verständnis seiner Qualität auch ein völlig verändertes Verständnis für die Erde und unser Erdendasein schlechthin bekommen. Indem wir in Raum und Zeit zu einer Form gerinnen, werden wir mit uns selbst konfrontiert und mit der Notwendigkeit, zu wachsen, zu lernen und uns zu verändern. Wir selbst sind Übergang und fortwährender Prozess.

In seinem Mythos ist Kronos Richter und Vollstrecker zugleich. Er steckt Grenzen, greift ein, regelt und ordnet eine neue Situation, in der sich Männliches und Weibliches erstens polarisiert haben und zweitens nicht einigen können. Die Erkenntnis der Grenzen betrifft sowohl die Aufteilung des Urchaos in zwei einander verschiedene Teile als auch das Erkennen einer mehr geistigen oder moralischen Grenze, nämlich der, wann es genug ist, wann die Beherrschung der Erde beginnt, ihr zu schaden.

Da sein Urteil zu Lasten des Vaters ausfällt, erkennen wir gleichzeitig Kronos' Respekt vor Gaia und seine innere Zugehörigkeit zu ihr. Dass Kronos jedoch scheinbar gegen die Zeit – vor allem in ihrem qualitativen Aspekt – handelt, entspricht auch der Position seiner Heimat Steinbock im Tierkreis: zwischen dem weitsichtigen Schütze-Zeichen und dem erfinderischen und grenzsprengenden Wassermann-Zeichen. Wir werden später noch sehen, dass seine hiesige Position die einzig mögliche ist und im Kontext des Gesamten die Entwicklungsdynamik des menschlichen Bewusstseins spiegelt.

In Zeiten, in denen sich alles ändert, glaubt Kronos zu wissen, wie es richtig ist. Er will die Vorteile des Vergehenden und die des Kommenden, er lässt sich zwar noch durch die Mutter autorisieren, will sich selbst jedoch nicht mehr opfern. Er will eigene Regeln aufstellen, nach denen das Bewahren des Alten ihm zum Vorteil wird und das Neue in Schach gehalten werden muss, um ihn nicht zu gefährden. Und hier kann es wieder tragisch für uns werden: Jene Energie in uns, die Grenzen erkennt, erkennt ihre eigenen nicht, erkennt nicht, dass sie selbst eine viel größere Kraft blockieren will und dass ihre Fähigkeit, diese Kraft zu behindern, ebenfalls Grenzen hat.

Auf der Schwelle zwischen persönlicher Macht und Zeitgeschehen fixiert sich Kronos auf quantitative Zeit, will lange an seinem Thron festhalten, ohne erkennen zu können, welche Kräfte bei diesem Geschehen tatsächlich am Werk sind. Sein Sturz in den Tartaros ist daher nur folgerichtig, denn dorthin gelangen wir durch geistige Rigidität, also den Glauben, dass es nichts Höheres gibt als das Zusammenspiel der uns bekannten Elemente. In dieser Funktion wirkt die Steinbock-Energie wie eine Bremse in einem von letzten Endes mächtigeren Seelenkräften getragenen Prozess. Sie verhindert jedoch auch, dass wir uns von solchen Kräften einfach bewusstlos mitreißen lassen.

Wer immer Wandlungssituationen in seinem Leben ausgesetzt war, weiß, dass im Nachhinein die Zweifel und angestrengten Bemühungen oft unnötig erscheinen. Und oft erkennen wir auch erst nachher, dass hier ganz andere Kräfte am Werk waren, als wir geglaubt haben. Für die Saturn-Energie in uns stellen sich dann verschiedene Möglichkeiten, mit den Erkenntnissen der Retrospektive umzugehen:

Je bewusster wir sind, umso mehr erkennen wir tatsächlich einen größeren Zusammenhang, eine höhere Ordnung, die durch uns wirkt und der wir uns vertrauend unterstellen können. Je mehr aber unser Stolz mitredet, umso mehr glauben wir, dass nicht erst die Zeit des Zweifels und der Anstrengungen uns zu neuen Ufern geführt hat, sondern dass sie unsinnig oder falsch war.

In Kronos' Urteil über den Vater erkennen wir eine weitere Saturn-Analogie: den Fehler. Kronos erkennt einen Fehler und bemüht sich, ihn zu beheben. Einen Fehler zu erkennen bedeutet, dass man an die Existenz von Fehlern glaubt – und somit wird Kronos' Geschichte wieder tragisch. Er, der durch die Enge seiner Sicht an die Existenz von Fehlern glaubt und sie berichtigen will, setzt somit den Fehler und das Urteil in die Welt - was durch die nachfolgende Generation auf ihn zurückfällt und ihm selbst zum „Verhängnis" wird.

Kronos bemüht sich, durch das Verschlingen seiner Kinder seinem Schicksal zu entgehen – man könnte auch sagen: seinen eigenen Fehler zu korrigieren. Er erkennt sich selbst nicht als „Zwischenlösung", als Verkörperung einer Schwellensituation, die weder der einen Seite angehört noch der anderen – oder sowohl als auch. Durch sein Verhalten wird der typisch saturnische Glaube repräsentiert, „alles im Griff" haben zu können – ein Glaube, dem wir nur folgen können, wenn wir die Existenz größerer Kräfte ignorieren. So ist es nur folgerichtig, wenn ihm seine Eltern Uranos und Gaia als die ursprünglicheren Prinzipien weissagen, dass ihn eines Tages eines seiner Kinder stürzen wird. Kronos reagiert auf diese Weissagung damit, dass er die Herrschaft behalten will. In der Hierarchie oben zu sein, bedeutet für ihn Sicherheit – und somit wird Hierarchie als ein das Nachfolgende blockierendes Prinzip erst durch Kronos installiert und pflanzt sich in seinem Sohn Zeus fort.

In Kronos' Phase der Entwicklung beginnt die Hierarchie der männlichen Linie sich gerade erst zu differenzieren. Sie ist noch unklar und nahe am Reich der großen Mutter, denn sowohl Kronos selbst als auch sein Vater Uranos sind Kinder Gaias. Da wir hier auch den Beginn einer patriarchalen Weltsicht verfolgen können, ist die Hierarchie jedoch nicht mehr an der Natur orientiert und ergibt sich aus ihrer Folge, sondern wird durch Gewalt sowohl erschaffen als auch erhalten. Vielleicht ist

Hierarchie deswegen ein so wichtiges Thema für die spätere Wirkweise Saturns, weil sie sich nicht an den Vorgaben der Natur orientieren kann.

Die Entwicklung des Patriarchats erfolgte in Abgrenzung von der matrizentrischen Weltsicht, welche die am eigenen Körper erlebte Natur zum Vorbild hatte. Patriarchale Hierarchie war jedoch von Anfang an ein geistiges Gebilde auf der Basis einer Vision des Menschen. Die Betrachtung der Existenz als eines sich einander fördernden und bedingenden Flusses mit dem Weiblichen als Quelle wurde umgewandelt in eine statische und unsichtbare Struktur von Wertigkeiten mit dem Männlichen an der Spitze, für das es in der Natur kein Vorbild gab.

Eine künstliche Wertigkeit und Rangfolge aufrechtzuerhalten ohne im Urgrund verwurzelt zu sein, ist anstrengend und erfordert Gewalt gegen die eigene Natur. In einem solchen Denken muss klar sein, wer welchen Rang hat, um durch dieses Wissen vielleicht Fehler verhindern zu können. Wenn Saturn in unserer Seele übergewichtig ist, müssen wir genau wissen, wo der andere in der Rangfolge steht, ob über oder unter, ob vor oder nach uns. Wir stecken damit unsere Kompetenzen und Grenzen ab, und so lange wir uns in diesem Rahmen aufhalten, glauben wir uns sicher vor Fehlern, Urteilen und Veränderungen. Wer innerlich tief in dem verstrickt ist, was Saturn heute repräsentiert, kommt gar nicht erst auf die Idee, dass der Glaube an Hierarchie als stabile Realität selbst der Fehler sein könnte.

Man kann sich natürlich fragen, wie Kronos gehandelt hätte, hätte es die Weissagung seiner Eltern nicht gegeben – doch Mythen sind keine Geschichten, die anders hätten verlaufen können. Auch hier sollten wir mit unserem inneren Saturn nicht in die Falle tappen, nach Fehlern zu suchen. Mythen berichten vom Fluss der Dinge, von lebendigen Prozessen der Seele, und in Kronos' Fall berichten sie, dass das, was wir unbewusst zu verhindern suchen, genau deshalb geschieht.

Im Grunde ist dies eine Beschreibung des Prinzips der Manifestation, und so nähern sich heute auch immer mehr Menschen der Erkenntnis, dass das, was ihr Bewusstsein beherrscht, auch manifest wird, wenngleich „Bewusstsein" allzu oft mit „Denken" gleichgesetzt wird. Kronos demonstriert das Prinzip der Bewusstwerdung als Prozess. Das, was er als geistiges Konzept handelnd in die materielle Welt bringt, nämlich die Erkenntnis der Unterschiede und das daraus folgende moralische Urteil, wird von nun an konsequenterweise auch auf ihn angewendet. Kronos setzt das Urteil in die Welt, und entsprechend richten ab nun auch andere *über ihn*. Dies mag mit der Weissagung seiner Eltern gemeint sein: Was du geschaffen hast, dem kannst du nicht entgehen und das wird auch dich betreffen. Du erlebst dich selbst. Oder anders: Die Welt ist ein Spiegel deines Bewusstseins.

Der Glaube an Fehler impliziert das Wissen oder die Ahnung um das Richtige. Erkennt man einen Fehler, zeigt man damit gleichzeitig, dass man eine Vorstellung davon hat, wie es sein *sollte* – und dass diese bestimmte Situation davon abweicht. Um den Fehler beheben zu können, muss seine Ursache gesucht werden, dem Glauben an Fehler folgt also der Glaube an Schuld, welche schließlich einer Person, einer Sache oder einem Umstand zugewiesen wird.

Somit ist das Urteil gesprochen, und das Bemühen um die (Wieder-) Herstellung des „richtigen" Zustandes beginnt genau dort, bei dem Verurteilten. Wir alle agieren auf diese Weise, wenn wir etwas verbessern wollen. Wir erkennen etwas Falsches, suchen nach seiner Ursache, stellen sie ab und fühlen uns dann besser. Was jedoch nie verschwindet, ist der ewige Zweifel in uns: Was ist richtig, was ist falsch?

Die Macht Saturns in uns, die Macht, Urteile zu fällen und fehlerhafte Umstände zu beheben, ist nicht zu haben, ohne dass unsere Urteile auf uns zurückfallen. In jeder Situation, in der wir richten, fürchten wir uns unbewusst vor Zeus/Jupiter, der unser Urteil früher oder später vom Thron stoßen wird. Und es hat wenig Sinn, wenn wir uns aus dieser Angst heraus in unserem Empfinden von Gut und Böse zurückhalten. Der Stein, den wir bei Urteilen oft im Magen verspüren, kann daher kommen, dass wir uns zunächst davor fürchten, von veränderten Zeiten oder neuen Einsichten immer wieder in Frage gestellt zu werden.

In der Astrologie ist das Zeichen Steinbock das erste Zeichen des vierten Quadranten, welchem bewusstes Sein zugeordnet wird. Der Akt der Gewalt, den Kronos sowohl bei der Erlangung der Macht als auch bei dem Versuch zu ihrer Bewahrung vollzieht, ergibt sich in einer Betrachtungsweise aus mangelnder Bewusstheit seines eigenen Seins. Als

Folge dieses Gewaltaktes sehen wir die Prinzipien Schütze, Steinbock und Wassermann als miteinander unvereinbar, als sich bekämpfend und gegenseitig vernichtend an. Diese Haltung ist leider noch sehr oft eine gängige astrologische Lehre. Begriffen wir uns selbst als eine Verkörperung von Schwelle und Übergang, könnten wir der Gewalt, die wir uns selbst antun, ein Ende machen und unsere Fähigkeit zu urteilen als einen Schritt zu Freiheit und Selbstbestimmung erkennen.

Wenn wir jedoch den schwierigeren Standpunkt einnehmen, *nicht* an die Fehlerhaftigkeit der irdischen Existenz zu glauben, erscheint der Akt des Kronos als eine vollbewusste Tat, die not-wendig ist, um unter den gegebenen Umständen den Fluss der Energien und die Weiterentwicklung zu gewährleisten. Von diesem Standpunkt aus übernimmt das Steinbock-Prinzip durch sein Tun die Verantwortung, indem es sich der größeren Ordnung unterstellt und *ihr mit seinem Handeln antwortet.* Und es nimmt somit auch gleichzeitig die Schuld und die Rolle des Sündenbocks auf sich – weil niemand sonst es täte.

b. Die Schlange und der Teufel

Wie wir sehen konnten, schildert die Geschichte von Kronos unter anderem das Erscheinen von Phänomenen wie Trennung, Grenzen, Schuld, Verantwortung, Zweifel, Hierarchie, Fehler, Urteil und einigen anderen inneren Haltungen, die wir in der Astrologie dem Steinbock zuordnen. Der antike Mythos zeigt uns bildhaft die mit der menschlichen Moral einhergehende Zerrissenheit und Ambivalenz der Gefühle und die mit dem Kampf um das richtige Urteil einhergehende Problematik.

Bei der Betrachtung der Mythologie geht es auch um das Nachvollziehen von Entwicklungsschritten der menschliche Seele bzw. des kollektiven Bewusstseins. Die urteils- und schuldlose Zeit vor Kronos ist vergleichbar mit der Phase unserer Entwicklung, in der unsere Psyche noch nicht trennend unterscheidet – also im Mutterleib und in der frühen Kindheit. Es ist die Idee des Paradieses, der biblische Garten Eden, zu dem die saturnische Kraft des Urteils den Menschen den Zutritt verwehrt.

Historisch gesehen folgte im abendländischen Denken der antiken die christliche Weltanschauung. Sie fand für das Problem von Gut und

Böse oder der Moral an sich eine Lösung, der die Verurteilung Saturns bzw. der Rückfall Saturns auf sich selbst bereits deutlich anzumerken ist. Die biblische Schöpfungsgeschichte stellt die Themen Gehorsam, Schuld und Strafe sogleich in ihren Mittelpunkt. Das Paradies fußte auf dem Gehorsam der ersten Menschen Gott gegenüber, der ihnen verbot, vom Baum der Erkenntnis von Gut und Böse zu essen. Sie taten es aber doch, wie wir wissen, und damit war ihr Aufenthalt im Paradies zu Ende. Zuvor bestand jedoch auch hier das Problem der Schuld, die schließlich bei der Schlange landete, die sie als einzige auf sich nahm und nicht an einen anderen weitergab – denn Adam verwies auf Eva und Eva auf die Schlange. In der biblischen Geschichte war Gott der Meinung, dass es nicht gut sei, dass die Menschen Gut und Böse erkennen – dass sie sich also selbst ein Urteil bilden. Es war die Schlange, die an der Gültigkeit des göttlichen Verbotes zweifelte und mit dieser Meinung die Menschen verführte.

Hier ist die Schlange das Symbol für das Böse schlechthin, weil sie nicht nur Gottes Wort anzweifelt, sondern ihm sogar widerspricht. Ebenso wie Kronos greift sie mit ihrem Zweifel in die bestehende Welt(-anschauung) ein und provoziert hierdurch die Trennung: die von Mann und Frau, welche sich plötzlich als unterschiedlich erkennen, und die von Mensch und Gott. Die Schlange ist nicht nur deshalb ein Steinbock-typisches Symbol, weil sie beschuldigt *wird*, sondern weil sie die Schuld *behält*. Wir können das Bild der Schlange jedoch auch als ein Bild für die Unendlichkeit nehmen, für das Urchaos, das Ganze und Runde, den Uroboros, der sich selbst von hinten sehen kann und über die Fähigkeit zur ständigen Wandlung verfügt.

Die Schlange war ein heiliges Tier der Großen Göttin, und Wellen- und Spiralmuster gehörten als Darstellung des ewigen Zyklus' von Leben und Tod zu den religiösen Symbolen matriarchaler Kulte[3]. In dem von einem männlichen Gott geschaffenen Paradies *muss* sie als böse angesehen werden, denn sie stellt als das Vergangene und Gewesene den neuen, unsichtbaren Gott des Wortes und seine Gebote in Frage. Dem entstehenden Glauben an die Schöpfung durch den männlichen Geist stand die alte Auffassung des ewigen Flusses von Werden und

3 Vgl. hierzu: Carola Meier-Seethaler: Von der göttlichen Löwin zum Wahrzeichen männlicher Macht, a.a.O., S. 186

Vergehen unterminierend gegenüber. Wenn unter der Herrschaft des neuen Gottes etwas schlecht war, musste es also seinen Ursprung im alten Gott (in diesem Fall in der alten Erdgöttin) haben.

Der Gott des Alten Testamentes gleicht in vielem den Tyrannen des griechischen Götterhimmels. Er ist fordernd und strafend, sein Zorn ist unberechenbar, er verlangt absoluten Gehorsam, er verfasst Gesetze – und er trennt: Bei der Vertreibung der Menschen aus dem Paradies lautet sein Urteil über seine ungehorsamen Schöpfungen: Frau gegen Schlange, Mutter gegen Kinder, Mann gegen Frau, der Boden gegen den Mann, die Natur gegen menschliche Mühe. Wie im griechischen Mythos bringt das Urteil den Menschen scheinbar nichts Gutes – und dennoch ist es ein notwendiger Entwicklungsschritt zu einem eigenständigen und selbstbestimmten Leben.

Im Schöpfungsmythos der Bibel ist der Wandel der Weltsicht bereits vollzogen, aus der Polarität ist Dualismus geworden und verbindende Elemente finden sich kaum. Alles, was in matrizentrischen Kulturen heilig war, gilt nun als böse, als den Menschen bedrohend: die Schlange, Kinder zu gebären, Sexualität (als weibliche Verführung und Potenz), die Erde und die Natur. Alles, was männlich ist, wird als ewig dargestellt, wovon die langen Auflistungen der Nachkommenschaft und das wahrhaft biblische Alter der Väter zeugen.

Im Sündenfall sehen wir saturnische Energie bereits aufgespalten: Zum einen in den Gebote aussprechenden und strafenden Gott, zum anderen in die die Verantwortung und Konsequenzen tragende Schlange. Hier ist also bereits Saturns Unterscheidung und seine Fähigkeit zum Urteil auf ihn selbst zurückgefallen – es gibt einen guten und einen bösen Gott oder anders: es gibt Gott und seinen zweifelnden Widerpart. Der höchste Herrscher zweifelt nicht mehr, sondern ist das absolut Gute, während das Zweifeln selbst das absolut Böse geworden und vom Guten getrennt ist. Die Idee des Ur-Einen ist zwar verblasst, jedoch als kollektive Erinnerung noch vorhanden.

Der biblische Gott ist nicht „der Erste“, zuvor herrschte für lange Zeit im menschlichen Bewusstsein die absolute Gültigkeit des weiblich-göttlichen Prinzips mit der ihm innewohnenden Anziehungskraft. Diese wird nun als böswillige Verführung direkt verurteilt, um der

Dynamik des neuen Glaubens Raum zu geben. Die reale und ganz irdische Erfahrung der Einheit mit der Mutter und der Herkunft von ihr wird durch den christlichen Glauben nicht mehr gespiegelt. Die Achse Krebs-Steinbock ist in diesem Sinne kein Symbol mehr für ein sich gegenseitig beeinflussendes und fließendes Verhältnis der Pole, sondern für einen erstarrten Dualismus.

Der Gott des Alten Testaments und die Schlange sind im Grunde Weiterführungen oder Abwandlungen Saturns. Im griechischen Mythos war er noch „ganz", *eine* Kraft, die in sich selbst entzweit ist – mit einer dem Alten treuen Seite und einer Seite, die das Neue regeln will. In der Bibel haben sich diese beiden Seiten voneinander getrennt und sind einander verfeindet. Es gibt keinen Zweifel mehr, was gut und was böse ist, das Wort des guten männlichen Gottes hat den Himmel und den Glauben der Menschen erobert.

Das Novum des neuen Glaubens, der alles erschaffende männliche Gott, ist eine direkte Weiterführung von Zeus/Jupiters Himmelsherrschaft. Herrschte früher einmal die große Mutter über die Geschicke der Welt, die sie selbst geboren hat, herrscht nun ein Vatergott über die Welt, die er durch sein Wort und seinen Geist erschaffen hat. Das göttliche weibliche Prinzip spielt nur noch eine ätherische oder verteufelte Nebenrolle. Suchen wir in der Schöpfungsgeschichte des Alten Testaments nach Saturn, finden wir ihn in der Paarung Gott-Schlange, Gott-Frau oder Gott-Erde wieder. Der Zweifel wurde mit Trennung und Projektion des Bösen besiegt – ein klassischer Vorgang innerhalb des Steinbock-Prozesses.

Dadurch ist nichts und niemand mehr gut: Der Mensch ist gefallen und ohnehin sündig, der Teufel das Böse schlechthin und das Gottesbild entgegen aller Beteuerungen einseitig. Die Aufspaltung Saturns von einer polaren in eine duale Energie führt zu geistiger Verhärtung und einem Klima, in dem Ordnung und Moral nur durch Angst aufrechterhalten werden können.

So wie Zeus/Jupiter seinen Vater Kronos in den Tartaros stieß und dieser zum Sinnbild für alles Böse wurde, so muss mit dem Erscheinen des

Christentums mit Zeus/Jupiter etwas Ähnliches geschehen sein[4]. Da wir in diesen Betrachtungen hier die Entwicklung einer patriarchalen Religion verfolgen, muss deren Weg von toten Göttern – oder von Teufeln – gesäumt sein. Zeus/Jupiter sollte sich also nach Ablösung der antiken Weltsicht durch das Christentum in der christlichen Hölle wiederfinden[5]. Wir entdecken das Alte stets in der Unterwelt des Neuen, oder anders ausgedrückt: Der Gott von heute ist stets der Teufel von morgen.

So wundert es nicht, wenn wir im christlichen Bild des Teufels auch eine gehörige Portion Jupiter-Energie finden. Die wilde Zeugungslust und Triebhaftigkeit, die für Zeus so charakteristisch sind, wurden im Christentum ebenso verteufelt wie die homosexuelle Liebe. Was von Zeus/Jupiter übriggeblieben ist, ist der herrschende männliche Vatergott, was ihm genommen wurde, ist seine sinnliche, begehrende Beziehung zur Erde und zum Weiblichen schlechthin. Der Teufel ist demnach ein erdverhafteter Verführer, und sein Bild erinnert an den Steinbock sowie auch an Pan, den liebestollen Gott der Fruchtbarkeit, der – hier sind sich die Mythen uneinig – ein Sohn von Kronos, Zeus, Apollon oder Hermes gewesen sein soll.

All diesen Bildern gemein ist die Erdverbundenheit, die Lust am Leben in einem irdischen Körper, die Freude an sinnlichen Genüssen, schlicht die auf unterschiedliche Weise bestehende Verbindung zu und Anhänglichkeit an Mutter Erde. Der Teufel tritt im Alten Testament als steter Zweifler an Gott auf, als Stachel im Fleisch, als eine Energie, die darauf pocht, dass Unsichtbares, Unirdisches keine alleinige Macht haben kann.

4 Die Mythen beschreiben ebenso wie rituelle Handlungen eine archetypische seelische Dynamik, und der Ritus, den Jahreskönig zu opfern, entstammte einem sehr tiefen Wissen um die Zusammenhänge des Lebens. Unser heutiges Wissen um die Physiologie der Zeugung spricht eigentlich von nichts anderem: Der männliche Same stirbt tatsächlich für das neue Leben, er wird von der Eizelle aufgenommen und umgehend in seine Bestandteile zerlegt. Niemand würde dies jedoch heute als ein Opfer beklagen, zudem wir mittlerweile wissen, dass auch die Eizelle einer massiven Wandlung unterliegt. Auch sie stirbt für das neue Leben. Der alte Kult, der uns heute grausam erscheint, beweist, dass wir auf der Basis unseres Zellbewusstseins eigentlich wissen und immer schon wussten, wie schöpferisches Leben „funktioniert".

5 Das Wort *Hölle* ist altgermanischen Ursprungs und bezeichnete eigentlich den Aufenthaltsort der Toten. Es ist eine Ableitung des alten Wortes *hehlen* „verhüllen, verbergen, schützen" und bedeutet demnach wahrscheinlich „die Bergende". Auch hier sind die Bezüge zur alten Mutterreligion unübersehbar. Vgl. Duden Bd. 7, Etymologie, Herkunftswörterbuch der deutschen Sprache.

Abgesehen davon, dass er in der Bibel auch Inhalte einer vergangenen Kultur repräsentiert, ist er abstrakt gesehen jener Teil, der nicht an diesen Gott glaubt, der Gottes Macht ebenso in Frage stellt wie Kronos das Wirken seines Vaters Uranos in Frage gestellt hat. Dieser Zweifel an dem nur Geglaubten ist typisch für die Energie des Steinbocks. Sie pocht auf reale und sinnliche Wahrnehmung, alles andere ist für diese Facette unserer Seele bis zu seinem sichtbaren Beweis nicht existent.

Der biblische Gott ist ein unfassbarer Gott im Geiste, und seine Existenz sollte auch nicht zum Beweis herausgefordert werden. Da die christliche Religion insgesamt abstrakter war als die antike Weltsicht, fußte sie mehr auf dem Glauben als auf einem Erleben. Der neue Gott ließ sich nur durch Negation beschreiben, im Gegensatz zur „Anwesenheit" antiker Gottheiten im konkreten irdischen Geschehen. Somit stand das menschliche Bedürfnis nach einem mit unseren Sinnen wahrnehmbaren Beweis in einem viel extremeren Gegensatz zu dem neuen Gott als zuvor.

Der neue Gott ist wie Uranos ein Gott des Himmels, der zur Erde in konflikthafter Beziehung steht, nur dass der Part der Erde (Gaia) nicht mehr durch eine Göttin repräsentiert wird, sondern durch erdhafte Menschen, Frauen und eben den Teufel. Letztendlich forderte das Christentum uns auf, den männlichen Gott, den zeugenden Geist, den unseren fünf Sinnen unzugänglichen („un-sinnlichen") Teil unseres Seins in uns selbst zu finden. Dies versuchte es zu erlangen, indem die Menschen sich von der sogenannten Verhaftung an die Erde und an ihre Körperlichkeit lösen sollten.

Im Grunde stehen wir heute genau hier, denn wir haben uns derart von der Erde gelöst, dass wir weder die Stimme unseres Körpers verstehen können noch der von uns selbst verursachten Bedrohung unserer Lebensgrundlagen etwas Angemessenes entgegensetzen können. Anders als Kronos nimmt die Mehrheit der sogenannten zivilisierten Menschen die Erde und ihren eigenen Körper als eine intelligente spirituelle Kraft nicht mehr ernst, um geistigen Eskapaden an notwendiger Stelle auch einmal ein entschiedenes „Nein" entgegensetzen zu können. Mittlerweile sind wir virtuelle Kopfmenschen geworden und in unserem Empfinden der irdischen Realität fremder als je zuvor.

Doch wir nähern uns auch allmählich der Erkenntnis, dass wir Geistwesen sind, die ein materielles Kleid tragen. Dieses materielle Kleid wird jedoch häufig als ein Irrtum angesehen, als etwas, das es zu überwinden gilt, eben immer noch als der „Sündenfall" des Menschen, der ihn von Gott getrennt hat. Hinter einer solchen Haltung steckt immer noch das antike „Gegeneinander" der Urprinzipien, der Glaube, dass eines besser sei als das andere, der Glaube, dass die Erde den Geist behindert und dass der Geist die Erde flieht und überwinden muss. Oder der Glaube, dass Gott und der Teufel tatsächlich in dieser getrennten Form existieren. Ein einfaches „Ja" zum Erdendasein hat demnach auf unser inneres Steinbock-Prinzip und unseren Umgang mit der Erde eine enorm heilende Wirkung.

Im Neuen Testament findet der Teufel als Herrscher dieser Welt seinen Auftritt. Auch hier tritt er als Versucher und Verführer an Jesus heran, auch hier will er sichtbare Beweise für einen unsichtbaren Gott. Im Gegensatz zum Alten Testament spricht Jesus von einem Gott der Liebe, und sein neues Gebot lautet: „Liebet einander!"

Wir befinden uns immer noch in der Entwicklung des männlichen Prinzips, in einer Weltanschauung, die – über einer wüsten und leeren Erde – einen göttlichen Vater im Himmel hat. Doch dieser Vater liebt seine Söhne, und möglicherweise ist das die adäquate Entwicklung zur matriarchalen Liebe der Mütter zu ihren Töchtern. Es macht durchaus Sinn, wenn wir die Erhöhung des Menschensohnes, die wir durch die Geschichte Jesu symbolisiert sehen, als eine ausgleichende Entwicklung aus einer ursprünglichen gesellschaftlichen Minderwertigkeit von Söhnen betrachten.

Die Einführung der Liebe in den Glauben will der alttestamentarischen Aufspaltung des Steinbock-Prinzips entgegenwirken. Teuflisch ist nun das, was dem „Altherrenglauben" mit seinem hierarchischen Regelwerk dient. Doch trotz allem hat der Teufel seinen Erdbezug nicht verloren, denn er verspricht Jesus weltlichen Reichtum für die Aufgabe seines Gottes. Der beanspruchten Dominanz des Himmels und des Geistes ist die Realität der Erde immer bedrohlich.

Jede Bedrohung *entsteht* jedoch erst durch den Anspruch auf Dominanz, und es ist abzusehen, dass wir mit der Entwicklung zu absoluter

Geistigkeit und deren absoluter Güte an einem Umschlagpunkt angekommen sind. Die unser Erdendasein prägende zehnte Energie wirkt – ob verteufelt oder nicht. Es ist daher sinnvoll, sich daran zu erinnern, wovon der griechische Mythos – wenn auch bereits unter patriarchalen Vorzeichen – noch spricht: an die Energie des Steinbocks als Schwelle, als die Verkörperung zweier scheinbar verschiedener Seiten. Wenn wir unser Erdendasein und unser menschliches Schicksal begreifen wollen, kommen wir um diese Dimension nicht herum.

Es mag respektlos klingen, doch man kann den Tod Jesu – der das Gebot der Liebe und somit der Überwindung von Trennung und Projektionen aufstellte – auch als eine Hommage an den Teufel, an die Erde und an das Bedürfnis nach materieller Fasslichkeit und Sichtbarkeit bezeichnen. Sein Tod ist Beweis für die Stärke der Liebe, von der er spricht. Und durch seinen Tod wird gemäß der Bibel die Macht des Widersachers Gottes vernichtet[6]. Indem Jesus am Kreuz starb, respektierte er die Gesetze der Erde und die Macht des sichtbaren Beweises. Er verlangte kein gehorsames Befolgen von Geboten bei Androhung von Strafe. Er ging voran, lebte ein nachvollziehbares Leben und setzte seinen Glauben in irdische Handlungen um. Das unsichtbare männliche Gottesprinzip hatte einen Stellvertreter, einen Ausführenden gefunden, einen Mann, der Liebe und den Glauben an einen guten göttlichen Vater lebte. Wenn man das Prinzip selbst – verglichen mit den am weiblichen Körper orientierten Mutterreligionen – schon nicht physisch wahrnehmen konnte, so konnte man es im Verhalten Jesu *wirken* sehen.

Entsprechend seiner Zeit hatte der Teufel, der alte Gott, der Saturn des Neuen Testaments, das zum Inhalt, was überwunden werden sollte. Sprach Jesus von Liebe und Vertrauen, sprach der Herrscher dieser Welt von Trennung und Misstrauen, forderte zum Überprüfen auf und verlangte Beweise, Regeln und Fasslichkeit. Indem Jesus durch sein Leben und vor allem durch seinen Märtyrertod den Beweis seiner Lehre der Liebe erbrachte, stellte er im Grunde den Herrn dieser Welt zufrieden – er brach seine Macht, indem er sie respektierte. Durch sein konsequentes Verhalten tat er nichts anderes, als den Himmel wieder

6 NT Joh. Anm. zu 12,31: „Der „Herrscher dieser Welt“ […] ist der Widersacher Gottes und der Gegenspieler Christi; durch den Tod Jesu wird seine Macht vernichtet.“; Bibel, Einheitsübers., Herder..

auf die Erde zu bringen – oder zu vereinen, was in unserem Bewusstsein (und nur hier!) nicht nur einfach unterschieden, sondern getrennt ist. Das Wirken Jesu setzte neue Maßstäbe und es war ein erster Schritt hinaus aus dem „Rückfall Saturns auf sich selbst“[7].

Wenn wir so wollen, ist die Position des biblischen Teufels in seiner Funktion als Vertreter der Erde heute wieder besser besetzt, und die, die zu den heiligen Kräften der Erde stehen, lassen sich immer weniger verteufeln. Ein Liebesbeweis der Erde gegenüber könnte, wie im Mythos, den Kampf der Pole zu einem inneren und äußeren Dialog verwandeln. Man kann spekulieren: Hatte zu Zeiten des Matriarchats die Vorherrschaft des Weiblichen im menschlichen Bewusstsein das Männliche und die geistige Entwicklung zu ersticken gedroht, so ist es nun, am Ende des Patriarchats, die Vorherrschaft des Männlichen im menschlichen Bewusstsein, die das Weibliche in uns allen und damit leider auch unsere physische Existenz zu ersticken droht.

Am Beginn einer Zeit, die eine neue Sicht der Welt herausbildet, haben wir die Chance, alte Meinungen loszulassen, denn wir haben in unserer menschlichen Entwicklung sehen können, wohin extreme Polarisierungen führen können. Und wirklich klug werden wir nur durch die saturnische Einrichtung des Notfalls, der sich immer durch ganz irdische und manifeste Ereignisse zeigt. Auch hier finden wir – nun kollektiv – die Energie Saturns, die uns heute existentielle Grenzen aufzeigt. An jeder Schwelle steht Saturn mit seiner Fähigkeit, im Dienst der Erde zu unterscheiden und zu urteilen - auch an der Schwelle zu einer neuen Zeit.

Es ist unpopulär und mag die Wassermann-Euphorie etwas dämpfen, aber Saturn ist Mitherrscher im Zeichen Wassermann. Das bedeutet in unserer aktuellen Zeitphase nichts weniger als dass wir die befreiende Qualität der Uranus/Prometheus-Energie erst dann zur Verfügung haben, wenn wir gelernt haben, uns selbst zurückzustellen, Verantwortung zu übernehmen und entsprechend zu handeln. Saturn wandelt

7 Die *Auferstehung* Christi als das eigentliche, religionsbildende Faszinosum seiner Person hat ihren Schwerpunkt in der kirchlichen Tradition früh verloren. Hierin war jedoch das eigentlich Neue enthalten – das, was die Menschen aus dem Gefühl ihrer vermeintlichen Schlechtigkeit herausführen konnte und den Rückfall Saturns auf sich selbst in der Seele heilen konnte.

sich dadurch von seinem üblichen Status als „Gesellschaftsplanet“ in eine persönliche Energie. Die kollektive Entwicklung scheint in diese Richtung zu weisen. Was Saturn heute von uns verlangt, entspricht jedoch weniger der Einrichtung eines neuen Gottes, sondern mehr seinem Einzug in unsere individuelle Seele.

Vielleicht gilt es, beide Pole des Lebens neu zu entdecken und ihr gleichberechtigtes und zugewendetes Miteinander in unserer Beziehung zu anderen als auch zu uns selbst zu verwirklichen. Wir können unser Unvermögen, mit der Polarität schöpferisch umzugehen, nicht dadurch aufheben, indem wir die Verschiedenheit und mitunter auch Unvereinbarkeit von Positionen einfach auslöschen oder leugnen, so als sei Polarität das Falsche und Einheit das Richtige. Solange wir das glauben, haben wir vom Erdendasein nicht viel begriffen und finden auch keinen Zugang zu unserer authentischen saturnischen Seelenenergie. Die Einheit als Dogma ist matriarchalen Ursprungs und neigt wie jedes Dogma zu Erstarrung. Sie ist daher wenig geeignet, Probleme wirklich zu lösen und die menschliche Entwicklung zu fördern. Erst wenn Sexismus zu echter Sexualität wird, fühlen wir uns durch den anderen Pol beschenkt – auf welchem Pol und mit welchem Gegenüber wir auch selbst gerade stehen mögen.

Unsere gesamte elektronische Technik, die sogenannte digitale Revolution, wäre nicht möglich, wenn wir nicht zwischen plus und minus, zwischen schwarz und weiß oder zwischen 1 und 0 unterscheiden könnten. In dieser Entwicklung können auch der alte Gott des Urteils und andere Verteufelungen des gleichen Prinzips eine revidierte Betrachtung erfahren, denn an „Ja“ und „Nein“ ist nichts Schlechtes, wenn sie – anstatt gegeneinander zu kämpfen – miteinander tanzen können. Vielleicht ist das unser nächster Schritt, für den wir jedoch die zwei Seiten erkennen und leben lassen müssen.

c. Janus, Saturn und andere Ursprünge

Im letzten Abschnitt dieses Kapitels gehen wir in der Mythologie noch einmal weit zurück, vor die Zeit, in der Kronos am griechischen Götterhimmel herrschte. Wie wir persönlich die Steinbock-Energie erfahren, hängt wesentlich davon ab, welche Einstellung wir zu ihr haben. All die Assoziationen und Geschichten sind schließlich lediglich Bilder zu einer inneren Realität, die sich in unserem Leben ausdrücken will. Auch die Einordnungen „Steinbock" oder „Saturn" haben entwicklungsgeschichtliche Ursprünge und meinen nichts anderes als eine ganz bestimmte menschliche Eigenschaft, die offensichtlich sehr bestimmend für uns ist. So stellen wir in diesem Abschnitt die Frage, aus welchen noch älteren Bildern das Bild des Kronos denn gespeist wurde - in der Hoffnung, hier andere Bewertungen und mehr Ursprünglichkeit und Authentizität zu finden.

Die Jahreszeit des Steinbocks, der Januar, verweist durch ihren Namen auf eine andere mythische Gottheit, die wir mit Saturn in Verbindung bringen können: Janus, der römische Gott der Türen und des Anfangs. Irmtraud Dümotz beschreibt ihn im Lexikon der Symbole als „eine der rätselhaftesten Göttergestalten des alten Roms. Er wird Schöpfer, Gott der Götter und Ursprung der Götter genannt. Das erinnert an den indischen Gott Vayu, der auch in den Aufzählungen als erster erwähnt wird, und den iranischen Vayu, der als Doppelgestalt, als gut und böse dargestellt wird."[8]

Hier finden wir wieder die Doppelseitigkeit, die anfangs bei der Interpretation des Kronos-Mythos angeführt wurde: zwischen Vater und Mutter, zwischen alt und neu, ebenso wie der Planet Saturn zwischen den persönlichen und den geistigen Energien steht. So können wir den Steinbock als ein Prinzip sehen, dass am *Schnittpunkt* des Wandels steht. Das ganze Leben bedeutet letztlich nichts anderes, als sich stets zu wandeln. Saturn mag in diesem Prozess genau jene Position des Umschlags besetzen, jenen Punkt, an dem Veränderungen sichtbar, sprich: manifest werden und sich Lebenskraft beweist.

Sind wir es in der Regel gewohnt, Saturn als das Prinzip des Endes zu betrachten, so zeigt uns der Gott Janus auch die andere Seite. Er wurde stets als ein Gott des Anfangs verehrt, alle Türen und Tore waren ihm geweiht, ebenso wie jeder Beginn. Als Naturgott wurden ihm zahlreiche Vegetationskulte gewidmet, welche wiederum Ähnlichkeit zum Ritual

8 alle Zitate von I. Dümotz aus: Bauer/Dümotz/Golowin: Lexikon der Symbole, Heyne 1992.

des Opfers des Jahreskönigs aufweisen. Ob wir in einer gegebenen Situation ein Ende oder zugleich auch einen Anfang sehen, hängt jedoch wesentlich vom betrachtenden Bewusstsein ab.

Die alte Betrachtungsweise, die sich auf den Anfang konzentriert, spricht von einer weit größeren Zuversicht in die Abläufe des Lebens als wir Heutigen sie kollektiv gesehen besitzen. Wir sind gewohnt, unter den Einflüssen Saturns nur das Ende zu sehen – und meist zu beklagen. Auch in der astrologischen Deutung sind saturnische Themen häufig sehr von einer Endzeitstimmung geprägt. Im statisch-linearen Weltbild des Patriarchats fand die verbindende und „irrationale" weibliche Spiritualität des Zyklischen, der steten *Veränderung im Bleibenden* keinen Platz – mit der Konsequenz, dass Anfang und Ende auseinander gerissen wurden und das Ende aufgrund der linearen Sichtweise zwangsläufig als bedrohlich empfunden wurde.

Überhaupt weist die römische Überlieferung weniger düstere Aspekte des Steinbock-Prinzips und noch mehr Anklänge an alte matrizentrische Kulte auf. Der römische Gott Saturn galt als ein Agrargott, den man als „einen frühen König von Latium sah, dessen Herrschaft ein goldenes Zeitalter in Glück und Zufriedenheit war. Von ihm lernten die Menschen, den Boden zu bestellen und sich der Segnungen der Zivilisation zu erfreuen. Nach römischem Glauben war er nicht in Italien geboren, sondern hatte als Fremdling auf der Flucht vor Jupiter (Zeus) Zuflucht in Latium gesucht. Sein Fest, die Saturnalia, vom 17. Dezember an durch mehrere Tage, war das ausgelassenste des ganzen Jahres." Durch die Verknüpfung des Kronos-Mythos mit dem römischen Saturn wird auch sein Ende anders dargestellt: „Nach einem abweichenden Bericht war Kronos kein grimmiger Tyrann, sondern ein gütiger Herrscher, der in einem gesegneten goldenen Zeitalter regierte; nach seiner Absetzung wurde er Herrscher über die Insel der Seligen im westlichen Ozean."[9]

Janus wird auch als früher König Latiums beschrieben, der Saturn bei sich aufnahm, nachdem Zeus ihn aus Kreta vertrieben hatte. Er war auch unter dem Namen Dianus bekannt und wurde im Eichenhain (einer Kultstätte der Großen Göttin) verehrt. Einer alten italischen Mythologie

9 Lexikon der antiken Mythen und Gestalten, dtv 1989, S. 369, S. 252.

zufolge soll eine heilige Vermählung zwischen Dianus und Diana, der Göttin des Waldes und der Fruchtbarkeit, stattgefunden haben. Diese Mythen bringen das 10. Prinzip immer näher an alte matriarchale Kulte und an eine Weltsicht, in der Erde und Spiritualität nicht voneinander getrennt sind, sondern einander durchdringen.

Carola Meier-Seethaler sieht in der Doppelköpfigkeit des Janus bereits die Abwandlung eines ursprünglich weiblichen Leben-Tod-Symbols und verweist „auf die Verwandtschaft des lateinischen Wortes ianua Tür, Eingang, mit dem altindischen yoni [...]. Demnach waren Aus- und Eingangspforte ursprünglich die Lebens- und Todespforte des weiblichen Schoßes, und lange vor Janus war die altrömische Göttin Juno (etruskisch Uno) die Göttin der Pforte, die an ihrem Fest zu Jahresbeginn als Antevorta und Postvorta, als die Zurückblickende und Vorausschauende, angerufen wurde. Schon sie soll mit zwei Gesichtern dargestellt worden sein. Janus ist also nur eine Vermännlichung dieser Gottheit, [...]"[10]. Meier-Seethaler sieht in einer Abbildung des doppelköpfigen Januskopfes auf einer römischen Bronzemünze auch eine deutliche Erinnerung an die beiden Seiten des zunehmenden und abnehmenden Mondes.

Je weiter wir in der Steinbock-relevanten Mythologie zeitlich zurückgehen, umso mehr verschwindet die Trennung zwischen dem zehnten Prinzip und seinem Gegenzeichen Krebs. Es ist bezeichnend, dass, je näher wir bei unserer Erforschung des zehnten Prinzips den Mutterreligionen kommen, der Dualismus aufgehoben wird und die astrologische Achse Krebs-Steinbock als ein Ganzes erscheint. In matriarchalen Zeiten war es die Göttin mit zwei oder mehr Gesichtern oder ihr zugeordnete mehrköpfige Tiere, die das Prinzip des Wandels der Zeiten, des Flusses von Leben und Tod verkörperten.

10 Vgl. hierzu: Carola Meier-Seethaler: Von der göttlichen Löwin zum Wahrzeichen männlicher Macht; a.a.O., S. 206.

„Eine schier unbegrenzte Deutung ergibt sich sicher aus seiner künstlerischen Darstellung als Doppelkopf. Damit wird er zum Symbol aller Gegensatzpaare: außen und innen, Seele und Körper, Mythos und Vernunft, rechts und links, konservativ und progressiv, Materie und Antimaterie, ja für die Dialektik schlechthin, die in der Gesamtfigur ihre plastische Synthese findet. Doch erst in der Doppelgeschlechtlichkeit wird dem Kunstwerk sein höchster Ausdruck gegeben.", schreibt Irmgard Dümotz über die künstlerische Darstellung des Januskopfes und fügt an: „Es ist verständlich, dass das patriarchalische Rom ihn fast ausschließlich in seiner männlichen Physiognomie darstellt, schließlich hatte der Pater familias auch das absolute Hausrecht. Die italischen Völker, die die heilige Vermählung von Dianus und Diana verehrten, werden ihn dagegen als männlich und weiblich gesehen haben." Dies erinnert wieder an den Ritus der heiligen Hochzeit, an den Vollzug der Vereinigung männlicher und weiblicher Kräfte, um die Weitergabe des Lebens zu feiern.

Am Symbol des Januskopfes kann man die Veränderung des religiösen Bewusstseins gut nachvollziehen. Als Weiterentwicklung der Darstellung der Mondphasen ist die Mehrköpfigkeit vermutlich eine Darstellung der Göttin gewesen und stellte keine Antithesen dar, sondern Phasen der Wandlung. Als männliche Darstellung wird er schließlich zum Inbegriff eines patriarchalen Gottes, sein Tempel steht nur in Kriegszeiten offen und ist im Frieden geschlossen. In den Naturreligionen erhielt sich durch die doppelgeschlechtliche Darstellung der Charakter der Verbundenheit der Gegensätze. Und so sieht Dümotz in dieser Darstellung „einen sozialen und psychischen Zustand, der jenseits von matriarchalischen und patriarchalischen Bewusstseins- und Gesellschaftsformen steht. Doch das jeweils spezifische Charakteristikum von Mann und Frau wird nicht aufgehoben. Die Plastik erscheint vielmehr als ein Vibrationsfeld, wo sich Trennung zur Einheit zusammenschließt, um sich dann wieder zu dissoziieren. Diese Doppelgeschlechtlichkeit erinnert an die Gottheit des neuen Aeons, wie sie Crowley im 'Book of Thoth' charakterisiert und mit der Tarotkarte des Narren gleichsetzt."

Dies ist eine sehr schöne Formulierung des Hüters der Schwelle, denn sie zeigt zugleich die Dynamik des vierten Quadranten des Tierkreises, an dessen Anfang das Steinbock-Prinzip steht. Die bewusste Manifestation beider Pole, die Form (Steinbock), erzeugt ein Vibrationsfeld (Wassermann), das zur Einheit (Fische) führt. Der Narr des Tarot ist hier dann eine Entsprechung desjenigen, der offen und voller Vertrauen bereit ist für das Wagnis des Lebens. Und wenn wir uns die hier abgebildete Karte des Narren aus dem Crowley-Tarot ansehen, bemerken wir, dass er Hörner trägt.

0

ℵ Der Narr ▲

Kunst ist immer die Ahnung des Möglichen, und wenn künstlerische Schöpfungen überdauern, können wir davon ausgehen, dass sie von einer innerseelischen Wahrheit sprechen. So kann die Energie Saturns für uns Heutige eine Kraft in unserer Seele sein, die es uns ermöglicht, uns von den verschiedenen Dogmen der Vergangenheit zu distanzieren. Indem wir selbst kraft unserer saturnischen Energie hier ein Ende setzen, setzen wir gleichzeitig einen Anfang, um die alte Vision des Schöpfers des doppelgeschlechtlichen Januskopfes in unserem eigenen Leben zu manifestieren. Dazu ist es jedoch nötig, dass wir unserer ursprünglichen saturnischen Energie selbst habhaft werden. Und zu nichts anderem fordern uns Saturns Transite und die entsprechenden Ereignisse in unserem Leben sowie die Konstellationen in unserem Horoskop eigentlich auf.

d. Resümee

Das Auffälligste, was sich aus der Betrachtung der verschiedenen Mythen ableiten lässt ist, dass mit Saturn keine geschlechtsbezogene Energie gemeint ist, wie wir gemeinhin unbewusst annehmen. Im Gegenteil hängt es wesentlich von unserem eigenen Bewusstsein ab, welches Geschlecht wir mit Saturn assoziieren, und es ist verständlich, wenn wir als Kinder des Patriarchats zunächst das männlich geprägte Bild zur Stelle haben. Wir konnten jedoch sehen, dass einst die Göttin Juno/Uno diese Position innehatte und dass im menschlichen Bewusstsein sich das Geschlecht zwar geändert hat, das Prinzip jedoch davon unberührt geblieben ist.

Was genau ist denn nun das Prinzip? Die Frage liegt nahe, denn wenn wir uns die Darstellungen der zehnten Energie des Tierkreises ansehen und den Wandel, dem sie im Verlauf der Jahrtausende unterlegen war, bestehen doch wesentliche Unterschiede zwischen einer am Bild des weiblichen Schoßes angelehnten Darstellung einer Göttin, einer Vereinigung der Geschlechter, dem Verhinderungs- und Gewaltaspekt im griechischen Mythos und der christlichen Darstellung als einer bösen und verführerischen Kraft im Bild des Teufels und der Schlange.

Bei allen Darstellungen geht es jedoch abstrakt gesprochen stets um den Umgang mit der Zwei. Saturnische Energie ist die Manifestation der Zweiseitigkeit, und die religiösen Streitfragen der Menschen drehen sich vor allem darum, was denn die richtige Seite von den beiden sei. In matriarchalen Zeiten war sie weiblich, in patriarchalen logischerweise männlich. Wer das jeweils aktuelle Richtige ganz körperlich konkret repräsentierte, war im kollektiven Bewusstsein existent, wer es nicht tat, war in seiner Eigenart nichtexistent. Anders ausgedrückt geht es bei der Etablierung der zehnten Energie stets um die gesellschaftliche Norm – und um das zwangsläufige Erscheinen der Abweichung von dieser Norm.

Natürlich können wir heute nur vermuten, was in früher Vorzeit unter der Religion der Großen Mutter geschehen ist. Der menschliche Weg schwankt jedoch stets zwischen den Polen, und es ist mittlerweile wohl unbestritten, dass dem Umschlag in die Dominanz des Männlichen eine kulturelle und gesellschaftliche Dominanz des Weiblichen vorausging, die jedoch ebensowenig der komplexen Wahrheit des Lebens entspricht wie unsere patriarchale Struktur heute. Es ist hier nicht die rechte Stelle, tiefer auf die faszinierende und erhellende Thematik des „Mythenraubes" einzugehen, dessen Gewaltaspekte ebensowenig zu unterschätzen sind wie der durch ihn entstandene kulturelle und soziale Verlust.

Die Energie Saturns finden wir in den überlieferten wechselhaften Bildern auch in der Form, die überdauert. Somit sind die Mythen selbst saturnisch, ebenso wie die künstlerischen Schöpfungen von sich wandelnden Gottesbildern. Saturns Energie macht konkret fassbar, was im menschlichen Bewusstsein existiert. Sie tut im Grunde nichts anderes als zu realisieren, also stofflich zu machen, was feinstofflich vorhanden ist. Dass sie sich dabei nicht um Trennungen schert, die wir lediglich konstruieren, wird ihr dann auch oft genug zum Verhängnis.

Wir werfen der irdischen Realität vor, dass sie nicht so ist, wie wir glauben – anstatt von ihr etwas darüber zu lernen, was tatsächlich *ist*. Alle weiteren Verteufelungen, Trennungen, Beurteilungen und Blockaden lassen sich am Ende daraus ableiten, dass wir die irdische Realität (welcher wir durch unsere Verkörperung *angehören*) nicht als Manifestation einer impliziten, umfassenden Intelligenz erkennen (wollen). Oder anders gesprochen: Die Steine auf unserem Weg werfen wir uns selbst dorthin.

In allen Mythen finden wir einen deutlichen Bezug Saturns zur Erde, jedoch stets mit unterschiedlicher Bewertung. Man könnte sagen, dass die wechselhafte Geschichte um die Energie des Steinbocks unsere wechselhafte Beziehung zur Erde, zu unserem irdischen, verkörperten Dasein beschreibt. Die Tatsache der Verkörperung wird uns zum Stolperstein, zur Prüfung. Sie führt uns zur Konzentration auf das Wesentliche, auf das Geist-Wesen, das wir sind – ob wir diese Verkörperung in lustvoller Hingabe feiern oder in abgewandter Askese überwinden wollen.

In unserer Zeit ist es eine stillschweigende Voraussetzung, Polarität als etwas Negatives und Einheit als etwas Positives zu sehen. Auf diese Weise erfüllen wir unsere saturnische Fähigkeit zum Urteil jedoch nicht wirklich selbst, sondern greifen auf die alte Glaubensform der Göttin zurück. Der Respekt vor dem Weiblichen tut Not, er darf jedoch nicht mit einem neuen „Teufel Mann" und allem, was damit assoziiert wird, erkauft werden, um zu echten Lösungen zu führen. Mit solcherlei Bewertungen verurteilen wir nämlich vor allem unsere saturnische Fähigkeit zu Eigenverantwortung und trennen somit die Erde vom Geist, trennen die Polarität von der Einheit, trennen unsere eigene Lebensrealität von dem uns innewohnenden Geist, der sie erschafft.

Wir Menschen empfinden uns oft als Wesen zwischen Himmel und Erde. Wenn wir uns mit diesem Bild zerrissen fühlen, ist das ein Kennzeichen dafür, dass wir die Energie des Steinbocks in uns selbst nicht wahrnehmen. Das charakteristische Schwelle-Sein Saturns spricht davon, dass wir nicht dazwischen, sondern selbst Himmel *und* Erde sind. *Wir sind die Verbindung.* Wir sind Erdungen des Geistes sowie Verkörperungen des Himmels und besitzen durch unsere Steinbock-Energie die Fähigkeit, Geist zu materialisieren, Materie zu vergeistigen oder einfach eine Verkörperung kosmischer Intelligenz in Raum und Zeit zu sein.

Kaum jemand von uns tut das in ständiger Bewusstheit. Vielmehr nehmen wir diese archetypische Kraft meist nicht in Anspruch, sondern projizieren sie auf andere, über deren Macht oder Autorität wir uns dann wundern oder auch ärgern. Integrieren wir unsere saturnische Kraft, indem wir sie jenseits von Schuldzuweisungen als einen wesentlichen Teil unseres Menschseins erkennen und aktiv anwenden, ärgern wir uns weniger über andere und wundern uns über uns selbst.

2. Saturn und Chiron

Aus den verschiedenen mythologischen Bezügen der zehnten Energie wurde im vorangegangenen Kapitel deutlich, dass eine grundlegende Eigenschaft des Steinbockzeichens seine Verbindung zur menschlichen Moral und zur Doppeldeutigkeit der physischen Welt ist. Viele andere Zuschreibungen bauen hierauf auf, die Qualität Steinbock verkörpert im Prozess des Lebens jedoch prinzipiell die bestehende Form und unsere Fähigkeit zum Urteil darüber. Diese Kraft führt letztlich zur Bildung von institutionellen Religionen, Gesellschaften, Regelwerken und Autoritäten.

Urteilsfindung und Formkraft werden durch ihre Auslagerung und Bindung an eine als höher als das Individuum selbst empfundene Autorität abgegeben. Je größer die erst aus solchen Prozessen entstehenden richtenden Institutionen sind, umso träger sind sie in der Veränderung ihrer Urteile und in ihrer Anpassung an die Lebensrealität. Dies und die daraus folgende Gewalt sind jedoch auch bereits Ableitungen einer ursprünglich in uns selbst wirkenden Energie, welche unsere Existenz in der Polarität reguliert. Eine neutrale Annäherung an das zehnte Prinzip ist wichtig, damit wir uns für die entsprechende Energie in unserem Inneren auch tatsächlich öffnen und ihre Delegation an andere im Zuge unserer persönlichen Entwicklung zurücknehmen können.

Sich von Dualismen und Schuldzuschreibungen freizumachen, ist jedoch leichter gesagt als getan. Die vorangehend formulierten Gegenüberstellungen matriarchaler und patriarchaler Symbole können geradezu einladend wirken zu Verurteilungen und Polarisierungen. Wenn wir dem Steinbock auf den Grund gehen wollen, kommen wir damit jedoch nicht viel weiter. Um uns heute nicht in unseren persönlichen Beziehungen kollektive Entwicklungen vorzuwerfen und dadurch unser gemeinsames „Ins-Leben-geworfen-sein“ aus dem Blick zu verlieren, helfen ein inneres Heraustreten aus der Geschichte und die Weigerung, über die Pole an sich zu urteilen.

Mit Matriarchat ist daher ebensowenig das leider vergangene Gute zu assoziieren wie mit Patriarchat das leider bestehende Schlechte – auch wenn diese ausschließlichen Zuordnungen immer noch recht populär sind und einem in uns unterdrückten Seelenanteil auch zunächst die

Kraft geben mögen, sich zu erheben. Es geht in unserer menschlichen Geschichte um die Bewusstwerdung von Prinzipien, die wir oberflächlich in ihrer Mann-Frau-Polarität erleben. Die Oberflächlichkeit der Mann-Frau-Polarität impliziert auch, dass mit Matriarchat und Weiblichkeit „die Frauen" gemeint sind und mit Patriarchat und Männlichkeit „die Männer". Zu solchen Verallgemeinerungen verlockt uns zwangsläufig unser patriarchal geprägter, dualistischer Saturn.

Die Pole, das scheinbar Gegensätzliche, im Allgemeinen und die Geschlechter im Besonderen zu trennen, ist *das* Kennzeichen patriarchalen Denkens und nach wie vor prägend für unsere Gesellschaft. Eindeutigkeit ist bevorzugt, alles Schwebende, Fließende und Uneindeutige bereitet vielen Menschen Unbehagen oder macht ihnen einfach Angst.

Zudem ist es eine Ursache für die in uns allen bestehende tiefe Verwundung unserer Natürlichkeit, wie wir es anhand des Chiron-Mythos beobachten können. Wir können davon ausgehen, dass die Polarität in matrizentrischen Kulturen eher als ein zyklischer Fluss von Wandlungen

Eine kurze Darstellung des Chiron-Mythos

Chiron gehört zu den Kentauren, Mischwesen mit dem Unterkörper eines Pferdes und dem Oberkörper eines Mannes. Als Sohn von Kronos und der Nymphe Philyra war er anderer Abstammung als die übrigen Kentauren. Seine Gestalt erhielt er dadurch, dass Kronos sich in einen Hengst verwandelt hatte, um sich Philyra nähern zu können. Philyra ihrerseits hatte sich zuvor in eine Stute verwandelt, um vor den Nachstellungen des Kronos zu fliehen. Philyra war von ihren Sohn dermaßen entsetzt, dass die Götter sie auf ihr Bitten hin in eine Linde verwandelten. Kronos hatte Chiron "auf der Durchreise" bei der Suche nach Zeus gezeugt. Chiron war nun also verwaist und wurde von Apollon gefunden und aufgezogen. Chiron war auch im Wesen anders als die anderen Kentauren: Er war freundlich, liebte die Künste, besonders die Musik, war weise und heilkundig. Apollon gewährte ihm die Gabe des Bogenschießens. Chiron war Lehrer und Erzieher vieler großer Heroen. Als Sohn des Kronos war er unsterblich. Er verletzte sich jedoch an einem vergifteten Pfeil des Herakles und verfiel in eine nicht endende Agonie. Seine Suche nach Heilung blieb erfolglos, und da er nicht sterben konnte, litt er unendlich. Schließlich trat er seine Unsterblichkeit an Prometheus ab, welcher nur von seiner Folter erlöst werden konnte, wenn ein Unsterblicher an seiner Stelle in den Tartaros ging und damit auf seine Unsterblichkeit verzichtete. So erlöste Chiron sowohl Prometheus als auch sich selbst vom Leid.

wahrgenommen wurde, dessen Urgrund und Quell aufgrund der sinnlich erfahrenen Lebensprozesse dem Weiblichen zugeordnet und von ihm geborgen wurde. Mit unserem heutigen Wissen müssen wir uns selbst jedoch die Frage stellen, inwieweit jedes Individuum tatsächlich nur weiblich oder nur männlich ist und unter Einbeziehung unserer feinstofflichen und mikroskopischen Dimension darüber nachdenken, was unsere Geschlechtszuordnungen eigentlich bedeuten sollen. Auch wenn die Diskussionen zum Thema mittlerweile rasant Einfluss gewonnen haben, bleibt doch vieles an der Oberfläche und den bestehenden Strukturen verhaftet.

Die Formulierung dieser dem eigentlichen Thema vorangehenden Gedanken an dieser Stelle geschieht auch deshalb, weil wir zwar am Ende des Patriarchats angelangt sind, jedoch nicht am Ende der Entwicklung des ihm innewohnenden und immer noch recht unerkannten Prinzips, dessen Bewusstwerdung mit der Installation androzentrischer Gesellschaftsordnungen seinen Anfang nahm. Wir Heutigen stehen quasi am Beginn der nächsten Runde zur Bewusstwerdung des „Mysteriums Individuum“, und das Auftauchen Chirons in den 1970er Jahren an unserem himmlischen und geistigen Horizont scheint das zu bestätigen.

Die Betrachtung der Mythologie im Zusammenhang mit sich wandelnden gesellschaftlichen Systemen ist in Bezug auf unser inneres Steinbock-Prinzip deshalb so wichtig, weil sie ein Licht auf jenen saturnischen Winkel unserer Seele wirft, in dem unsere Vorstellung von Realität deponiert ist – und weil hier nicht zuletzt durch ebendiese Vorstellung unsere Fähigkeit gebunden liegt, Realität frei zu gestalten. Ein freier Umgang mit unserer saturnischen Energie ist nur dann möglich, wenn wir ihre Erfahrungsinhalte als das ansehen, was sie sind: als *bisherige* Erfahrungen, die über die Zukunft zwar keine Auskunft geben, von denen wir aber trotzdem lernen können.

Die historische Verlagerung der gesellschaftlichen und religiösen Macht vom weiblichen auf das männliche Prinzip ist ein längerer Kraft- und Gewaltakt gewesen, der seine komprimierte Darstellung in den Mythen findet. Wir können daher die Mythen auch als einen Keim sehen, der sich im Laufe der Jahrtausende entfaltet. Jeder Mythos ist ein komplexes Symbol – und wie alle Symbole außerhalb unserer Zeitvorstellungen wirksam. Somit hat ein Symbol auch seinen archetypischen Verlauf bereits in sich. Unsere Entwicklung ist demnach auch ein *Nachvollziehen* des Mythos, und wir sind heute an dem Punkt angekommen, an dem die schmerzhaften Wunden einer gesellschaftlichen Entwicklung endlich wahrgenommen werden – und an dem die Chance zur Heilung besteht. Suchen wir im griechischen Mythos hierfür nach einer Analogie, stoßen wir zwangsläufig auf Chiron.

Die patriarchale Entwicklung machte sich vor allem die Anerkennung des absoluten Einen zum Thema und lokalisierte es in einer fernen geistigen Sphäre. In Abgrenzung zum matriarchalen Ganzheitsgedanken keimte hier das Bewusstsein für Individualität auf, was dem „wir sind alle Kinder der Großen Mutter" ein „ich bin anders" entgegensetzte. Wenn man bedenkt, dass das Patriarchat schon einige Jahrtausende währte, erscheint die Entdeckung der geistigen Planeten, beginnend mit Uranus im Jahre 1781, vielleicht recht spät. Ihre Energien begannen jedoch, den Weg zu einem völlig neuen kosmischen Verständnis zu bahnen, für das wir als Individuen durch die patriarchale Phase wohl erst reif werden mussten.

Den Erfahrungen der greifbaren Mächte der Natur folgte die Erfahrung der im Menschen wirkenden ungreifbaren geistigen Mächte. Allein schon von der Physiologie der Zeugung abgeleitet fühl(t)en sich Männer diesem Prinzip näher: Im Gegensatz zur weiblichen ist die männliche Verbindung zum werdenden Leben eher feinstofflicher Natur. Wie das Spermium sind diese Energien (im Gegensatz zu Schwangerschaft, Geburtsprozess und Stillen) unsichtbar wirksam und fordern die Bewusstwerdung anderer Sinne und Fähigkeiten heraus als jener, die wir bisher entwickelt hatten.

a. Das Leid als Kind der Gewalt

Den Entdeckungen von Uranus (1781), Neptun (1846) und Pluto (1930) folgte 1977 die Entdeckung Chirons. Die Reihenfolge der neu zum Bewusstsein strebenden Energien unter Beobachtung des gesellschaftlichen Kontextes weist Chiron als eine Kraft aus, die das Leid von Entwicklungen voraussehen kann und uns nun die Chance zu weisen Lösungen bietet. Dass die Existenz Chirons mit dem patriarchalen

Auslebens Saturns zusammenhängt, zeigen vor allem die Umstände seiner Zeugung: Er ist das Kind einer Vergewaltigung und in diesem Dilemma von Vater und Mutter verlassen.

Carola Meier-Seethaler sieht in den mythologischen Motiven des Mordes, des Raubes und der Vergewaltigung eine Parallele zur Praxis patriarchaler Machtübernahme: „Wie in Wirklichkeit die patriarchalen Herrschaftsverhältnisse nur durch Gewalt installiert werden konnten, so lösen auf der mythologischen Ebene die patriarchalen Götter auf gewaltsame Weise die matrizentrischen Gottheiten ab.[...] Neben Mord und Raub spielt das Thema der Vergewaltigung in vielen patriarchalen Mythologemen eine nicht wegzudenkende Rolle. Wo die Macht der weiblichen Gottheiten nicht durch Mord oder Diebstahl in männliche Hände übergeht, soll die sexuelle Unterjochung der Frau durch den Mann die numinose Faszination des weiblichen Schoßes bannen. [...] In der griechischen Mythologie sind Vergewaltigungen sozusagen an der Tagesordnung.“[11]

Chiron ist das Kind einer solchen Vergewaltigung, und zwei Kennzeichen sind für ihn typisch: dass er anders ist als die anderen und dass er leidet. Ferner fehlen ihm all jene Kennzeichen patriarchaler Gewalt und männlicher Herrschaftsansprüche, im Gegenteil: Er war freundlich, weise und heilkundig und er liebte die Künste. Als Sohn eines Titanen war er unsterblich, gelangte jedoch nie zu einem mit anderen männlichen Göttern vergleichbaren Ruhm oder zur Herrschaft über Territorien. In der kriegerischen griechischen Mythologie ist er der Außenseiter – und als Lehrer vieler Helden zugleich auch ein das Männliche förderndes Element.

Seine Fähigkeiten und Neigungen in Kombination mit der Tatsache, dass er leidet, machen ihn zum Sinnbild des heutigen Menschen, dem wir in der therapeutischen oder beratenden Praxis unter der gesellschaftlichen Kruste des „ich sollte, ich müsste...“ (der Auslebensform Saturns unter patriarchalen Vorzeichen) immer wieder begegnen: Dieser Mensch ist empfindsam, verletzlich und verletzt, auf andere bezogen und dennoch entsetzlich einsam. Er leidet unter der Welt und seiner eigenen

11 Carola Meier-Seethaler: Ursprünge und Befreiungen - die sexistischen Wurzeln der Kultur, Fischer TB, 1992, S. 260 ff.

Funktion in ihr, ohne zu wissen, was er wie ändern könnte. Er leidet letztendlich darunter, dass seine Liebe keinen Empfänger findet. Wir erleben das Patriarchat und Saturn in seiner entsprechenden Maske als grausam und unmenschlich, finden in der Darstellung Chirons jedoch seinen Schatten, der so ganz anders ist als das, was wir von seelischen Schattenfunktionen gemeinhin erwarten.

Was Chiron für unser Thema interessant macht, ist die Tatsache, dass Chiron der Sohn des Kronos ist und entsprechend ein chronisches Leid repräsentiert – ein Leid, das die Folge einer bestimmten Gesellschaftsordnung, einer bestimmten Zeitspanne (Chronos) ist. Zudem folgte Chirons Entdeckung auf die Rebellions- und Sehnsuchtsära der 1960er und 70er Jahre, in denen erstmals die heranwachsenden Menschen ihrem Unmut gegenüber der Gesellschaft und ihrer Heimatlosigkeit in ihr massiven Ausdruck gaben. Damit schufen sie die Grundlagen für eine bis dahin nicht vorhandene Jugendkultur und eine Kultur der Individualität.

Der moderne, zivilisierte Mensch von heute ist das Ergebnis einer kollektiven Entwicklung, die sich die Erde untertan gemacht hat. Wir sind alle Kinder dieser Vergewaltigung der Natur. Zudem hat die wissenschaftliche Revolution bewirkt, dass sowohl Vater- als auch Muttergottheiten ihre Realität verloren und allenfalls in den Bereich der Psychologie oder Phantasie verwiesen wurden. Wie sehr uns das verwundet (hat), brachte die Jugend der 1960er/70er Jahre erstmals zum Ausdruck und strebt seitdem gegen wechselnde Widerstände zum Bewusstsein. Gottverlassen und der Natur entfremdet steht das heutige moderne Individuum einsam in einer verletzten und verletzenden Welt. Chiron ist hierfür ein entsprechendes Symbol.

Hinzu kommt, dass Chiron in seiner Zweiseitigkeit sowohl in seiner Gestalt (Tier/Mensch) als auch in seiner astrologischen Deutung (Leid/Heilung) den saturnischen Schwellencharakter wiederholt und seine Abstammung vom zehnten Prinzip auch hierdurch sichtbar wird. Dass er überhaupt existiert, zeugt von der Tatsache, dass der lebendige Drang nach schöpferischer Vereinigung sich nicht um menschliche Ideologien und Beurteilungen schert. Jedoch sind die psychischen „Ergebnisse" der Vereinigung je nach Ideologie sehr unterschiedlich.

Zu Zeiten patriarchaler Machtübernahme entstand die „Normalität" der Gewaltausübung über Frauen und alles, was bis dahin ihre Macht und ihre Seinssphäre repräsentierte. Kronos stellt der Nymphe Philyra nach, die ihm und später auch ihrem Sohn zu entkommen versucht, indem sie sich auf die Mächte der Natur beruft, welche seit jeher die Basis ihrer Würde sind. Doch das schützt sie nicht – im Gegenteil: Auch der männliche Verfolger ruft die Mächte der Natur an, um seine einseitigen Vereinigungswünsche zu rechtfertigen. Philyra verwandelt sich in eine Stute, sie beruft sich als Schutz auf ihre Verbindung zur Göttin (deren Symboltier auch das Pferd war, s. Demeter als pferdeköpfige Göttin). Doch Kronos nimmt dieses religiöse Symbol für sich selbst ebenfalls in Anspruch und ist so – laut Mythos – in der Lage, den sexuellen Akt, vor dem sie floh, mit ihr zu vollziehen. Von Liebe ist hier jedoch keine Rede.

Chirons Zeugung findet in einem Klima statt, in dem sich Männliches und Weibliches verfeindet und einander bedrohend gegenüberstehen. Sie kämpfen um die alleinige Macht und ihre Beziehung trägt die Überschrift „Dominanz". Diese Überschrift ist auch über den betreffenden Gesellschaftsordnungen zu finden, und zwar sowohl über der matriarchalen als auch der patriarchalen. Saturns Gesicht hat sich also bereits von der Göttin Juno zum kriegerischen Janus gewandelt, und was als „männliches" Ergebnis dabei auch entstehen kann, wird in der Gestalt Chirons dargestellt.

Der gewaltsame Akt mit dem Ziel der Herrschaft *übereinander* ist widernatürlich, denn auf der Mikroebene, sprich: Eizelle/Samen, bleibt es, wie es eh und je war: Vereinigung der Pole mit dem Ziel der Lebensschöpfung. Alles Leid, das daraus entsteht, ist ein Ergebnis menschlicher Beurteilungen. Interessanterweise wiederholt sich in Kronos' hiesiger Vaterschaft mit umgekehrten Vorzeichen das, was er bei seinen eigenen Eltern zu berichtigen hatte. Denn war Uranus über die Kinder entsetzt, die ihm Gaia gebar, so ist nun Philyra, die Mutter, selbst entsetzt über das, was sie (und dass sie überhaupt!) gebiert.

Das Ergebnis dieser erzwungenen Vereinigung ist ein psychisches Waisenkind, vor allem auch deshalb, weil Chiron in seiner weiteren Entwicklung eben *nicht* zu einem Gewalttäter oder Herrscher, sondern zu einem Suchenden wird. Chiron findet für seine Art in seiner Umwelt keinen Spiegel, keinen Ähnlichen, keinen Gleichgesinnten – noch nicht einmal die Akzeptanz durch seine eigenen Eltern. Melanie Reinhart beschreibt Chirons Geburt als „Nach der griechischen Schöpfungsgeschichte [...] einzigartig: Sie ist die Folge der ersten nicht eindeutig inzestuösen Verbindung. Alle seine Vorfahren väterlicherseits entstanden durch die Vereinigung von Mutter und Sohn oder Schwester und Bruder. Philyra war die Nichte des Chronos. Die beiden waren zwar verwandt, aber keine Verwandten ersten Grades. Chiron stellt also einen Bruch mit der ursprünglichen Matrix dar, der die Erdmutter Gaia und ihre Nachkommen gefolgt waren.“[12]

Dass Chiron einen Bruch in der Matrix darstellt, kann jedoch noch auf eine andere Weise betrachtet werden, wenn man einmal davon ausgeht, dass der von Melanie Reinhart angenommenen ursprünglichen Matrix bereits eine patriarchale Mythenverformung zugrundeliegt.

In dem obigen Zitat wird die inzestuöse Verbindung als Urform betrachtet und Chirons Position hieraus interpretiert. In den ursprünglicheren, matrizentrischen Gesellschaftsstrukturen herrschte jedoch aus Gründen der Friedenssicherung zwischen den verschiedenen Matriclans und aus Gründen des sozialen Zusammenhaltes innerhalb eines Clans stets das Gebot der Exogamie (d.h. Eheschließung bzw. sexuelle Verbindung außerhalb der eigenen Familie bzw. des eigenen Clans). Die Brüder der Mutter nahmen dem Kind gegenüber zwar die Funktion der männlichen Autorität ein, waren jedoch nicht deren leibliche Väter, welche in matrizentrischen Strukturen eine untergeordnete Rolle spielten und in der Regel außerhalb des Clans ihrer Kinder lebten.

Das Inzesttabu mit entsprechendem Exogamiegebot war und ist Kennzeichen gerade matrizentrischer Kulturen, und es ist unter anderem ein Kennzeichen männlicher Herrschaftsaneignung, dass sich „Tatsächlich [...] alle patriarchalen Kulturen über die matrizentrischen Inzesttabus mehr oder weniger hinweggesetzt [haben], und es wurden nicht nur aus dynastischen und erbstrategischen Gründen weibliche Verwandte geheiratet, sondern immer standen weibliche Mitglieder des Haus-

12 Melanie Reinhart: Chiron - Heiler und Botschafter des Kosmos, Astrodata, 1993, S. 28.

halts, seien es Töchter, Mündel oder Dienerinnen, in der Gefahr, vom Hausherrn oder von dessen Brüdern und Söhnen sexuell missbraucht zu werden."[13]

Die tatsächliche ursprüngliche Matrix, dessen Bruch Chiron darstellt, war dieser Sichtweise nach eher die matriarchale, welche sexuelle Verbindungen unter Verwandten unter ein Tabu stellte. Der griechische Mythos mag es nicht mehr ausdrücken, jedoch symbolisiert Chiron unter der Voraussetzung einer matriarchalen Kultur gerade den Bruch des Inzesttabus anstatt seine Aufstellung. Hierdurch wird er zu einem männlich-menschlichen Symbol für das Ergebnis patriarchaler Gewalt: Chiron ist Ursache, Verkörperung und Ergebnis dessen, was im Innersten der patriarchalen Entwicklung wirksam war und ist: der verletzte und leidende Mann.

Um hier jedoch nicht sexistischen Beurteilungen Vorschub zu leisten, müssen wir die gesellschaftliche Wandlung, die durch den Wechsel von Matriarchat zum Patriarchat symbolisiert ist, vor allem als einen Aufruf zur psychischen Wandlung des Menschen begreifen: vom kollektiven zum individuellen Wesen. Der Mann als das ursprünglich als minderwertig angesehene (weil vom Mysterium von Schwangerschaft und Geburt ausgeschlossene) Wesen war zwangsläufig jener Teil der Gesellschaft, der litt und der durch sein Aufbegehren selbst Leid erzeugte. Jedoch wird die Yang-Kraft (um es neutral auszudrücken) hierdurch auch ein Symbol für den Teil eines jeden Menschen, der dem Gott- oder Naturgegebenen Individualität und Eigenwille entgegenstellt. Diese Kraft litt unter der Herrschaft der Mütter, verletzte sich jedoch durch ihre gewaltsame Machtübernahme, welche die *Trennung* vom Yin-Prinzip bewirkte, nachhaltig selbst.

Die Menschheit konnte den Weg der Entwicklung zur Individualität bisher offensichtlich nur in Form der absoluten Verlagerung des Schwerpunktes beschreiten, und somit ist Saturn, unsere Realität bzw. unser Bewusstsein, um Chiron „bereichert" worden. Chirons Entsprechung unter der Überschrift „Patriarchat" ist nun einmal zuerst das Leid. Als Sohn des Kronos hat er jedoch auch dessen Wandlungs- und Schwel-

13 Carola Meier-Seethaler: Ursprünge und Befreiungen; a.a.O., S. 269.

lencharakter geerbt, was sich sowohl durch die astrologische und therapeutische Erfahrung als auch durch seine astronomische Bahn bestätigt.

Bezeichnenderweise erschien Chiron gegen Ende des vergangenen Jahrtausends am Firmament. Seine Ankunft am Himmel (und in unserem Bewusstsein) begleitet somit eine Zeit, in der sich patriarchale Strukturen überall auf der Welt in einer Krise befinden und zusammenbrechen. Ihr scheinbares Erstarken und die extremen Polarisierungen im neuen Jahrtausend erinnern dabei eher an Krämpfe eines Sterbenden (auf beiden Seiten der Achse) und sind damit ein brutaler Beweis der anstehenden Zeitenwende.

Auch die patriarchalen Strukturen, das heißt die Vaterbilder und Vorstellungen des Männlichen in unserer eigenen Seele befinden sich in diesem Zustand. Unsere innere saturnische Energie ist ihrer Ordnungsmuster beraubt bzw. muss feststellen, dass ihre bisherige Vorstellung von Realität einer grundlegenden Revision bedarf. Das eigene chronische Leid „am Zustand der Welt" ist für immer mehr Menschen immer weniger zu übersehen. Und in dem Zusammenhang interessiert uns die Frage: Worauf basiert das Leid Chirons?

b. Die Existenz der Liebe

Um in unserer Gegenwart einen adäquaten und neuen Umgang mit saturnischer Energie zu finden, müssen wir vor allem eines ändern und neu entdecken: das Bild des sogenannten Männlichen, das wir auch als Impuls zur Individuation oder als unsichtbares Geistprinzip bezeichnen können. Ebenso wie die Zuordnungen Frau-Yin-Erde-Einheit etc. müssen die Zuordnungen Mann-Yang-Himmel-Individuation etc. korrigiert werden, oder anders ausgedrückt: Die Realität der Polarität muss von der Bindung an die Geschlechter gelöst werden.

Dieses Bemühen kommt ganz saturnisch einer Wanderung auf einem schmalen Grat gleich und unter Umständen setzt man sich damit Vorwürfen des Opportunismus aus. Wollen wir unsere eigene saturnische Energie jedoch jenseits von Verteufelungen und „Anordnungen von oben" realisieren, müssen wir überhaupt erst wieder lieben lernen – und zwar sowohl das Weibliche als auch das Männliche als umfassend wirkende Lebensprinzipien. Die Energie Chirons kann uns hierzu die

Kraft und die Größe geben. Um Chirons Leid auf die Spur zu kommen, und somit dem Leid des heutigen Menschen, können wir anhand des Mythos ein chironisches Schicksal in der Gegenwart konstruieren:

Eine junge Frau wird von ihrem Onkel mit sexuellen Avancen verfolgt und versucht immer wieder, seinen Annäherungen zu entkommen. In ihrer zunehmenden Angst und Verzweiflung sucht sie zunächst Rückhalt bei ihrer Mutter (das entspräche der Verwandlung in eine Stute). Die Mutter ist jedoch machtlos und auf diesem Auge blind, weil ebendieser Onkel, der ihr eigener Bruder ist, sie in der Kindheit selbst sexuell missbraucht hat. Die Autorität, welche die Mutter eigentlich hätte, geht also auf den Onkel über, er hat quasi die mütterliche Erlaubnis (das entspräche seiner Verwandlung in einen Hengst) zum gewaltsamen Vollzug der sexuellen Vereinigung.

Die Tochter wird aufgrund dieser Vergewaltigung schwanger und bringt einen Sohn zur Welt, der berechtigterweise seine emotionalen und biologischen Bedürfnisse an sie richtet und von ihr genährt werden will. Im Bann des Entsetzens gefangen gibt sie ihr Kind – als Manifestation des Traumas – umgehend zur Adoption frei, setzt es aus oder verlässt es in anderer Form. Sie verdrängt das gesamte Erlebnis sowie die Tatsache ihrer weiblich-sexuellen Potenz, um zumindest rein physisch zu überleben – und regrediert psychisch auf die Stufe der vegetativen Existenz des Überlebens (die Verwandlung in eine Linde). Dieses Schicksal einer Frau ist in unserer Gesellschaft zwar leider alles andere als utopisch, soll an dieser Stelle jedoch nicht weiter diskutiert werden. Hier interessiert mehr: Was ist die Realität des Kindes?

Dieses Kind erlebt am eigenen Leib eine völlig widersinnige Erfahrung: Es ist sichtbarer Beweis der Existenz von vereinigenden Kräften (wenngleich bei seiner Zeugung die Liebe auch lediglich auf der Zellebene bestand), wird jedoch in ein geistiges Klima geboren, das vom Kampf der Geschlechter geprägt ist. Das Denken, mit dem es sich konfrontiert sieht, ignoriert also die Basis seiner physischen Existenz, die ja von ganz anderen Dingen spricht. Die Liebe, die jedes Kind für seine Eltern empfindet, findet zudem keinen Adressaten, ohne dass diese Liebe von einem der beiden Standpunkte aus als falsch bewertet werden würde. Selbst wenn dieses Kind seine Eltern kennenlernen würde, würde es die seiner eigenen Physis und Psyche widersprechende Erfahrung machen, dass Vater und Mutter sich nicht lieben, sondern hassen oder fürchten. Ebenso macht es die Erfahrung, dass in der Nähe der Mutter seine Liebe zum Vater „falsch“ ist und in der Nähe des Vaters seine Liebe zur Mutter. Es liegt dann als Versuch der Bewältigung dieses Konfliktes der (neurotische) seelische Umkehrschluss nahe, dass Schöpfung aus Hass oder Furcht heraus entsteht – oder dass der Krieg der Vater aller Dinge ist. Wenn wir ehrlich betrachten, nach welchen Regeln wir unser sogenanntes soziales Leben gestalten, ist diese Haltung ein prägender Bestandteil unserer heutigen Gesellschaftsordnung, was durch das Internet und die sozialen Medien in aller Härte an die Oberfläche schwappt. Saturn in seinem heutigen Zustand hat sowohl kollektiv als auch in der individuellen Seele zunächst diese Qualität – ob uns das gefällt oder nicht.

Chiron erscheint im Mythos jedoch als Beispiel einer Energie, die diesen Umkehrschluss *nicht* macht – und das ist das eigentlich Heilende und Neue an ihm. Wir alle machen die obige Erfahrung, ob wir in einer zerrütteten elterlichen Beziehung oder in einer sogenannten intakten Kleinfamilie aufwachsen. Die Tatsache, dass wir physisch existieren, ist Beweis der *natürlichen Gegebenheit der Liebe* oder dafür, dass lebendige Existenz und Liebe Synonyme sind. Daher kommt jeder Mensch mit der offenen Bereitschaft, den Anderen zu lieben, auf die Welt. Diese Bereitschaft macht kleine Kinder so unwiderstehlich und erklärt zum Teil ihre Wirkung auf uns.

Das gesellschaftliche Klima, in dem wir aufwachsen, ignoriert, verdrängt oder vertuscht diese Liebe und gibt ihr nicht das Gewicht, das ihr aufgrund ihrer Basisfunktion zusteht. In einer Gesellschaft, welche die Liebe verdrängt oder durch Romantisierungen verzerrt und missbraucht, macht jedes Kind früher oder später die Erfahrung, dass seine Liebe erstens nicht als solche verstanden und zweitens *nicht angenommen* wird. Seine wichtigste Fähigkeit, die zugleich die Basis seiner Existenz ist, scheint nutzlos, wertlos und irgendwie falsch zu sein.

Mit diesem gesellschaftlichen Klima müssen wir zwangsläufig irgendwann im Laufe unserer kindlichen Entwicklung aus Überlebensgründen konform gehen, je nach innerer Widerstandskraft mehr oder weniger.

Die erfolgreiche oder auch nur tragbare Erziehung und Sozialisation innerhalb einer gesellschaftlichen Struktur, die Anspruch auf Ewigkeit erhebt (wie es jede gesellschaftliche Struktur bisher tut), beruht im Grunde weniger auf der Disziplinierung egoistischer Triebe als auf der Unterdrückung der Wahrnehmung der eigenen Liebesfähigkeit. Allein rein physisch und somit unbewusst setzt uns das jedoch unter eine unerträgliche Spannung, denn es bedeutet nichts anderes, als dass wir unsere eigene Physis, die Wahrheit unseres Körpers leugnen und in der irrationalen Situation gefangen sind, gesellschaftlich „richtig" zu sein, wenn wir glauben, dass wir körperlich „falsch" sind.

Um unter dieser Spannung nicht zu zerreißen, können wir unsere Körperlichkeit komplett verdrängen und auf diese Weise sicherlich einen patriarchal-saturnischen erfolgreichen Weg gehen. In diesem Fall opfern wir die Liebe der Konformität, und dieses Vorgehen wird mit klassisch-männlichen Rollenmustern assoziiert und führt auf der gesellschaftlichen Rangskala nach oben. Andererseits können wir zu der Aussage unseres Körpers stehen und der Liebe Gewicht geben, jedoch zu dem Preis, dass wir mit dieser Einstellung im gesellschaftlichen Abseits landen und in der öffentlichen Debatte eher Randbereiche besetzen. Dieses Vorgehen wird mit klassisch-weiblichen Rollenmustern assoziiert.

Chiron ist – und das ist das Neue – der *männliche* Nonkonformist, denn in der patriarchalen Auslebensform Saturns ist das Weibliche ohnehin nicht konform. Innerhalb der Wogen sexistischer Kämpfe gehört Chiron als ein Sinnbild „für denjenigen, der sich keiner Partei, keiner Clique und keiner bestimmten Gruppe anschließt, also jemanden ohne ein 'eingebranntes Herdenzeichen'"[14] zur eigentlichen Errungenschaft der menschlich-männlichen Entwicklung. Er opfert seine Fähigkeit zu lieben weder der einen noch der anderen Seite, nur um dadurch dazugehören zu können. In einer Gesellschaft, die Polarisierung und

14 Zane B. Stein bezieht sich in seinem grundlegenden Buch und einer der ersten Veröffentlichungen zu Chiron auf das chironische Schlüsselwort „Einzelgänger" (engl. Maverick): „Dieses Wort kam im Englischen ursprünglich von einem Mann namens Samuel A. Maverick, einem amerikanischen Pionier und Viehzüchter, welcher sein Vieh, im Gegensatz zu anderen Ranchern, nicht mit einem Brandzeichen markierte. Das Wort wurde schließlich zur Bezeichnung für denjenigen, der sich abseits von seinen Zeitgenossen stellt." Zane B. Stein: Chiron, Chiron-Verlag 1988, S. 13

Trennung propagiert, nimmt er seinen Platz ein: den eines Außenseiters. Er rettet damit gleichzeitig die Basis seiner Existenz als auch den Grund seines Leids. Denn was immer er auch täte, das Leid würde ihm bleiben.

Ein Mensch, der sich als Verkörperung der Liebe erkennt, sie in sich spürt und nicht von ihr ablassen will, ist in einem Umfeld, das der Liebe keine Rechte gibt, nicht existent, ein Außenseiter – und wie jeder liebende Mensch leidet er. Hörte seine Liebe auf, würde sein Leid aufhören. Hörte seine Liebe auf, hörte jedoch auch seine Existenz auf. In Chirons Verantwortlichkeit für sich selbst, auch wenn sie weh tut, zeigt sich seine Abstammung von Kronos recht deutlich. So finden wir in der Figur Chirons auch im griechischen Mythos ein Bild dafür, aus dem Rückfall Saturns auf sich selbst wieder einen Schritt herauszutreten.

Die Heilung eines Leides, das durch die Entwicklung des männlichen Prinzips initiiert wurde, kann, ganz im Sinne der homöopathischen Ähnlichkeitsregel, nur durch es selbst geschehen. Was durch männlichen Hass verwundet wurde, kann durch männliche Liebe geheilt werden. Bezeichnenderweise waren es vor allem männliche „Lichtgestalten“, welche in den 1960er/70er Jahren die Wende im Bewusstsein der Menschen einleiteten und als Lehrer oder Reformer auftraten. Das soll nicht heißen, dass Frauen nichts Entsprechendes zu sagen gehabt hätten, aber man hätte ihnen nicht im gleichen Maße zugehört und sie auch nicht in gleichem Maße ernst genommen. Dass die Botschaften eines Neuen Denkens von Männern kamen, war für ihre Wahrnehmung in der Gesellschaft und ihren Institutionen von wesentlicher Bedeutung. Dieser Trend setzt sich zwar bis heute fort, birgt inzwischen aber auch die Gefahr, durch unkritische Aufnahme und Institutionalisierung zu „altem Wein in neuen Schläuchen“ zu werden, anstatt wirklich neue Gesellschaftsnormen zu entwickeln.

Unser menschlicher Weg zur Individuation (dessen sich zunächst die androzentrische Entwicklungsphase annahm) ist demnach also sowohl Gift als auch Heilmittel – und darüber entscheiden lediglich Dosis und Frequenz sprich Wirkebene. Giftig ist dieser Weg so lange, wie wir der äußeren, auf Krieg und Trennung ausgerichteten Autorität unsere Saturnkraft überlassen und ihre Urteile ungeprüft übernehmen, um uns dem steten Risiko der Moral entziehen und „just for fun“ leben zu können. Heilend wird er, sobald wir als integre Persönlichkeiten ganz saturnisch beginnen, an den herrschenden Normen zu zweifeln, um unser eigenes Urteil finden zu können. Das ist kein einmaliges Tun, sondern eine je nach Persönlichkeit neue, individuelle und stete Geistesarbeit, an der die Seele reift[15].

Chiron ist somit vor allem Hilfe für die gegenwärtige Wandlung Saturns, denn er repräsentiert die Fähigkeit zu persönlicher Non-Konformität um der Liebe willen. *Sich nicht teilen lassen wollen* ist eine andere Bezeichnung für Individuum. Diese Fähigkeit ist die größte Gefahr für die herrschenden gesellschaftlichen Machtverhältnisse und die größte Chance für die Entdeckung von Lösungen.

Da Saturn eigentlich die Kraft ist, die unseren Bewusstseinsinhalten Form verleiht und im Wandel der Zeiten stets und unveränderlich auf diese Weise wirkt, ist Chiron auch eine kreative Reaktion dieser Kraft auf die menschliche Entwicklung. „Chiron symbolisiert die GEMEINSAME BASIS. [...] Somit ist, wenn man darüber genauer nachdenkt, die Türöffnung selbst die gemeinsame Grundlage. Sobald das Tor erst einmal geöffnet ist, erlaubt es den Zutritt in beide Richtungen."[16] Hier finden wir wieder den eigentlichen Schwellencharakter saturnischer Kraft. Und es ist beruhigend zu erkennen, dass auch ein patriarchaler Mythos wie der um Kronos und Chiron nirgendwo anders ankommen kann als an der Verbindung der Pole oder an demselben Punkt wie der matriarchale Mythos um Uno, der Göttin der Pforte.

In diesem Sinne kann auch unsere Entwicklung zur Individuation über den Weg von Trennung, Leid und Heilung nirgendwo anders ankommen als bei der Erkenntnis der Realität der Einheit – nur dass diese Einheit weder als Gleichmacherei noch als das Weibliche bzw. Männliche dasteht. Durch die Entwicklung zur menschlichen Individuation ist die vormals überwiegend auf Blutsbanden basierende Verbindung um

15 Der amerikanische Psychologe James Hillman (†2011) spricht in seinen Veröffentlichungen, von denen leider nur wenige ins Deutsche übersetzt sind, von *soul-making*. Seine Psychologie widerspricht herrschenden Lehrmeinungen und sieht in der Seele den Ursprung von Charakter und Schicksal. Hillman hat eine Sonne/Mond/Chiron-Konjunktion im Widder, Saturn ist rückläufig in Skorpion (12.4.1926, Altantic City, USA, Quelle: Astro-Databank). S. auch Literaturhinweis im Anhang.

16 Zane B. Stein: Chiron, a.a.O., S. 15.

die individuell-geistige Dimension der humanitären Liebe erweitert worden, welche ohne Verschiedenheit nicht existieren kann.

c. Wiedergutmachung durch den Sohn

Bereits der griechische Mythos um die Geburt der Aphrodite bringt das Prinzip der Liebe in Verbindung mit Kronos/Saturn. Kronos kastriert seinen Vater Uranos, die abgetrennten Geschlechtsteile fallen ins Meer, werden zu Schaum und verwandeln sich in eine Frau – eben Aphrodite. Obwohl auch dieser Mythos die patriarchale Adaption eines ursprünglicheren Göttinnenkultes ist und in der griechischen Version eher von einer Spaltung des Frauenbildes berichtet, spricht er auch von der Entstehung der Liebe als Konsequenz saturnischen Verhaltens. Venus/Aphrodite bringt mit ihrer Schönheit und verführerischen Kraft den griechischen Götterhimmel immer wieder in Aufruhr, zudem verärgert sie Zeus mit ihrer Spötterei und bestraft oft diejenigen, die glauben, über die Liebe erhaben zu sein oder die sie anderweitig beleidigen. Chirons Mythos beschreibt, dass durch die patriarchale Entwicklung eine Art von Liebe entsteht, die stets auch mit dem Schmerz verbunden ist.

Diese Liebe ist menschlich und irdisch und kann die romantischen Sehnsüchte nach dem Paradies nicht befriedigen. Anders als die ersehnte kosmische oder die aufregende erotische Liebe enthebt sie uns nicht der Bewertung unseres Daseins, sondern legt den Finger mitten in die Wunde.

„Auf billige Art und Weise ist die von Psychologen verlangte „Vereinigung der Gegensätze“ von Männlichem und Weiblichen nicht mehr zu haben.“ schreibt Jutta Voss demnach auch zutreffend zur Charakterisierung des heute üblichen Beziehungsdramas und formuliert weiter: „Übersehen wird dabei auch, dass ein signifikanter Fortschritt der patriarchalen Bewusstseinsentwicklung die Entstehung des ethischen Dualismus von Gut und Böse ist, verbunden mit verantwortlichem Handeln. *Somit steht jetzt das Individuum mit seiner Fähigkeit, um Gut und Böse zu wissen, in der Welt und muss sein Verhalten individuell verantworten.*“[17]

17 Jutta Voss: Das Schwarzmond-Tabu. Die kulturelle Bedeutung des weiblichen Zyklus, Kreuz Verlag 1988, S. 87, Hervorhebung von mir

Dieser Satz verdichtet den chironischen (Leidens-) Zustand, der heute für jeden einigermaßen wachen Menschen kennzeichnend ist. Die Erkenntnis von Gut und Böse beschert uns den klaren Blick auf ein erschreckendes Ausmaß von Problemen, denen wir mit nichts anderem begegnen können als mit unserer individuellen Verantwortung. Wird die Verantwortung (der Vater Kronos) nicht angenommen, weil angesichts der Weltkrise, der Übermacht des Partners/der Partnerin, der eigenen Schwächen, des persönlichen Geldmangels, der eigenen Machtlosigkeit etc. „ich ja doch nichts tun kann", wird der ch(i) ronische Leidenszustand unbewusst erlebt, begleitet von ungreifbarer Angst, depressiver Grundstimmung und lähmendem Automatismus. Wird die Verantwortung angenommen, erkennt sich also das einzelne Individuum (auch) als Geschöpf und funktionellen Arm des Patriarchats, setzt automatisch die Wahrnehmung des Schmerzes und damit die Suche nach Alternativen ein.

Im Moment der Übernahme der Verantwortung siegt die Liebe zum Leben, weil sie nun endlich als Basis des Seins wahrgenommen werden darf. Sich einzugestehen, wie sehr man unter den gegenwärtigen Regeln, nach denen man sein Leben gestaltet, leidet, ist der erste Schritt zur Wahrnehmung dessen, was man liebt. Die Kraft, die wir bisher zur Verdrängung dieser schmerzlichen Realität benötigt haben, wird nun erstens frei und lässt zweitens die innere Realität als Quelle weiterer Kraft zu.

Hier zeigt sich, dass die Integration unserer saturnischen Energie eine Umkehr unserer inneren Ausrichtung bewirkt: vom Leid zur Heilung, von der Angst zur Hoffnung und vom Tod zum Leben. Wir können die „Sünden der Väter" nicht eher wiedergutmachen, ehe wir sie erkannt haben. Und wir können sie nicht eher erkennen, ehe wir unserem persönlichen Schmerz ins Auge zu sehen wagen. Um die Kraft dafür zu haben, ist jedoch die Anerkennung der inneren Wirklichkeit des väterlich-patriarchalen Erbes notwendig, welche Qualität dieses auch immer haben mag.

Wir können diese innere Anerkennung ganz individuell und wörtlich verstehen, wenn wir daran arbeiten wollen, unserer eigenen Saturnkraft habhaft zu werden. Der Psychotherapeut Bert Hellinger hat mit seiner

Methode der Aufstellung von Familiensystemen demonstriert, dass eine Person leidet und mit der Bewältigung ihres Lebens schwerwiegende Probleme hat, wenn in dem inneren Bild ihres Familiensystems nicht all jene Personen vorhanden (=bewusst und geachtet) sind, die ihr das physische Leben überhaupt erst ermöglicht haben[18].

Die größten Schwierigkeiten, die eigenen Eltern achtend anzunehmen und zu würdigen, d.h. ihnen ihren Platz im eigenen inneren Seelensystem zuzugestehen (was nicht automatisch bedeutet, ihr Tun gutzuheißen!) und ihre innere Wirksamkeit zuzugeben, entstehen demnach verständlicherweise bei Menschen, die in der Kindheit ihre Eltern als missbrauchend, moralisch verwerflich oder anderweitig als bösartig erfahren haben bzw. sie so bewerten.

Das negative Urteil über einen oder mehrere Vorfahren führt lt. Hellinger in der Regel zu seiner/ihrer Ausgrenzung im eigenen inneren System. Gut und Böse lediglich zu erkennen, hat hier jedoch keine heilende Wirkung, im Gegenteil, es chronifiziert oft das Leid. Die heilende Wirkung setzt erst dann ein, wenn Klienten der betreffenden Person wieder menschliche Würde und ein eigenes Schicksal zugestehen können und sie achten als den Menschen, durch den sie ihr Leben erhalten haben – ohne der Person die Verantwortung für ihr Tun zu nehmen.

In diesem Zusammenhang spricht Hellinger auch von der Anmaßung des Verzeihens. Seiner Ansicht nach kann kein Mensch dem anderen verzeihen, sondern ist das eine Angelegenheit zwischen dem schuldigen Menschen und seinem Gott bzw. sich selbst. Da die seelische Integration ausgegrenzter Vorfahren wesentlich von deren Würdigung und Achtung abhängt, hat das Verzeihen durch einen anderen Menschen seiner Ansicht nach eher eine gegenteilige Wirkung, denn es demütigt den Menschen, dem verziehen wird, während der Verzeihende sich unangemessen über den anderen erhebt.

Erst durch die Anerkennung des *anderen Schicksals, das zwar auf uns wirkt, uns aber nicht gehört,* trat der Faktor „individuelle Verantwortlichkeit für das Hier und Jetzt" in der seelischen Dynamik hinzu. Erst dann also, mit Respekt für das Gewesene, konnte die eigene innere

18 vgl. Bert Hellinger: Ordnungen der Liebe. Ein Kurs-Buch, Carl Auer Verlag 1995; ders./Gabriele ten Hövel: Anerkennen, was ist. Gespräche über Verstrickung und Lösung, Kösel Verlag 1996

Saturnkraft wachsen und Chiron seine Ausrichtung zur Heilung entwickeln. Abgesehen von der Systemrelevanz der Vorfahren muss im magischen Moment der Heilung das Paradoxon ertragen werden, dass auch der schlechteste Vater oder die grausamste Mutter von ihren Kindern geliebt werden – dass wir also eine Liebe in uns tragen, die selbst angesichts berechtigter Urteile bestehen bleibt und diese somit relativiert. Diese Anforderungen sind hart, und Hellingers Methode wird oft Autoritarismus und patriarchales Denken vorgeworfen und kontrovers diskutiert. Die Praxis zeigt jedoch, dass wir uns selbst nicht achten können, wenn wir jene verachten, die unser physisches Leben erst ermöglicht haben – wie bitter dies auch verlaufen sein mag und als wie „fehlerhaft" wir unsere Eltern oder andere Vorfahren auch empfinden mögen.

Die chironische Kraft in uns besitzt diese Fähigkeit zur Achtung: die Fähigkeit zur Ver-söhn-ung mit uns selbst. Sie gibt uns die Kraft zum ersten Schritt, der uns in einer „Gesellschaft der Oberflächen" durch die persönliche Wahrnehmung und Anerkennung des eigenen Schmerzes zunächst ins Außenseitertum führt. Hier draußen jedoch, außerhalb unserer Gesellschaftsfähigkeit, haben wir irgendwo unsere Liebe verloren, unseren Respekt vor uns selbst liegenlassen und der Kraft, die uns aus uralten Wurzeln zufließt, keine Achtung geschenkt.

Viele Menschen drehen sich bei der Entwicklung einer gesunden Eigenliebe verzweifelt und vergeblich um sich selbst, denn sie grenzen die Tatsache aus, dass sie Erbe, Ergebnis und Zwischenglied einer langen und oft schmerzlichen Geschichte sind. Jedoch erst unter Einbeziehung dieser irdischen Kette unseres persönlichen Seins ist in unserer Seele der Boden für echte saturnische Integrität und Reife bereitet. Und wenn wir bedenken, dass die Saturnkraft eines jeden darüber mitbestimmt, welchen Weg die gesellschaftliche Entwicklung nimmt, ist die chironische Wiedergutmachung ein notwendiger, wenngleich hoher Preis. Es steht jedoch auch viel auf dem Spiel.

3. Saturn und Lilith

Lilith oder der Schwarze Mond ist ein Horoskopfaktor, der ca. seit den 1980er Jahren vor allem unter den Astrologinnen zunehmende Beachtung fand. Lilith ist ein sensibler Punkt im Horoskop, der sich durch die elliptische Bahn des Mondes um die Erde errechnet. Eine Ellipse hat stets zwei Brennpunkte, im ersten Brennpunkt der Mondbahn finden wir die Erde, den (berechneten) zweiten nennen wir Lilith oder den Schwarzen Mond. Liliths Verlauf ist „schlingernd", ihre Positionsveränderungen erinnern an das Prinzip „drei Schritte vor - zwei zurück", daher wird im Horoskop entweder ein Mittelwert platziert oder mit der sogenannten wahren Lilith gearbeitet.

Wenn wir uns mit Lilith befassen, begegnen wir einer oft widersprüchlichen Energie und einer völlig unerwarteten Form seelischer Dynamik. Liliths Wirken in unserer ist Seele ausgesprochen machtvoll, denn sie steht für jene Bereiche in unserem Innern, zu denen unser Verstand nur schwer Zugang findet. Sie sind zunächst nicht vorstellbar, da seit Tausenden von Jahren ein massives Tabu auf sie einwirkt.

Das magisch-mächtige ist *weibliche* Realität – sozusagen die Yin- oder Nachtseite der Realität, zu der konventionell-akademisches Denken keinen Zugang hat und die es daher fürchtet wie der Teufel das Weihwasser... oder einfach leugnet. „Jetzt verstand ich, was der Gott verfügte: Du sprichst die Wahrheit, aber niemand wird dir glauben. Hier stand der Niemand, der mir hätte glauben müssen; der das nicht konnte, weil er gar nichts glaubte. Ein Niemand, der nicht glaubensfähig war. Da habe ich den Gott Apoll verflucht."[19]

Unser zeitgenössisches Denken und Fühlen scheint für die Begegnung mit der Energie des Schwarzen Mondes kaum geeignet zu sein. Der Schwarze Mond bewahrt eine Facette jener Welt, die weit vor der überlieferten Geschichte und für eine weit längere Zeit als dieselbe bestand. Im jüdischen Mythos ist Lilith die Frau vor Eva, welche mit Adam im Machtkampf lag und schließlich vor ihm und seinem Gott Jahwe floh, da sie sich nicht unterwerfen wollte. Liliths Existenz ist jedoch nicht auf den jüdischen Mythos beschränkt, ihre Gestalt als die eines bösen

19 Christa Wolf: Kassandra. Erzählung; dtv 1996, S. 157

Der Mythos um Lilith ist vielschichtig und in vielen Überlieferungen von weiblichen Figuren gespiegelt. Zum besseren Verständnis hier eine kurze Zusammenfassung von Hannelore Traugott: "Am Anfang war Lilith. Bevor Adam erschien, war sie schon im Garten Eden. Sie ist gleichzeitig Adams Frau und Mutter. "Da wir aus der gleichen Erde geboren sind und aus dem gleichen Lehm geknetet, sind wir gleich", meint sie. Lilith will Gleichheit (Einheit?). Sie weigert sich, beim Liebesakt unten zu liegen. Adam beharrt darauf. Sie finden keine Lösung. Schließlich spricht Lilith den "Namen des Unaussprechlichen", also den verbotenen Namen von Jahwe aus und verschwindet, flieht aus dem Paradies. Der Allmächtige sendet drei Engel. Diese holen Lilith am Roten Meer ein. Sie drohen ihr, dass täglich hundert ihrer Kinder sterben werden, sollte sie sich weigern, zurückzukehren. Lilith kehrt nicht zurück. Schließlich wird sie Samaels Frau und damit Herrin über das Dunkle." (Astrologie Heute, Nr. 39)

weiblichen Geistes tritt uns in vielen Mythen und Märchen entgegen. Aus ihrem Namen ergeben sich zwar Ableitungen zu älteren, archaischen Göttinnen, sie gilt in den meisten Mythen jedoch vor allem als Dämonin, die Kinder mordet und Männer verführt, als die verschlingende Mutter und als die göttliche Dirne, sie hat einen zerstörerischen und todbringenden Charakter und sie ist vor allem ein Wesen der Nacht. Wenn wir den Mythen folgen, die sich um sie ranken, scheint von ihr wenig Gutes zu kommen.

Innerhalb der Astrologie wird Lilith mit dem verdrängten weiblichen Prinzip in Zusammenhang gebracht – und mit den gesellschaftlichen und psychologischen Auswirkungen dieser Verdrängung.

In diesem Zusammenhang interessiert uns auch ihre Beziehung zu Saturn. Marie-Louise von Franz schreibt in ihrem Vorwort zu S. Hurwitz' Studie „Lilith – Die erste Eva“: „Dass hinter der Depression, der „saturnischen Melancholie“, wie sie früher genannt wurde, ein unbändiger Lebensdrang verborgen liegt, *der sich nicht assimilieren lassen will*, scheint mir eine neue und wesentliche Erkenntnis zu sein.“[20] Die Studie von S. Hurwitz befasst sich nicht mit der Astrologie, sondern mit religionshistorischen und psychologischen Hintergründen des Lilith-Mythos. Umso wichtiger erscheint mir der zitierte Satz, der aufgrund

20 zitiert in Sigmund Hurwitz: Lilith - die erste Eva. Eine Studie über die dunklen Aspekte des Weiblichen, Daimon Verlag 1993, S. 15f.

psychoanalytischer Erfahrung den astrologischen Schwarzen Mond mit der saturnischen Energie zusammenbringt. Auch im Lilith-Mythos wird ihre Nähe zu Saturn sichtbar:

„Die kabbalistische Tradition hat zum Lilith-Mythos ein neues Element hinzugefügt: Es handelt sich um die Beziehung Liliths zum Bösen. Dieses erscheint personifiziert als Satan oder […] *Samael*. In der nachtalmudischen Tradition […] ist Samael der Anführer der gefallenen Engel. […] Im Sohar werden Samael und Lilith, meist einfach „Samael und seine Gefährtin" genannt, an zahlreichen Stellen erwähnt. Sie werden hier zum Prototyp eines „unheiligen Paares" und damit zum eigentlichen Gegenspieler des „heiligen Paares", […]."[21]

Wir haben die Analogie des astrologischen Saturns zu Satan, dem christlichen Teufel, bereits an früherer Stelle behandelt, und der Mythos um Lilith weist uns auf eine neue Facette Saturns hin: Unser innerer Saturn ist nicht allein, denn er hat eine Gefährtin, die stets an seiner Seite ist, auch wenn sie im Rad des Tierkreises keine Domäne (mehr) hat. Der Aberglaube des Mittelalters, der die Hexen des Pakts mit dem Teufel bezichtigte, wird ebenfalls von diesem alten Bild des unheiligen Paares getragen.

Was bedeutet das jedoch für die astrologische Praxis? Es bedeutet nichts weniger, als dass jede Arbeit mit Saturn die Energie Liliths in unserer Seele aktiviert. Liliths Energie ist jedoch derart widerständig und ins zeitgenössische, „moderne" Leben nahezu unintegrierbar, dass wir die Gefühle, die sie in uns auslöst, nur schwer benennen können – wenn wir uns überhaupt wagen, sie wahrzunehmen und auszuhalten. Oftmals ist es leichter, ihr gemeinsames Erscheinen mit Saturn in unserem Leben allein ihm, dem prädestinierten Sündenbock, in die Schuhe zu schieben, um uns einer Auseinandersetzung mit unserem matriarchalen Seelenerbe nicht stellen zu müssen.

Liliths Verbindung zur Realität existiert jedoch, und zwar ganz konkret in der Materie und damit in jeder Zelle unseres Körpers, und je weniger wir dieser Tatsache Rechnung tragen, umso verzerrter und fremdbestimmter werden wir unsere Realität erleben. Die Qualität

21 Hurwitz, Sigmund: Lilith, die erste Eva, a.a.O., S. 169.

Liliths hängt entscheidend von der Qualität unseres Saturns ab, ebenso wie dessen Qualität auch davon abhängt, wieviel Respekt wir dem Schwarzen Mond und dem durch ihn repräsentierten Seelenbereich entgegenbringen.

a. Zweierlei Norm

Es ist nicht willkürlich, dass ich den neueren astrologischen Faktoren Chiron und Lilith bei der mythologischen Betrachtung des Steinbock-Themas so viel Beachtung widme. Zum einen leben wir in der vielzitierten Zeitenwende, in der gerade Saturn als gesellschaftliche Ordnungskraft gefragt ist. In dieser Zeitenwende bewirkt jedoch das Erscheinen Chirons die Infragestellung der gesellschaftlichen Ordnung. Es ist so, als ob dem auf dem Gipfel von Macht und Ansehen stehenden Patriarchen plötzlich sein verleugneter Sohn ins Haus hinkt, den schönen Schein der Rechtschaffenheit zusammenfallen lässt und den Vater vor versammeltem Publikum fragt: „Sag' mal, wie war das eigentlich damals mit dir und meiner Mutter?" Chirons Erscheinen erinnert an die Leiche im Keller des Patriarchats, und diese Leiche ist die dämonisierte Lilith.

Zum anderen beinhaltet unser seelisches Erbe unsere gesamte menschliche Geschichte. Der Raum in unserer Seele, auf dessen Tür „Steinbock" steht, speichert das, was für richtig und allgemein gültig gehalten wird und wurde. Dieser Raum hat aber noch ein Hinterzimmer, dessen Zugang möglicherweise durch ein Heroen- oder Madonnenbild verdeckt ist. Chiron nimmt das Bild ab und weist auf den Gang dahinter, denn – ob verdeckt oder nicht – alle Inhalte des Seelenraumes „Steinbock" wirken in uns.

„Die wilde Frau in uns mag unter zahlreichen Schichten überzivilisierter oder schamhafter Verdrängung begraben liegen, ihre jahrtausendealten Namen mögen uns entfallen sein, aber im Mark unserer Knochen spüren wir sie noch und sehnen und nach ihrem Wissen. Wir spüren, dass sie untrennbar von uns ist und wir eine seltsame Verkörperung von ihr sind."[22] Diese wilde Frau wird zwar im seelischen Erleben von

22 Clarissa Pinkola Estés: Die Wolfsfrau. Die Kraft der weiblichen Urinstinkte, Heyne 1996, S. 19.

verschiedenen Geschlechtern unterschiedlich empfunden, ist jedoch als tiefe Urwurzel *aller* Geschlechter in jedem Menschen wirksam. Und wenn der Schmerz zu groß und unerhört ist, bricht das Wilde aus.

Unser vorpatriarchales Seelenerbe besteht aus einem gesellschaftlichen Ordnungsmuster, in dem die Große Mutter alles Leben gab und alles Leben nahm, in dem die Göttin in ihren vielen Gesichtern Mittelpunkt und Basis des kollektiven Lebens war. Aus dieser Zeit sind uns Vorstellungen von Gut und Böse geblieben, die den heutigen Vorstellungen davon oft diametral gegenüberstehen. Nehmen wir Chiron und Lilith bei der Betrachtung des Steinbock-Prinzips hinzu und widmen uns ein wenig den Dingen, die sie repräsentieren, erkennen wir in einem weit größeren Ausmaß als bisher, was alles schon gewesen ist, was alles schon für Gut und für Böse befunden wurde – und wie relativ diese Bewertungen sind. Und die Erkenntnis der Relativität gesellschaftlicher Normen ist mit die wichtigste Voraussetzung zur Entwicklung der eigenen, individuellen und freien Saturnkraft.

Die Bewertungen in matrizentrischen Kulturen beruhten vor allem auf der weiblichen Lebensrealität. Die Macht der Frauen fußte auf ihrer magisch-religiösen Aura, von der sie aufgrund ihrer Fähigkeit, Leben zu schenken, umgeben waren. Das Weibliche war die Norm, und die gesellschaftliche Ordnung war auf die Entfaltung des Weiblichen angelegt. Was Weiblichkeit, die sich frei entfalten kann und soll, alles beinhaltet, können wir heute nur noch erahnen und diesen inneren Bereich zaghaft, neugierig und fasziniert wiederentdecken.

Dem Wechsel zur einer Gesellschaftsordnung unter androzentrischen Vorzeichen fielen jedoch neben vielen anderen Eigenschaften vor allem jene zum Opfer, die heute noch als bedrohlich beurteilt werden (und teilweise auch sind) und die dämonisiert mit Lilith im Hinterzimmer gelandet sind.

Dies sind vor allem Zustände jenseits der rationalen Kontrolle, Gefühle, die den Tod bejahen, die sich rauschhaft, ekstatisch und fatalistisch dem Leben hingeben; eine magisch wirkende Bindung an die Erde, auf der man geboren wurde; Verführungskräfte, die auf jeden zwingend wirken und dem freien Willen spotten; der Abgrund der absoluten Unbedingtheit und Kompromisslosigkeit der Seele; ihre Fähigkeit zur gnadenlosen Rache, auch wenn man sich selbst mitopfern muss – um nur einige zu nennen. Im matriarchalen Hinterzimmer Saturns fallen viele unserer heutigen Vorstellungen von Gut und Böse zusammen, heben sich auf und werden daher rückhaltlos vollzogen. Und in unserer Seele gibt es eine gut bewachte Erinnerung daran, dass diese Zustände einstmals als „richtig" bewertet wurden und der Irrationalität Berechtigung, Wirksamkeit, Achtung und rituelle Teilhaftigkeit am gesellschaftlichen Ganzen zugestanden wurde.

Diese Kräfte, die ich hier nur sehr vereinfachend anspreche, können einen erdrutschartigen Charakter annehmen und unser Verständnis von uns und der Welt komplett unterminieren. Sie können uns aller Ich-Grenzen entheben und uns beispielsweise dazu bringen, uns mit einem lustvollen Aufschrei in die magische Identifikation mit einem Archetypus zu stürzen, selbst wenn und weil wir dabei das Bewusstsein unserer selbst verlieren und als Individuum untergehen. Sie gelten in einem tabuisierten Teil unserer Seele als richtig, gut und existenziell wichtig, werden jedoch von der patriarchalen Gesellschaftsordnung entsprungenen Werturteilen und Meinungen darüber, wie Realität *zu sein hat*, dämonisiert und sorgsam in Schach gehalten.

Dass wir die Energie Liliths kaum wahrnehmen, „verdanken" wir einem entsprechend rigiden Hüter dieser gefährlichen Schwelle zum Hinterzimmer. Für ihn ist der eigenmächtige Wille die Norm, die gradlinige Zielausrichtung mit dem Zweck der Unterwerfung und Benutzung der Natur und des Lebens schlechthin. Das Weibliche hat keine eigene Realität mehr, sondern wird durch neue Vorstellungen von Gut und Böse genormt.

In diesen Vorstellungen ist das Weibliche generell irrational und damit böse; seine kastrierte Erscheinungsform, die ihr stetes Bemühen ausdrücken muss, sich zurückzunehmen und den bestehenden Normen zu fügen, wird geduldet, und das Ur-Weibliche ist dämonisch – vor allem, wenn es an die dunklen Seiten der eigenen Seele erinnert und gesellschaftliche Akzeptanz einfordert. Dies ist das Vorderzimmer des Steinbock-Raums. In diesem Vorderzimmer besteht die Ordnung auf der Erde daraus, sich gegen die Erde zu richten und isolierten geistigen

Produkten den Vorrang vor der emotionalen und körperlichen Realität unseres Lebens zu geben.

Da wir über all diese Erinnerungen unbewusst verfügen, sind die Bewertungen des Vorderzimmers sehr fragil und stehen im Widerspruch zu denen des Hinterzimmers. Je fester der Gang zwischen beiden verbarrikadiert ist, und je schöner die Helden- oder Madonnenbilder sind, die wir von uns malen, umso schrecklicher tobt Lilith aufgrund der Verkennung ihrer Göttlichkeit in uns.

Lilith ist die heimatlose wilde Seele in uns, der wir jedoch in unserer derzeitigen patriarchalen Realitätsvorstellung keine Heimat geben können oder wollen, ohne ebendiese Vorstellung als begrenzt zu erkennen und somit ihren absoluten Gültigkeitsanspruch in Frage zu stellen. Christa Wolf gibt in ihrem Roman „Medea", einer Lilith-nahen Gestalt der griechischen Mythologie, der heimatlosen Seele eine Stimme: „Wohin mit mir. Ist eine Welt zu denken, eine Zeit, in die ich passen würde. Niemand da, den ich fragen könnte. Das ist die Antwort."[23]

b. Integrität und Opfer

Nicht nur der Mythos weist auf die Verbindung von Lilith mit Saturn hin, sondern auch ganz einfach die Geschichte. Die „offizielle" Realität und Gesellschaftsstruktur ist einmal weiblich gewesen, und die Energie Saturns bewahrt die Erinnerung daran in uns auf. Im persönlichen Erleben hängt demnach die Qualität unseres Saturns wesentlich von der Beschaffenheit unseres Umgangs mit dem Weiblichen ab. Wir erleben konkrete Realität vollkommen anders, je nachdem, ob wir uns aus Werten des Vorder- oder des Hinterzimmers des Steinbocks bedienen.

Wenn wir beginnen, bestehende Urteile und Normen in Frage zu stellen, bewegen wir uns nicht in einem Vakuum. Sobald wir patriarchale Muster anzweifeln, um zu persönlicher Integrität zu gelangen, gewinnt der Schwarze Mond in uns an Stärke und Einfluss. Abgesehen davon, dass er diesen unbewusst ohnehin hat, will er in unsere Gefühle und unser Bewusstsein eindringen und zum Ausdruck kommen. Jede innere

23 Christa Wolf: Medea. Stimmen. Roman, Luchterhand 1996, S. 236.

Tendenz, gesellschaftliche Normen zu übertreten, macht die Verbindung zwischen den beiden Räumen ein wenig durchlässiger und Liliths Radikalität und emotionale Wucht kommen hervor. Sie treffen uns meist vollkommen unvorbereitet, und wir geraten dann in eine Panik bezüglich der erwogenen Veränderungen, die in keinem Verhältnis zu der realen Situation steht.

Bevor wir die Autorität über unser Leben beanspruchen und ausüben können, verlangt der Schwarze Mond, dass wir die Macht der Natur in uns und die physischen Bedingungen unserer Existenz anerkennen. Und wir tun gut daran, uns mit der Wilden Frau in uns auf guten Fuß zu stellen, denn alle Autorität, die wir ausüben, wird uns letztendlich nur von unserer Seele, in dessen Urgrund sie existiert, gewährt. Unsere saturnische Kraft befähigt uns zu Reife und moralischer Integrität. Der Schwarze Mond ist eine Energie, welche die Errungenschaften der menschlichen Zivilisation genauso kategorisch ablehnt wie Zivilisation versucht, sich über die *vorgefundenen* Bedingungen menschlicher Existenz urteilend zu erheben. Er ist, wenn wir so wollen, Urnatur, absolute Lebenskraft in all ihren Facetten und jenseits moralischer Bewertungen.

In matriarchalen Zeiten konnten die heute verdrängten Facetten dieser Kraft sich in kultischen Handlungen entäußern, die uns barbarisch erscheinen, vor allem die blutigen Opferrituale von Menschen und Tieren. Das freiwillige Opfer sollte dem von der Natur verlangten Opfer vorgreifen, das eigen-willige Töten die empfundene Willkür der Natur auf magische Weise durch Nachahmung beherrschen. Wir konnten diese Handlungen letztendlich nicht abschaffen, sondern nur in barbarischen Kriegen, gesellschaftlichen Süchten, wissenschaftlichen und markttechnischen Tieropfern und todesverachtender Umwelt- und somit Selbstzerstörung abstrahieren. Auch unsere heutige gesellschaftliche Realität zeigt die enge Verbundenheit Saturns mit Lilith, jedoch auf eine unbewusste und damit der Entwicklung weitgehend entzogene Weise.

Die rituelle Begegnung mit Lilith ist aus dem persönlichen Leben der meisten Menschen verschwunden. Sobald wir beginnen, uns von den Verkrustungen kollektiver Urteile und Meinungen zu befreien, tritt unsere innere Steinbock-Energie jedoch in Beziehung zu Lilith und begegnet weiblicher Gewalt – auch heute noch ein Tabu-Thema. Leben nehmen zu dürfen, weil „man(frau)" Leben ja auch gibt, ist ein spezifisch weiblicher und tief verborgener, archetypischer Anspruch, der schlichtweg existiert. Dieses dunkle Selbstverständnis des Schwarzen Mondes liegt im Kern patriarchalen Herrschaftsstrebens über die materielle Dimension, sei es der weibliche Körper, die Warenwelt oder die ganze Erde. In der Begegnung mit dem Schwarzen Mond ist Saturns Fähigkeit, sowohl der emotionalen Realität Liliths als auch der Realität unseres konkreten Lebens standzuhalten, von großer Bedeutung. Lilith verlangt Opfer, in ihrem Bild sind ja gerade die todbringenden Aspekte der Göttin zusammengefasst und verteufelt. Und sie ist mit Saturn verbunden. Somit könnte man sagen, dass jede gesellschaftliche Ordnung Opfer verlangt. Ebenso verlangt jede innere Entwicklung zu Integrität ein Opfer von uns.

Die Stärke und Ausdauer, die uns Saturn verleihen kann, sind nicht umsonst zu haben. Saturns schmerzlicher Verzichtaspekt kommt auch aus seiner Verbindung zu Lilith, denn ein echtes Opfer ist nicht der Verzicht auf etwas, das wir ohnehin nicht mehr brauchen oder nie wollten. Ein Opfer im Sinne von Saturn/Lilith ist der Verzicht auf etwas uns bislang Teures, das Hingeben von etwas, das wir liebgewonnen haben, das uns wertvoll ist, weil es uns nach vereinbarten Maßstäben *zivilisiert*. An diesem Prozess reift unser Ego, denn all die Opfer, die es freiwillig anbietet, reichen nicht. Es muss lernen, sich nehmen zu lassen, was im Sinne der Naturgesetzlichkeit unserer ursprünglichen Seele sterben muss. Das für unser Ego Tragische daran ist, dass es die Ordnung unserer ursprünglichen Seele erst durch ihre todbringende, verschlingende oder beendende Seite erkennt.

Wenn wir beginnen, Saturn in uns zu entwickeln, müssen wir also darauf vorbereitet sein, zu opfern. Bei Saturn geht es immer um die Form, die wir Inhalten geben, es geht um die öffentliche Etablierung und Manifestation unserer seelischen Bedürfnisse. Durch die Arbeit am Saturn-Thema geben wir unserem Leben eine andere Form als bisher, denn wir gehen nun mehr und mehr nach unseren eigenen Bewertungen vor. Jedes Erstarken der inneren Autorität lässt uns von jenen allgemein anerkannten Geboten Abstand nehmen, welche den

Bedürfnissen unserer Seele nicht gerecht werden und ihre Erfüllung beschneiden. Als eine Facette der Urnatur forciert Lilith diesen Prozess und ist auch stärker als unsere Ängste und Eitelkeiten. So opfern wir ihr zwangsläufig unsere gesellschaftliche Konformität. Diese beruht in der Regel auf der Befolgung patriarchaler Werte und ist uns bzw. unserem Ego meist lieb und teuer, denn sie sichert unsere Zugehörigkeit. Indem wir nach patriarchalen Vorstellungen nicht-konform werden, begegnen wir jedoch wieder einem alten Bekannten: Chiron. Was immer wir ändern wollen – dem Schmerz können wir nicht entgehen.

c. Die Existenz des Todes

Chirons Non-Konformität besteht nicht nur aus seiner ungewöhnlichen Existenz und dem daraus folgenden ungewöhnlichen Lebensweg. Auch das „Happy End" seiner Geschichte widerspricht den Werten der patriarchalen Gesellschaftsordnung. Chirons Erlösung ist der Tod – jedoch nicht der Heldentod, sondern der Tod eines „Versagers". Gerade weil seine Fähigkeiten nicht ausreichen, seine eigene Verletzung zu heilen, wird ihm die patriarchale Ideologie der Unsterblichkeit zur Qual. Er ist um der Heilung willen bereit, sie herzugeben, denn im Vergleich zu seiner vergeblichen Suche und seinem real existierenden Schmerz ist sie ihm nichts mehr wert. Er überlebt lediglich als Idee, als Sternbild am Himmel, wo ihm sozusagen ein kosmischer Grabstein gesetzt wurde.

Das Wissen um den Tod ist die eigentliche Triebkraft hinter dem menschlichen Bedürfnis, sich zusammenzutun. Das Bewusstsein der eigenen Verletzlichkeit und Endlichkeit erforderte Maßnahmen, damit umzugehen. Die Gemeinschaft macht uns stärker als wir es im einzelnen sind, und dieses Gefühl scheinen wir zu benötigen, um mit der Ohnmacht gegenüber dem Tod umgehen zu können. Gemeinschaft erfordert jedoch Regeln und Strukturen des Umgangs miteinander, und diese Regeln müssen der Allgegenwärtigkeit des eigenen Todes Rechnung tragen, damit die Anziehungskraft der Gemeinschaft bestehen bleibt. Überspitzt könnte man sagen, dass die Existenz des Todes die Basis für jede gesellschaftliche Ordnung ist, der Tod ist der Klebstoff bzw. der gemeinsame Nenner, denn vor ihm sind wir alle gleich. Niemand kann ihm entgehen.

Die Bewältigung der Todesangst durch ein geregeltes Zusammenleben hat jedoch nur Sinn, wenn die Freude am Leben dadurch gewinnt. Der Tod ist ein Wissen, das wir aus der Beobachtung haben. Sobald er gelebte Realität wird, gehört er zwar zu unserer Erfahrung, wir können diese Erfahrung jedoch mit den Mitgliedern unserer Gemeinschaft nun nicht mehr teilen, da wir ja tot sind. Die gemeinsame Erfahrung der Gemeinschaft ist *Leben und die Beobachtung des Todes*. Das ist die Realität. Sobald eine Gemeinschaft mit ihren Regeln dieser Realität nicht mehr Rechnung trägt, geht sie früher oder später unter. Das heißt, sobald sich der Schwerpunkt im Bewusstsein der Menschen einer Gemeinschaft vom Leben (das ja eigene Erfahrung ist) auf den Tod (der lediglich Beobachtung ist) verschiebt, stirbt die Gemeinschaft, da ihre Bedingungen irreal werden.

Wenn wir begreifen wollen, warum ausgerechnet der zerstörerische Aspekt der Göttin in der Gestalt Liliths der Dämonisierung und Verdrängung anheimgefallen ist, müssen wir über die Vorgänge in unserer frühesten Geschichte spekulieren. Wenn Gesellschaftsordnungen ihrem Ende zugehen, greifen Menschen gern auf „die alten Werte" zurück, welche ihre Güte scheinbar dadurch bewiesen haben, dass es sie schon so lange gibt.

Diesen Fundamentalismus können wir auch heute wieder beobachten. Es ist gut möglich, dass mit zunehmenden Auflösungserscheinungen die matriarchalen Gesellschaftsordnungen vermehrt auf Blut- und/oder Menschenopfer zurückgriffen und dass auch das Königsopfer wieder praktiziert wurde – und vermutlich umso exzessiver je panischer die Menschen wurden.

Im Übergang vom Matriarchat zum Patriarchat mag der matrizentrische Machterhalt durch den Tod von Männern und bzw. allem, was mit ihnen assoziiert wurde, versucht worden sein. Ebenso beobachten wir heute bzw. bei jedem Aufkommen weiblicher Unabhängigkeit, dass der androzentrische Machterhalt durch den Tod von Frauen bzw. allem, was mit ihnen assoziiert wird, gewährleistet werden soll. In diese Kategorie fallen die Hexenverbrennungen des Mittelalters und die heutige Diskriminierung von Frauen ebenso wie die systematische Zerstörung von Natur und Wildheit, die Missachtung von Kindern, die Verdinglichung von Tieren, die Finanzialisierung von Gesundheit, Fürsorge, Kunst, Spiritualität, Sinnlichkeit, seelischen Bedürfnissen und vielem mehr.

Machterhalt wurde und wird hier irrtümlicherweise mit „Leben" gleichgesetzt. Der Schwerpunkt der inneren und äußeren Wahrnehmung der Menschen, die in einer solchen Gesellschaft leben, verschiebt sich jedoch von Leben auf Niedergang und Tod. Sie erfahren immer weniger die Freude am Leben und beobachten immer mehr den Tod. Die Gesellschaftsstruktur wird somit irreal und verliert ihre Basis, nämlich die innere Zustimmung der Menschen, aus denen sie besteht. Das Bedürfnis, aus dem man sich ursprünglich zusammengetan hat, nämlich die gemeinsame Bewältigung des Wissens um den Tod mit dem Ziel des Erhalts der Lebensfreude, wird nicht mehr befriedigt – der gesellschaftliche Zusammenhalt und mit ihm die Gesellschaftsordnung sterben also.

Die Koppelung Saturns als gesellschaftsordnende Kraft an Lilith als den tödlichen Aspekt der Natur ist auch bei der reinen Betrachtung gesellschaftlicher Vorgänge offensichtlich. Wir sind heute in der Lage, auf zwei verschiedene Versuche der Strukturierung menschlichen Daseins zurückzublicken, die beide nicht von Dauer waren bzw. sind. Dabei ist es gerade das saturnische Bedürfnis nach Dauer, das Liliths Todesaspekt umso stärker hervortreten lässt, je mehr an dem Anspruch nach *Dauer ohne Wandlung* festgehalten wird. Insofern sind beide gesellschaftlichen Entwürfe, beide Auslebensformen Saturns an ihrem Ende gleich: Beiden ist die Absicht inne, den Tod zu verhindern anstatt die Angst davor zu überwinden – was ja der ursprüngliche Grund der Bildung einer Gemeinschaft war. Was hierdurch tatsächlich stirbt, ist die Freude am Leben.

Die Überwindung der Angst vor dem Tod beinhaltet jedoch auch die Überwindung der Angst vor dem eigenen Tod, d.h. seine Bejahung, wenn die Zeit gekommen ist – und zwar im persönlichen wie im gesellschaftlichen Bereich. Wenn wir uns an Kronos erinnern, der seine Kinder fraß, um nicht entthront zu werden, können wir auch hier die Starrheit und Begrenztheit erkennen, zu der saturnische Energie angesichts des Todes neigt – und die nahezu katalytische Wirkung gerade dieser Starrheit. Es ist Lilith, die in die überlebte Richtung verführt, um das zu bewirken, wozu sie da ist: das Ende dessen, dessen Zeit gekommen ist.

Wenn wir Heutigen uns nun mit der Notwendigkeit konfrontiert sehen, neue Formen des Zusammenlebens zu finden, neue gesellschaftliche Strukturen zu entwickeln, die lebensförderlich sind und unsere Probleme lösen können, können wir weder patriarchale Muster verstärken noch auf matriarchalen Werten beharren. Die Ausschließlichkeit und der Kampf zwischen den Polen haben ausgedient. Unser innerer Saturn steht heute vor einer ganz anderen Aufgabe, nämlich jener, der Existenz des Todes ins Auge zu blicken. Möglicherweise läuft die Menschheit seit Jahrtausenden durch verschiedene gesellschaftliche Entwürfe vor dieser Tatsache davon. Es hat nichts mit Nekrophilie zu tun, es als absurd zu bezeichnen, dass das einzige große Ereignis, das wir bewusst erleben könnten und das auf uns alle wartet, ein derartiges Schattendasein führt.

Chirons Erscheinen in unserem Bewusstsein mag uns die Kraft geben, die Existenz des Todes neu zu bewerten, auch wenn jeder Gedanke in diese Richtung gefährlich sein und für Ideologien jeglicher Couleur missbraucht werden kann. Daher ist es überlebenswichtig, dass wir unsere innere saturnische Energie entwickeln und für uns selbst in Anspruch nehmen. Solange wir unsere innere Autorität jedoch nicht selbst nutzen, sondern sie delegieren und jenen folgen, die glauben, Leben durch Tod erschwindeln zu können, haben wir nicht begriffen, was Leben ist.

Wir können Saturn, Chiron und Lilith durchaus als eine Triade sehen, deren energetischer Zusammenhang durch die gesellschaftliche und mythologische Betrachtung hier verdeutlicht werden sollte. So wie wir der einst ehrwürdigen Göttin des Todes die Auswüchse unseres verdinglichten Zustandes opfern (als Leben kann man das kaum bezeichnen), schenkt sie uns eben jene unbändige Lebenskraft, die ja gerade in diesem verdinglichten Zustand keine Heimat findet. Mit ihrer Kraft können wir jedoch auf eine ganz unbekannte Weise schöpferisch sein und unsere Saturnkraft zur Bildung wirklich neuer Strukturen einsetzen.

Dazu müssen wir jedoch aufwachen und dem Sohn der gegenwärtigen Realität, dem chronischen Schmerz Chiron Aufmerksamkeit schenken. Chiron tut nur weh, solange wir zu einer Gesellschaft gehören (und innerlich gehören wollen), welche die Liebe mit Füßen tritt. Indem wir für diesen Schmerz Verantwortung übernehmen, mögen wir in dem einen oder anderen Aspekt zunächst gesellschaftlich sterben. Hierdurch stirbt jedoch auch der Schmerz, denn unser innerer Saturn kann uns erst jenseits vorgeschriebener Regeln zur Individualität führen. Als geistig freie Individuen können wir seine Formkraft und Beharrlichkeit anbringen, um eine Gegenwart zu gestalten, die der inneren und äußeren Realität „Erdenleben" entspricht.

"Wir besitzen den Schlüssel, der alle Epochen aufschließt, manchmal benutzen wir ihn schamlos, werfen einen eiligen Blick durch den Türspalt, erpicht auf schnellfertige Urteile, doch sollte es auch möglich sein, uns schrittweis zu nähern, mit Scheu vor dem Tabu, gewillt, den Toten ihr Geheimnis nicht ohne Not zu entreißen. Das Eingeständnis unserer Not, damit müssten wir anfangen."[24]

24 Christa Wolf: Medea. a.a.O., S. 9.

Teil II: Die Steinbock-Energie als Teil des Tierkreises

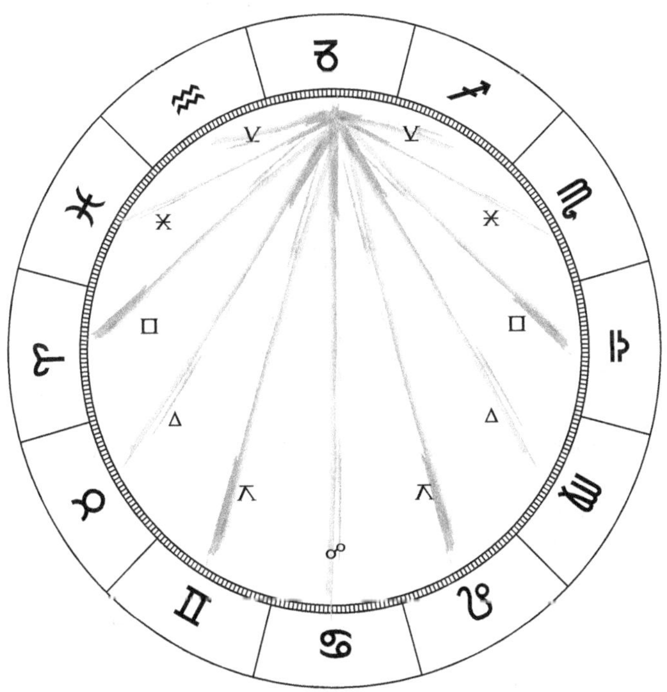

Im ersten Teil dieses Buches bot uns die Mythologie einen bildhaften Zugang zum Archetypus Steinbock/Saturn. Indem Geschichten erzählt werden, erfahren wir auf bildhafte Weise etwas über die Funktion und Eigenschaften der Protagonisten. Diese Geschichten sprechen jedoch nie von einem einsamen Schicksal der Hauptdarsteller, sondern berichten von ihrem Verwobensein in das lebendige Netz von Beziehungen, Bekanntschaften, Verhältnissen oder schlichtweg Energien. Die Ordnung in dieser Verwobenheit zu erkennen, ist ein über die rein mythologische Betrachtung hinausführender Schritt, welchem sich die Astrologie seit jeher gewidmet hat.

Der astrologische Tierkreis erzählt uns die Geschichte vom archetypischen Verhältnis der Energien. Die Reihenfolge der Tierkreiszeichen ist nicht zufällig, sondern ihrer Qualität entsprechend folgerichtig. Jedes Zeichen steht zu jedem anderen in einer bestimmten Winkelbeziehung, die wir als Aspekte kennen. Diese Zuordnungen sind nicht willkürlich, sondern symbolisieren die Dynamik unserer Seele.

Archetypisch steht beispielsweise das Zeichen Steinbock zum Zeichen Waage im Quadrat. Archetypisch stehen diese Energien also in einem Spannungsverhältnis zueinander – auch wenn ein persönliches Horoskop beispielsweise ein Saturn/Venus-Trigon zeigt. Dass sich dieses Trigon möglicherweise nicht so lieblich anfühlt, wie die astrologische Interpretation von Trigonen es nahelegt, liegt zum Teil eben auch an der archetypischen Spannung der beiden beteiligten Energien. Der Tierkreis in seiner dynamischen Verwobenheit ist das Grundgerüst, die generelle Struktur, auf der sich unser persönliches Leben – symbolisiert durch die individuellen Planeten- und Häuserberechnungen – abspielt.

Der astrologische Tierkreis ist ein Versuch, die vielschichtige Ordnung des Lebens darzustellen. Wir können mit dem Modell des Tierkreises alle Prozesse in Phasen unterteilen, und das auf verschiedene Weise. Wir können einen Prozess als eine 12-phasige Folge von Widder bis Fische oder von Fische bis Widder betrachten. Oder wir betrachten einen Ablauf als eine Folge von 6 verschiedenen Achsensprüngen, vorwärts oder rückwärts. Oder wir betrachten denselben Prozess als Demonstration der drei archetypischen Quadratverhältnisse (kardinale, fixe oder bewegliche Kreuze) oder der vier archetypischen Trigonverhältnisse (die Elemente Feuer, Erde, Luft und Wasser). Oder wir benennen einen Prozess gleich zu Anfang mit einem astrologischen Symbol (beispielsweise eine Therapie als Skorpion-Prozess) und beleuchten ihn dann wiederum in seinem Widder-, Stier-, Zwilling- oder Fische-, Wassermann-, Steinbock- usw. Aspekt.

In jedem Fall geht es um die Betrachtung von dynamischen Zusammenhängen, um die Definition von gegenseitigen Wechselwirkungen, die weit über das Prinzip der Kausalität hinausgehen. Ganzheitlichkeit und Vernetzung sind Schlagworte geworden, wir beginnen, systemisch und global denken, über uns bzw. das Einzelne hinaus. Erst dann erscheint uns plötzlich der Sinn des Einzelnen sowie des Ganzen, erst dann begreifen und verstehen wir.

In diesem systemischen, vernetzten Denkansatz war weder das Huhn zuerst da noch das Ei, denn solche kausalen Fragestellungen lenken nur vom Wesentlichen und vom Begreifen der aktuellen Situation ab. Huhn und Ei sind gleichzeitig da als einander bedingende Teile innerhalb einer umfassenderen und vielfältigen Gesamtexistenz. Weit interessanter als die rein kausale Frage ist heute die Betrachtung des energetischen Austausches, des dynamischen Flusses oder des kosmischen Tanzes.

In diesem Sinne wird in diesem Teil des Buches auch mit dem Steinbock-Prinzip verfahren. Das zehnte Zeichen ist wie jedes Zeichen eines von zwölf, ein Zwölftel der Ganzheit, das sich am besten in seinem Zusammenhang erklärt. Wie der Steinbock jedes andere Zeichen benötigt, um dem Leben zu dienen, so benötigt jedes andere Zeichen aus demselben Grund den Steinbock. In der Dynamik eines Unternehmens ist das beispielsweise leicht einsichtig: Gibt es niemanden, der die Verantwortung (Steinbock) trägt, können die Kreativen noch so viel schaffen (Löwe) und die Marketingleute noch so viel werben (Waage) – keiner wird mit diesem Unternehmen ein Geschäft machen wollen. Gibt es andererseits keine Kreativen und/oder kein gescheites Werbekonzept, ist auch bald der oder die betreffende Verantwortliche zu einem leistungsfähigeren (Steinbock) Unternehmen verschwunden – denn auch so werden keine Geschäfte abgeschlossen. In der Außenwelt begegnen wir meist einer Arbeitsteilung der verschiedenen Energien, und wir selbst besetzen hier mit unserer eigenen Funktion auch einen bestimmten und in der Regel recht einseitigen Sektor.

In unserer Innenwelt sind wir jedoch ganzheitliche, „systemisch vernetzte" Wesen, welche die Fülle des Lebens in sich herumtragen. Die Grundlage unseres individuellen Horoskops ist der gesamte Tierkreis – die Grundlage unserer Seele ist also die Ganzheit. Erst auf dieser Basis können wir wachsen und uns zu einem Individuum entfalten.

Wenn wir nun tagtäglich in Umständen feststecken, die uns zum Beispiel übermäßig auf unsere Widder-Facette fixieren, werden wir unausgewogen und fühlen uns mit uns selbst und unserem Leben nicht wohl. Unser inneres Energiesystem hat dann zu viele tote Ecken und zu viele wundgelaufene Stellen. Wir kommen aus dem Gleichgewicht, denn es gibt mehr „Zuviels" und „Zuwenigs" als unser seelisches System tolerieren kann. Wir sind nicht mehr in Ordnung, und damit uns das nicht zu oft passiert und wir erkennen, wo der Fehler liegt, gibt es in unserer Seele einen inneren Wächter: Saturn.

Saturn trägt die Verantwortung für die Ordnung unseres Lebens. Um das jedoch in fruchtbringender Weise tatsächlich tun zu können, muss er in unser inneres System eingebunden sein. Das heißt, wir müssen ihn in uns selbst spüren, ihm nahe sein, diese Energie ernst nehmen und als „ich" empfinden. Das ist jedoch zumeist schon das erste Problem. Bevor wir uns also dem Verwobensein des zehnten Prinzips in das Ganze zuwenden, müssen wir erst einmal definieren, von welchem Saturn wir hier eigentlich reden.

1. Die Sache mit der Polarität oder: Wem gehört mein Saturn?

– Ein Drama in drei Akten –

Im mythologischen Teil kam bereits zum Ausdruck, dass Saturn die Kraft des Zweifels, der Zweipoligkeit und der Uneindeutigkeit ist und hiermit ein Gesetz der Erde repräsentiert. Zugleich entdeckten wir seine Neigung zur Trennung der Pole, die aus seinem Glauben an Fehler resultiert. Überdies fiel auf, dass seine trennende und fehlersuchende Eigenschaft in der menschlichen Entwicklung auf ihn selbst zurückgefallen ist. Hierfür ist vor allem die Paarung Gott-Teufel charakteristisch. Gott sagt, was richtig ist, und der Teufel redet dagegen. Beide bemühen sich nach Kräften um die Seele der Erdlinge. Und beide sind Ausdrucksformen Saturns. „Gott" in unserer Seele sagt uns ständig, was seiner Meinung nach richtig sei, der „Teufel" tut dasselbe, nur dass das Richtige des einen das Falsche des anderen ist.

Der einzige Unterschied ist, dass „Gott" die kollektive Meinung hinter sich hat. Das muss keine Mehrheitsmeinung sein, sondern ist schlicht die Meinung des Kollektivs, dem wir uns zugehörig fühlen oder zu dem wir gehören wollen und dessen Anerkennung uns eine Menge wert ist. Aus diesem Grund ist es hierbei auch unerheblich, ob unsere Vorstellungen von Gut und Böse religiösen Überzeugungen entstammen oder nicht. Das Richtige, der Gott jedes einzelnen Menschen, kann alles Mögliche sein, angefangen von der eigenen Mutter über die Nachbarn, die wissenschaftliche Autorität, den Partner, das künstlerische Idol bis hin zu irgendeinem spirituellen Bild.

Wir haben gesehen, dass die Entwicklung des Patriarchats dazu geführt hat, dass die zwei Pole, mittels derer wir unsere Existenz erfahren, nicht mehr als zwei Seiten einer Medaille gesehen werden, sondern als zwei voneinander getrennte und einander feindlich gesinnte Seiten. Diese Trennung führte letztendlich zu einer ausgesprochenen kriegerischen Mentalität. Der ganze Krieg um „das Richtige" findet auf dem Schauplatz unserer Seele statt, der Steinbock heißt. Das ist, wenn man so will, das seelische Erbe unserer Zivilisation, das jeder Mensch zu tragen hat.

Wir werden nicht in ein Niemandsland geboren, sondern in ein bereits bestehendes Kollektiv. Dieses Kollektiv hat Regeln, nach denen es funktioniert, und diese Regeln werden uns im Laufe unserer Kindheit nahe gebracht. Unser seelischer Schauplatz „Steinbock" ist für diesen Lebensbereich zuständig, hier besteht unsere seelische Affinität zu Regeln. In diesem Sektor haben wir unser persönliches inneres Richtmaß installiert. Alles, was also mit Gericht, richtig, Richtung, geprüft, überliefert, bewährt, verlässlich, korrekt etc. zu tun hat, wird aufgrund der Affinität der Themen hier abgelegt. Und logischerweise auch alles, was im weitesten Sinne mit seiner Kehrseite, mit „falsch" zu tun hat, denn wo Gott ist, ist auch der Teufel nicht weit.

a. Erster Akt: Die Trennung

Wenn wir geboren werden, findet in der Regel auf dem Steinbock-Schauplatz noch kein Krieg statt. Das Richtmaß, das wir mitbringen, ist unser höchstpersönliches und eigenes. Man kann es als das unschuldige und selbstverständliche Gewahrsein dessen betrachten, was für unsere Entfaltung notwendig ist. Als Babies schreien wir diesem Richtmaß entsprechend, wenn wir Hunger haben, oder lassen es bleiben, wenn wir satt sind. Nach diesem Richtmaß lächeln wir den einen Menschen an und einen anderen nicht. Nach ihm schlafen und wachen wir, nach ihm leben wir instinktiv und selbstverständlich. Und da wir hilfsbedürftig und abhängig sind, wird unser Richtmaß ein Stück weit auch das Richtmaß unserer Eltern. Das geht eine Weile gut, bis das Maß voll ist.

Da das Kollektiv mit seinen spezifischen Regeln bereits vor unserer Geburt bestand, wollen unsere Eltern beispielsweise zu bestimmten Zeiten einfach etwas anderes tun, als unser persönliches Richtmaß gerade für sie vorsieht. Ihr Leben ist organisiert, und in diese Organisation müssen wir uns fügen. Auch das geschieht mittels unserer inneren Steinbock-Energie und ist ein selbstverständlicher und gewollter Prozess. Je älter wir als Kinder werden, um so mehr gewinnt auch das Richtmaß unserer Eltern bzw. des Kollektivs an Einfluss auf uns. Zwischen den inneren und äußeren Meinungen über richtig und falsch findet ein ständiger Dialog und Austausch statt. So wird unser persönliches Richtmaß allmählich erwachsen und wir selbst werden fähig, für uns als Individuen in einer Gemeinschaft die Verantwortung zu tragen. Doch dieser Prozess verläuft nicht so idealtypisch wie hier dargestellt.

Mit dem Richtmaß, das uns von außen beigebracht wird, werden uns auch Vorstellungen beigebracht, die dem Leben widersprechen. Und die unserer seelischen Integrität, unserem instinktiv-persönlichen Richtmaß widersprechen. Eine dieser Regeln ist beispielsweise, dass die Natur eine Ware ist (Folge: Ich bin selbst Natur = Ich bin eine Ware; oder: Ich bin keine Ware = Ich bin keine Natur). Oder dass Tiere Dinge sind (Folge: Alles außer Menschen lebt nicht = Menschen leben auf der Erde allein; oder: Menschen sind nicht allein = Dinge sind Leben). Oder dass Faulheit falsch ist (= ich muss immer fleißig sein), Kinder dumm sind (= nur das Große ist richtig), Lärm schlecht ist (= Stillsein ist richtig), dass ich andere glücklich, traurig, wütend etc. machen kann (= ich habe Macht über die Gefühle anderer).

Die fatalste Regel ist aber jene, dass alles voneinander getrennt ist, dass A nicht B sein kann und dass es *entweder* so *oder* so ist. Diese aus der Herrschaft der Logik geborene Regel widerspricht der Erfahrung des Lebens, sie ist so absolut schlichtweg einfach nicht wahr und verteufelt die unlogische Seite der Welt. Unser inneres Richtmaß spürt sehr wohl, dass diese Regel irgendwie ungültig ist. Jedoch ordnen wir uns notwendigerweise und mangels logischer Beweise den allgemeingültigen Haltungen unseres Kollektivs unter, solange wir noch von ihm abhängig sind.

Das tatsächlich Fatale daran ist, dass wir uns mit diesem Akt von unserem persönlichen inneren Richtmaß fast komplett abschneiden, denn wir lernen ja auch die entweder-oder-Regel. Entweder haben also beispielsweise meine Eltern Recht – oder ich. Der entweder-oder-Regel entsprechend gibt es nichts dazwischen und schon gar nicht beides zusammen, und wir selbst liegen mit den beiden Seiten von nun an ständig im Krieg. Saturns Fähigkeit zur Unterscheidung fällt mit dem Erlernen der entweder-oder-Regel (mit Verleugnung der Ganzheit) auf ihn selbst zurück. Die Haltungen der Außenwelt, die auf dem Glauben an Getrenntheit beruhen, führen dazu, dass wir uns in uns selbst von etwas trennen. Der Schauplatz dieser Trennung ist gleichzeitig sein Opfer: Unser eigener innerer Saturn wird stumm und von den Stimmen des Kollektivs übertönt.

Jeder Gehorsam, der nicht auf Einsicht beruht, trägt zu diesem Prozess etwas bei. Und da *blinder* (aus Sicht des Kindes: vertrauensvoller!) Gehorsam zu fast jeder Kindheit gehört, ist die Trennung von unserem inneren und wahrhaften Gefühl für das, was für uns selbst richtig und falsch ist, in unserer Gesellschaft erschreckend normal – ebenso normal wie die Verwandlung der wertvollen seelischen Eigenschaft der Eigenverantwortung (denn nichts anderes ist unser inneres Richtmaß) in einen Kriegsschauplatz. Der seelische Schauplatz „Steinbock" gehört uns nicht mehr, wir lernen, so zu tun, als gäbe es ihn nicht. Das Gefühl der Leere, das dadurch zwangsläufig entsteht, versuchen wir emsig mit dem Lernen von Regeln zu füllen.

In gewisser Weise ist dieser Prozess im Verlauf der menschlichen Reifung vorgesehen, denn er kann uns dazu führen, uns unseres inneren Richtmaßes bewusst zu werden. Sein Verlust schmerzt, und das Befolgen der von außen an uns herangetragenen Regeln füllt die Leere nicht wirklich und nicht dauerhaft. Vor allem bringen sie uns keinen Frieden mit uns selbst und schon gar nicht das Gefühl, unser Leben erfolgreich zu bestehen. Wir bleiben hungrig und wissen nicht mehr, wonach. Wir haben nur noch vage Assoziationen, Ahnungen, die irgendwie mit Begriffen wie Richtig, Zuverlässig, Klar, Unbestechlich, Dauerhaft, Erfahren, Seriös, Ernst usw. zu tun haben. Alles, was dem im Außen ähnelt, ist uns bei dem Versuch willkommen, den inneren Hunger zu stillen. Und alles, was von Außen kommt, ist letztendlich dazu ungeeignet.

Wir haben jedoch in der Regel vergessen, dass es diese innere Stimme in uns selbst gibt und dass sie klar, zuverlässig, seriös, dauerhaft, unbestechlich, richtig, erfahren, ein Teil von uns selbst ist und uns kennt wie niemand sonst. Da sie unserer Natur zum Recht verhelfen will, ist sie jedoch zugleich nicht gesellschaftsfähig, was wiederum daran liegt, dass wir in einer Gesellschaftsordnung leben, die Natur und Mensch getrennt hat. Wir haben somit selten gelernt, dieser Stimme zuzuhören und ihr zu vertrauen. Innerlich taub und haltlos versuchen wir nun so etwas Ähnliches wie Leben. Und während das Kollektiv, dem wir angehören, uns mit Belohnung und/oder Bestrafung vorantreibt, zwickt es uns hier, zwackt es uns da, drückt es an dieser Stelle und klemmt es an jener.

b. Zweiter Akt: Gehversuche im Korsett

Nun stehen wir also da: Unser inneres Richtmaß ist verstummt oder seine leise Stimme vom Lärm fremder Regeln übertönt. Unsere authentische saturnische Kraft kann uns nicht mehr dienen, und jene lieblose Stimme, die da in unserem Innersten ihr Unwesen treibt, ist meist eine recht abenteuerliche Sammlung von kollektiven „Richtigkeiten". Dieser Saturn ist Freuds „Über-Ich", gespeist von den Stimmen all jener, die in unserem Leben zur Autorität geworden sind. Notgedrungen haben wir ihn uns zu eigen gemacht, jedoch auf Kosten der Selbst-Beherrschung und ursprünglichen Lebensfreude.

Der Verlust der inneren Integrität führt zu unterschiedlichen Verhaltensweisen im Umgang mit Regeln. In der psychologischen Astrologie werden diese Verhaltensweisen generell als gehemmte und kompensatorische Auslebensform eines Prinzips bezeichnet. Die Spaltung des Prinzips Steinbock bewirkt, dass es hier künftig Opfer und Täter gibt, Aktive und Passive, die einander bedingen und benötigen wie Sadist und Masochist. Sie alle laufen im Korsett, nur dass die Einen es entwerfen und die Anderen nicht. Logischerweise passt das Korsett jenen am besten, die es entworfen haben und drückt die am meisten, die überhaupt keinen Einfluss auf die Schnittgestaltung haben, aber auf ihrer Suche nach äußerem Halt nichts besseres und ihrer Lage angemesseneres finden. Aber wie dem auch sei – es bleibt ein Korsett.

Wenn wir dieses Bild auf unser Leben in der Gemeinschaft übertragen, bedeutet das, dass die Einen die Regeln aufstellen und alle nach ihnen leben (sollen). Wer sich auf welcher Seite befindet, ist eine Frage der persönlichen Mentalität und eine Frage der Aktivität. Wenn wir uns Aktivität gestatten, stehen wir vermutlich mehr auf der Seite jener, die Regeln aufstellen, die bestimmen, die sagen, was ihrer Meinung nach richtig ist und die dafür auch die Verantwortung übernehmen. Wir fühlen uns dann mit diesen Regeln vermutlich wohler als jene, die sie nur befolgen müssen und auf deren Aufstellung wenig Einfluss haben. Wir glauben dann, diesen Regeln weniger ausgeliefert zu sein, da wir ja selbst auf der Macht(=Macher-)ebene sind. Doch Kronos' Schicksal zeigt, dass er selbst Opfer seiner eigenen Regeln wurde.

Wenn wir uns Aktivität nicht gestatten, sind wir vermutlich im Umfeld der oben erwähnten Personen zu finden. Wir müssen deren Vorschriften oder Empfehlungen befolgen, da uns selbst nichts besseres einfällt, wir unseren eigenen Einfällen nicht trauen oder sie nicht durchsetzen können. Möglicherweise fühlen wir uns auch wohl dabei, denn in der Tat fühlen sich die meisten Menschen mit dieser Aufteilung des Steinbock-Prinzips wohl. Ebenso wie „die da oben" sich über „die dort unten" herablassend äußern können, können die dort unten jedoch unbelastet von so viel Verantwortung nach Herzenslust über die Unfähigkeit der da oben schimpfen. Das Korsett mag zwar drücken und mitunter recht unbequem sein, aber es hält einen grundsätzlich in einer kollektiv anerkannten Form: Kampf. Darwin lässt grüßen.

Auf diese Weise geraten wir nicht in Gefahr, zum liebenden Außenseiter (siehe Chiron!) zu werden und uns dem Risiko eines selbstverantwortlichen Lebens stellen zu müssen. Und außerdem sind die Zuordnungen der gehemmten und kompensatorischen Auslebensform situationsbezogen: Wer zum Beispiel in seinem Job eine Garde von Vorgesetzten über sich hat, erlebt hier das Prinzip Saturn zwar in der gehemmten, passiven Form, aber in seinem Kegelverein ist er der Vorsitzende und kann hier auf die Einhaltung von Regeln pochen. Andererseits kann der gestrenge Gerichtsbeamte der gehobenen Laufbahn im trauten Heim zum Pantoffelhelden degenerieren und so verunsichert sein, dass seine Frau ihn jedes Mal daran erinnern muss, dass heute Dienstag ist und er staubsaugen muss.

Zugegeben, das sind Klischees, aber sie verdeutlichen recht gut, welche Wirkung die innere Trennung vom Prinzip Steinbock hat. Indem wir den Kontakt zu unserem inneren Regelsystem verlieren, werden wir haltlos und beginnen, uns an den äußeren Regeln zu orientieren. Wir brauchen etwas, das uns aufrecht, richtig und in Ordnung hält, denn es ist ein archetypisches Lebensprinzip und ein menschliches Grundbedürfnis. Ohne unser Rückgrat wären wir beispielsweise einem Menschen nicht mehr sehr ähnlich. Wenn wir uns nun jedoch an den äußeren Regeln festhalten, werden wir dem ähnlich, was *man* gemeinhin für einen Menschen *hält*.

Dieses „man", das übrigens genau so gut ein „frau" sein kann, ist ein Phantom mit ausgesprochen wechselhaftem Gesicht und einigen sorgsam gehüteten und verborgenen Vorurteilen wie zum Beispiel: Menschen sind unsozial. Menschen sind dumm. Menschen sind faul. Menschen sind gierig. Menschen sind böse. Dieses Phantom kann nicht sehen, dass solche Eigenschaften erst zutage treten, wenn das Korsett, an dem es stets tatkräftig nadelt, ein Todeskorsett ist, eines, das Menschen das Menschsein austreiben will. Hinter all diesen Vorurteilen ist jedoch die wichtigste Meinung dieses Phantoms am sorgfältigsten versteckt: Menschen sind nicht zur Freiheit fähig.

Jeder äußeren, menschengemachten Regel sind diese Vorurteile immanent. Und mit jeder Beugung darunter bestätigen wir das Urteil des Phantoms über uns: Ja, "großes *man*", ich bin nicht zur Freiheit fähig. Blind gehorchend fällt uns auch die verbotene Frage nicht ein, die wir dem Phantom niemals stellen dürfen: *Brauche ich überhaupt ein Korsett?* Und unser innerer Saturn, unsere angeborene Fähigkeit zur Aufrichtigkeit und Selbstverantwortung schreit sich die Kehle wund und beschert uns Ohrenklingeln, krümmt sich vor Demütigung und beschert uns elende Kreuzschmerzen, knickt unter der Last des *man* ein und wir haben wieder diese stechenden Schmerzen im Knie, oder er gibt irgendwann auf und beschert uns Osteoporose.

Von diesem Saturn ist in diesem Buch die Rede, denn er ist in unserer Seelenlandschaft der einzig authentische. Begraben unter einem Wust von moralisch aufgeladenen Vorschriften, Empfehlungen, Belohnungen und Bestrafungen, Beweisen, Urteilen und Schuldzuweisungen. Oh je!, sagen wir, wenn wir in unserem Horoskop einen Saturntransit nahen sehen und schon jetzt spüren, wie die Bandscheibe schmerzt. Da kommt der böse Saturn, mal sehen, was der wieder von mir will! Eigentlich nur, dass wir dem aufrichtigsten Teil von uns selbst endlich einmal unser Ohr leihen.

c. Dritter Akt: Zuhören, Aufrichten, Hart bleiben

Erwachsenwerden bedeutet im Grunde nichts anderes, als dass wir aufrichtig werden. Dass wir für uns selbst gerade stehen. Erwachsenwerden ist ein interaktiver Prozess, der zwischen uns selbst und der Gesellschaft stattfindet. Es gibt ein kollektives Bild, wie wir uns entwickeln und verhalten sollten, und es gibt unser So-sein, unsere seelische und individuelle Realität. Das kollektive Bild ist ein Ideal, das seine Bestandteile aus einem riesengroßen Topf bezieht, der mit einer Unmenge von Vorurteilen bzw. bisherigen Erfahrungen angefüllt ist. Für jedes individuelle Wesen lässt sich aus diesem Topf ein Idealsüppchen kochen. Allein schon wenn wir schlichte Fakten über einen Menschen hören, braut sich in uns selbst automatisch ein Bild dieser Person zusammen. Wir können das an einem Beispiel testen:

Geboren 1979 in Ostdeutschland, weiblich, Mutter Tänzerin, Vater Beamter und 1978 an Tuberkulose gestorben, ältestes Kind, zwei Brüder, seit 1994 in Westdeutschland, Serviererin, ledig, alleinerziehende Mutter eines fünfjährigen Sohnes, HIV-infiziert.

– Lesen Sie sich das bitte ein- bis zweimal durch und lassen diese Informationen dann noch ein bisschen wirken, bevor Sie weiterlesen. –

Bei jeder Information, die wir erhalten, machen wir uns ein Bild. Unser Verstand kann gar nicht anders, als seine neue Beute der allgemeinen Verwendung zugänglich zu machen. Das Idealsüppchen jedoch fügt diesem Prozess einen ganz speziellen Geschmack hinzu: das Urteil. Mit dem Bild entsteht auch sogleich eine Meinung über die Person, manchmal auch getarnt als Vermutung oder Hoffnung, dass nicht..., oder als Gedanken, dass die Person doch hätte, könnte oder müsste. Das Idealsüppchen verhindert, dass wir etwas einfach so wahrnehmen und stehenlassen können, wie es ist.

In unserem Beispiel als eine Auswahl von Fakten über eine Person, die es nicht gibt – denn mehr ist es nicht. Die Frau aus unserem Beispiel könnte glücklich sein, aber das Bild in unserem Kopf lässt diese Möglichkeit nur sehr ungern und vermutlich gar nicht zu. Im großen Topf der Vorurteile und bisherigen Erfahrungen ist nichts davon zu finden, dass *man* unter diesen Umständen glücklich sein kann. Aber in diesem Topf ist das Verbot zu finden, unter diesen Umständen glücklich zu sein.

Wenn wir das Schicksal anderer betrachten, ist es relativ einfach, unseren eigenen Vorurteilen und dahinter verborgenen Idealen auf die Spur zu kommen. Das Urteil, das wir über uns selbst fällen, speist sich jedoch auch aus dem großen Topf. Und da es um uns selbst geht, fällt uns nicht auf, wie selektiv wir uns die Fakten über uns selbst bewusst machen. Solange das Idealbild Macht über uns hat und dessen Erfüllung uns unbewusst erstrebenswert erscheint, nehmen wir von uns selbst nur die Dinge wahr, die uns bei dem Versuch der Idealerfüllung nicht behindern. Unsere eigene seelische Realität hat bei diesem Verhalten keine Rechte, sondern gleicht eher einem Selbstbedienungsladen mit ein paar ungeliebten Ladenhütern.

Saturntransite haben häufig die Eigenschaft, nach genau diesen Ladenhütern zu fragen. Sie bescheren uns Situationen, in denen die Verhaltensweisen der Ladenhüter angebracht wären und uns weiterhelfen würden, aber wir haben vergessen, in welchem Regal wir sie versteckt haben oder leugnen schlicht und einfach, jemals so etwas im Angebot gehabt zu haben oder halten erstarrt inne, um nach einer lange Weile schuldbewusst und verschämt die angeforderte Eigenschaft unter der Theke hervorzuholen. In diesem Falle aber haben wir angefangen, zuzuhören.

Das Zuhören beginnt mit dem Innehalten und der Frage: Könnte es nicht doch sein, dass ich diese Situation bewältigen kann? Die nächsten Fragen können lauten: Könnte es nicht *doch* sein, dass ich diese Situation eigentlich bejahe? Dass ich sie gut finde, dass ich mich gern so verhalte, wie ich es jetzt *scheinbar* muss, dass mir das die ganze Zeit gefehlt hat? Warum habe ich nicht schon früher so...? Wie kam es dazu, dass ich glaube, dass ich das nicht kann, darf, soll, will etc.?

In diesem Prozess beginnen wir, das kollektive Ideal zu erkennen, nach dem wir unbewusst streben. Und wir beginnen zu erkennen, inwieweit dieses Ideal die Wahrnehmung und Verwirklichung unserer seelischen Realität behindert. Wir machen uns auf, um uns den seelischen Schauplatz Steinbock wieder zu eigen zu machen. Hier besteht die Chance, die äußeren Regeln als fremd zu erkennen und dem inneren Richtmaß wieder Recht und Vertrauen zu geben. In der Astrologie nennen wir das die Erlösung Saturns. Unser eigener innerer Saturn, die Stimme, die uns die richtige Richtung weist, wird aus ihrer Einzelhaft befreit und darf endlich beginnen, zu sprechen.

Sie tut das umso deutlicher, je mehr wir das Gehörte auch in konkrete Taten umsetzen, denn dann gewinnt dieser seelische Anteil auch wieder Vertrauen *zu uns.* Natürlich verstoßen wir dann gegen äußere Erwartungen und widersprechen immer mehr dem Idealbild, das wir selbst und andere sich von uns gemacht haben. Wir werden aufrichtig und unbequem, ein wenig sperrig. Aber unsere Wirbelsäule wird möglicherweise wie durch ein Wunder wieder etwas elastischer. Wir sehen uns mehr und mehr mit einem klaren Blick in unserem Sortiment um, machen Inventur, ziehen Bilanz, sortieren die Kuckuckseier aus, entsorgen das Verschimmelte und rücken die grundsätzlichen Dinge an ihren richtigen Platz.

Viele dieser grundsätzlichen Dinge beginnen mit „Eigentlich....". Eigentlich wollte ich immer schon..., eigentlich wusste ich ja..., eigentlich hätte ich..., eigentlich kann ich..., eigentlich liebe ich..., eigentlich brauche ich..., eigentlich will, brauche, liebe, kann ich ... *nicht* usw. Diese „Eigentlichs" sind in der Tat etwas ganz Eigenes, und sie sind weder gut noch schlecht, sondern einfach unsere innere Realität. "Eigentlichs" führen uns zu jenen Bereichen unserer Seele, die häufig schon recht lange im Fegefeuer der Unentschiedenheit schmoren. Je mehr wir ihnen das Recht auf Wahrnehmung, Prüfung und Umsetzung zugestehen, umso mehr erlangen wir inneren Halt. Dieser innere Halt ist ein Geschenk Saturns, er verleiht uns die Fähigkeit, dort hart zu sein, wo wir es um unserer selbst willen sein müssen.

d. Reprise oder: Warum ist das so schwer?

Die kollektiv-patriarchale Mentalität der Trennung führt dazu, dass wir unser Gewahrsein der Verbundenheit auf unbewusster Ebene ausleben müssen. Indem wir die innere Verbundenheit unserer verschiedenen Facetten nicht wahrnehmen, glauben wir, von äußeren Verbindungen abhängig zu sein. Das wiederum führt dazu, dass wir symbiotische Bindungen erstellen. In einer Täter-Opfer-Beziehung oder einer anderen hierarchischen Abhängigkeitsbeziehung bilden wir mit unserem Gegenüber eine zweiseitige Medaille und können so unser Bedürfnis nach deren Erleben stillen – wenn auch auf recht zweifelhafte Weise.

Das geistige Heraustreten aus dem Entweder-oder-Kodex fällt uns deshalb so schwer, weil wir damit auch aus unserem bisherigen Verständnis von Einheit heraustreten. Wir haben Angst vor der Isolation, von der wir glauben, dass sie uns erwartet, wenn wir beginnen, die innere Beziehung zu uns selbst wieder aufzunehmen und über uns und unser Leben selbst zu bestimmen. Mit einer kollektiv verformten, auf Trennung und Beendigung fixierten Saturnkraft können wir uns nur die Verluste vorstellen, die uns ein eigenmächtiges Handeln bringt. Und der am meisten beängstigende Verlust ist die bisherige Form des Einheitserlebens.

Wenn wir Saturn in uns selbst entwickeln und diverse „Eigentlichs" aus ihrem Schattendasein erlösen, verlassen wir nicht die polare Welt. Wir erleben sie jedoch in einer anderen, neuen Qualität, die uns letztendlich zu innerer Unteilbarkeit – zur In-dividualität – und einem Einheitserleben führt, das nur über die Individualität erreicht werden kann. Individualität entsteht jedoch nur mittels der Fähigkeit, „Nein" sagen zu können.

Wir müssen jenen kollektiven „Richtigkeiten" gegenüber Härte an den Tag legen, die uns von unserer Identität mit uns selbst entfernen wollen. Diese Identität ist keine egoistische und narzisstische Selbstbespiegelung, sondern wächst auf dem Boden der gegebenen Ganzheit. Wie unser individuelles Horoskop auf der Grundlage des Tierkreises – der archetypischen Ganzheit – steht, entsteht auch echte Individualität im Gewahrsein dieser Ganzheit.

Unsere authentische innere Stimme, die uns unsere wahre Richtung zeigt, orientiert sich an einer Ordnung, die nicht von Menschen gemacht ist. Saturn als richtungsweisendes Element in uns ist der Bote einer Schöpfungsordnung, gegen die wir selbst mit allen uns zur Verfügung stehenden Mitteln nicht verstoßen *können*, ohne uns selbst zu vernichten. Uns ist diese Schöpfungsordnung nur fragmentarisch bewusst, aber wir können sie schrittweise erfahren, wenn wir beginnen, unserer inneren Stimme zu trauen. Mit der Annahme unserer Licht- und Schattenseiten werden wir *vollständiger* – nicht „richtiger" – und erfahren uns zunehmend als *ganz*. Diese Erfahrung vermittelt uns ein neues Gefühl davon, Teil einer umfassenderen Einheit zu sein. Und da wir den Entweder-oder-Kodex hinter uns gelassen haben, kann unsere natürliche seelische Dynamik wieder fließen. Der Fluss der bewegten Seele lässt uns Einheit erleben, *weil* wir Teil sind.

Wir können im Gesamtorganismus „Leben" unseren Platz am besten ausfüllen, wenn wir ihn auch tatsächlich einnehmen. Um unser Leben so zu gestalten, dass es Ausdruck unserer selbst ist, müssen wir uns auf das Wesentliche konzentrieren – nämlich auf uns selbst. Dass wir das inmitten einer höchst lebendigen, nach Einfluss suchenden und miteinander verwobenen Umgebung schaffen, verdanken wir Saturn. Saturn in uns will, dass wir uns selbst manifestieren und nicht unseren Vater, unsere Mutter oder irgendein Idol, Ideal oder sonstiges äußeres Gebot.

Saturn ist dem uns Fremden gegenüber wachsam – dem, was anders ist als wir. Seine Aufgabe ist es, für unser Überleben zu sorgen, also dafür zu sorgen, dass unser wahres Wesen – das Wesentliche – nicht zerstört wird. Er sorgt dafür, dass eine Dickdarmzelle Dickdarmzelle bleibt, auch wenn irgendeine herrschende Ideologie ihr einflüstern will, dass ein Leben als Gehirnzelle doch viel besser, wertvoller oder angesehener sei. *Saturn missioniert nicht,* sondern zweifelt eher die Güte der Ideologie oder Selbstachtung der Gehirnzelle an, aus deren Mangel heraus sie Dickdarmzellen rekrutieren will. Anstatt vom eigenen Platz innerhalb der kosmischen Gesamtordnung abzuweichen, schenkt Saturn uns die Fähigkeit zur Einsamkeit. Ein anderes Wort dafür ist Würde.

Durch die Kraft zur konsequenten Selbstmanifestation setzt Saturns Energie immer auf der Machtebene an. Vielleicht scheint es deshalb vielen so schwer, mit Saturn zu leben. *Zu* schwer ist der Umgang mit Saturn jedoch nur, wenn wir aus unserem ganz eigenen Reifezyklus ausscheren. Kein junger Apfelbaum überlädt sich mit Unmengen von schweren Früchten. Im Verlauf der irdischen Zeit – auch eine Saturn-Dömane – schreiten wir immer jenen Aufgaben entgegen, die wir auch bewältigen können. Die realistische Einschätzung der Macht- bzw. Reifungsebene, mit der wir es in der ewigen Gegenwart des konkreten Erlebens zu tun haben, verdanken wir auch jener Kraft, welche die Gesetze sowohl unserer persönlichen Natur als auch jene der uns umfassenden Einheit kennt.

Die Entwicklung und innere Integration Saturns spielt sich stets im Rhythmus Hemmung – Kompensation – Lösung ab, und da Saturn auch unser inneres Gesetzbuch repräsentiert, wirkt sich sein Zustand logischerweise auf alle anderen Energien des Tierkreises aus. Seine

Entwicklung gelingt uns am besten, wenn wir mit unserem inneren Orchester achtsam, demokratisch und fürsorglich umgehen, auch wenn uns manche Töne doch arg schräg daherkommen oder zu laut, zu leise, zu soft, zu heavy oder zu avantgardistisch sind. Wenn wir mit unserem inneren Saturn arbeiten und beginnen, das Feld des Steinbocks in unserer Seele zu bestellen, lernen wir jedoch unsere ganz eigene Sinfonie kennen. Saturn übernimmt hier die Rolle des Dirigenten, der dann seine Arbeit am besten getan hat, wenn er nur noch präsent ist, aber kaum noch eingreifen muss.

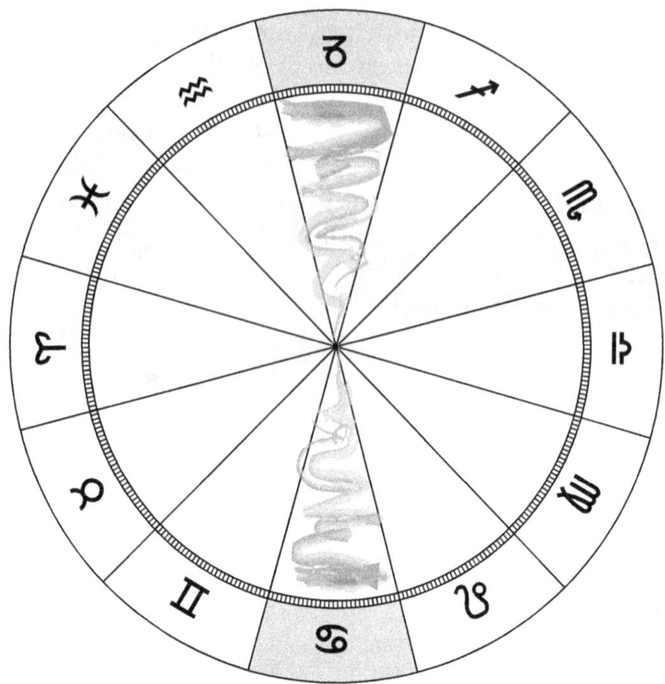

2. Die Achse Steinbock-Krebs

Das vorangegangene Kapitel spiegelte in einigen Bereichen schon Elemente jener Achse wider, welche Saturns eigene Polarität im Tierkreis darstellt. Das Zeichen Krebs steht zur Heimat Saturns in Opposition, und ein lineares Denken spricht hier von Gegensätzen und auseinander strebenden Prinzipien. Oppositionsbeziehungen müssen einander jedoch nicht widersprechen, im Gegenteil, es sind eher Respektbeziehungen, in denen sich zwei Energien von Angesicht zu Angesicht gegenüberstehen. Re-spekt bedeutet wörtlich „zurückblicken". Wenn uns jemand ansieht und wir blicken zu ihm zurück, ist das ein Respektbeweis. „Ich nehme dich wahr" sagen wir damit und „Ich nehme Kontakt zu dir auf".

Wenn wir uns vorstellen, im Kreis mit anderen Menschen zu stehen und ein Gespräch zu führen, so ist der Dialog, der mitten durch den Kreis geführt wird, der offenste, der zu unserem Partner direkt neben uns der intimste. Unser direktes Gegenüber zeigt uns sein volles Antlitz und wir ihm unseres. Solche quergeführten Unterhaltungen können einen Kreis zum verstummen bringen und die anderen Teilnehmer schnell zu Zuschauern machen. Ist das Thema nicht von allgemeinem Interesse oder führt zum Disput, wird sich so ein Gesprächskreis schnell auflösen oder die Beteiligten in zwei verschiedene Lager spalten.

Die Oppositionsachse ist fundamental und von großer Wirkung, und es bedarf eines sensiblen Umgangs mit ihr, um den Fluss im Kreis aufrechtzuerhalten und alle beisammen zu halten. In ihr vereinen sich der größtmögliche Abstand und die größtmögliche Wahrnehmung. Bei keiner anderen Aspektbeziehung ist die Abkehr jedoch auch so ausschließend. Wenn wir uns in dem besagten Kreis um 180 Grad drehen, nehmen wir von unserem vormaligen Gegenüber nun auch am wenigsten wahr, selbst wenn wir den Kopf bewegen. Intensität ist hier ein Stichwort, und sie betrifft sowohl die Wahrnehmung als auch die Ablehnung.

Die Astrologie stellt dem sensiblen Krebs nun ausgerechnet den Steinbock gegenüber. Im idealtypischen Tierkreis ist die Krebs-Steinbock-Achse auch die IC-MC-Achse, welche die Himmelstiefe mit der Himmelshöhe verbindet. Bildlich gesprochen lässt uns diese Achse vom tiefsten Grund eines klaren Sees hinauf zum Gipfel blicken – und andersherum vom höchsten Gipfel hinab bis zum Grund des Sees zu Füßen des Gebirges. In der Betrachtung dieser Achse lassen sich einige Begriffe, die dem Steinbock zugeordnet sind, verstehen.

a. Zeit

Wollten wir vom Grund des Sees zum Gipfel des Berges steigen, benötigen wir unter anderem Zeit. Wir benötigen die Zeit deshalb, weil wir uns mit dem Einsatz unserer Kraft an den Gegebenheiten der Natur (Krebs) orientieren müssen, sowohl unserer eigenen als auch der uns umgebenden Natur. Wenn wir den Aufstieg schaffen wollen, müssen wir lernen, auf unsere inneren Zyklen zu horchen, auf unsere Bedürfnisse, darauf, ob und unter welchen Bedingungen wir uns wohl fühlen. Wenn wir darauf nicht achten, fehlt uns einfach die innere Energiequelle, und dann wird es mühsam, den Gipfel zu erreichen.

Wir können diese inneren Zusammenhänge natürlich umgehen und Zeit sparen, indem wir uns von einem Helikopter auf den Gipfel fliegen lassen, doch dann haben nicht *wir* den Gipfel erreicht, sondern der Pilot und all die Techniker und Erfinder, die das Helikopterfliegen erst ermöglichten. Verständlicherweise haben wir dabei nicht das Gefühl einer eigenen Leistung und somit auch nicht das Gefühl, uns den Gipfel zu eigen gemacht zu haben. Das soll nicht heißen, dass der Ausflug nicht trotzdem schön gewesen sein kann. Hierdurch kommt jedoch derselbe Mensch auf dem Gipfel an, der er auch am Fuße des Berges gewesen ist. Der in der Zeit geschehende Prozess des Aufstiegs verändert uns jedoch. Nach dem Aufstieg sind wir nicht mehr derselbe Mensch wie vorher, denn wir sind durch ihn uns selbst ein Stück näher gekommen. Hierin liegen Sinn und Erfüllung der Achse 4/10.

Wollen wir wissen, was Bergsteiger dazu treibt, Berge zu erklimmen, müssen wir aufhören, Zeit sparen zu wollen und uns an den Aufstieg mit eigenen Mitteln machen. Diese eigenen Mittel sind im übertragenden Sinne unsere Natur, unsere eigene Identität, unsere Seele, die sich mit Bedürfnissen, Instinkten und Gefühlen unserem Bewusstsein mitteilen will. Mit diesen (Krebs-) Eigenschaften wollen wir hoch hinauf, und das bedeutet nichts anderes, als dass die Seele bewusst werden will oder als dass wir anerkannt und respektiert – eben wahrgenommen – werden wollen, *so wie wir sind.* Wenn wir jedoch am Grund des Sees verharren, kann uns in der Außenwelt niemand bemerken.

Unsere Steinbock-Energie ist nun dafür zuständig, uns nach oben zu holen, unserer selbst bewusst zu werden, unserem Leben eine Form zu geben, die uns entspricht, die wir zeigen und verantworten können und die für die Außenwelt wahrnehmbar ist. Wenn Krebs der Inhalt/Innen ist, ist Steinbock die Form/Außen. Wenn Krebs das Kind ist, ist Steinbock der/die Erwachsene. Sowohl um Inhalten Form zu geben, um unser Inneres zu äußern, als auch vom Kind zum Erwachsenen und weiter zum Bewusstsein unserer selbst zu reifen, benötigen wir Zeit. Lebenszeit.

Ist die Verbindung der Krebs-Steinbock-Achse unterbrochen bzw. realisieren wir die Verbundenheit dieser beiden Prinzipien nicht, entwickeln wir einen Umgang mit der Zeit, der von unseren natürlichen und persönlichen Rhythmen abgetrennt ist. Dann hat unsere formgebende seelische Qualität (Saturn) keine Beziehung zu jenem Aspekt, dem sie Form verleihen will. In solchen Fällen entwickeln wir Lebensformen, die stark am gerade Üblichen orientiert sind, an dem, was „man" so macht. Der Bildhauer in uns (Saturn) steht quasi zunächst mit Hammer, Meißel und Feile vor einem Steinblock, um nach kurzer Zeit festzustellen, dass er das nicht kann, weil ihm gar nichts einfällt. Dann kauft er sich lieber eine Tüte Gips und Gießformen aus dem nächsten Bastelgeschäft, produziert Skulptur um Skulptur und ist mit keiner wirklich zufrieden. Die Unzufriedenheit kommt aus dem Krebsbereich unserer Seele, denn dieser fühlt sich berechtigterweise zurückgewiesen und wartet immer noch darauf, dass der Bildhauer sich endlich wieder seiner tatsächlichen Aufgabe widmet: Dem Verwenden der Lebenszeit darauf, sich bewusst zu machen, was aus der groben Form des Steinblockes tatsächlich herausgemeißelt werden will.

Im Grunde ist gerade die westliche, sogenannte Zivilisation auf der Abtrennung der Prinzipien Krebs-Steinbock voneinander aufgebaut. Die Rhythmen und Lebensformen, nach denen wir uns normalerweise richten, werden eher von äußeren und menschengemachten Strukturen bestimmt als von natürlichen und persönlichen Zyklen. Sommerzeit, Schichtdienst und Freizeitstress sind nur einige Äußerungen dessen. Wird die Steinbock-Energie nicht als Teil der Achse 4/10 gelebt, lassen wir uns funktionalisieren und automatisieren. Die Zeit hat dann einen uns persönlich entfremdeten Charakter. Sie existiert irgendwie und verstreicht einfach so, sie gehört uns nur in zugewiesenen Portionen, ihre Verwendung unterliegt vielen Sachzwängen und es ist nie genug davon da.

In diesem Zustand ist das Verstreichen der Zeit nicht mit der Erfahrung des persönlichen Wachstums gekoppelt. Daraus resultiert das chronische Gefühl, keine Zeit zu haben – was letzten Endes auch stimmt, da wir die Zeit, die uns zur Verfügung steht, nicht mit der Verwirklichung unserer eigenen Bedürfnisse, mit unserem eigenen Leben füllen. In diesem Falle fühlen wir uns von der Zeit nicht bereichert, sondern bemerken ängstlich oder gehetzt ihr gnadenloses Verstreichen, welches wir nur als Verlust empfinden können. Wir, so, wie wir wirklich sind, haben dann tatsächlich keine Zeit, zu leben und in rhythmischen, wechselhaften Phasen auszureifen – das heißt, den Gipfel unseres Dasein langsam, aber stetig und in unserem eigenen Tempo zu erklimmen.

b. Höhenunterschiede

Die Oppositionsachse stellt die größtmögliche Polarisierung im Tierkreis dar. Weiter voneinander weg geht es nicht. Die senkrechte Krebs-Steinbock-Achse markiert hierbei die vertikale Dimension unseres inneren Erlebens. Es gibt eine innere Tiefe und eine innere Höhe, die im echten seelischen Erleben jedoch nicht voneinander getrennt sind, sondern eher als eine Verbindungsachse zwischen unserem tiefsten Ursprung und unserer höchsten Berufung erlebt wird. Natürlich hängt das Erleben der vertikalen Dimension der Achse 4/10 auch davon ab, wie wir mit unserer Zeit umgehen.

Der innere Höhenunterschied kann aus uns einen sich seiner Tiefe bewussten Menschen machen. Oder auch einen ehrgeizig nach oben strebenden Menschen, der schließlich in einsamer Höhe auf einem Gipfel thront und dürstet, da die Verbindung zum lebenspendenden inneren Quell unterbrochen ist. In diesem Fall empfinden wir unser Dasein als grund-los und haben keine echte innere Verankerung. Dieses Phänomen zeigt sich oft bei gesellschaftlich erfolgreichen Menschen, die zwar von anderen bewundert werden, sich selbst ihres Aufstiegs bzw. ihrer erreichten Höhe jedoch nicht erfreuen können. Höhe ist dann für sie das, was man gemeinhin als Höhe annimmt – eine gesellschaftliche Position, zu der viele aufschauen: die klassische Hierarchie.

Das Steinbock-Element in uns ist jedoch nicht daran interessiert, wieviel Menschen zu uns aufschauen. Seiner Eigenart nach strebt es mittels des Erdenlebens zum Licht des Bewusstseins, es ist jedoch abhängig von dem, was zur Bewusstwerdung vorhanden ist – von dem Unbewussten, Kindlichen, Natürlichen in uns selbst. Wenn der innere Kontakt zu unserer Ursprünglichkeit unterbrochen ist, empfinden wir auch keinerlei echte Bestrebungen, einschließlich der damit einhergehenden Fähigkeiten wie Ausdauer, Konzentration und Verzichtbereitschaft. Wir haben dann eher ein umfassendes und dennoch vages Gefühl, nicht zu gefallen, ohne ausmachen zu können, woran das liegt. Dieses Vakuum wird dann nicht selten von Ehrgeiz und einer negativen Lebenshaltung gefüllt. Die Geradheit und das innere Aufgerichtetsein, die uns Saturn vermitteln kann, werden dann häufig unbewusst mit schlichter Höhe, mit „oben" assoziiert. Dann lassen wir uns beispielsweise auf berufliche oder gesellschaftliche Erklimmungsaktionen ein, an deren Ende uns auf dem Gipfel dasjenige verheißungsvoll winken soll, was jedoch nur in unserer Tiefe für uns bereit liegt.

Die Krebsenergie meldet sich vornehmlich durch unsere Instinkte. Instinkte sind ihrer Natur nach unbegründbar, denn sie *sind* der Grund. Wenn etwas wirklich unser Eigentliches ist, können wir nicht mehr erklären, warum wir dieses oder jenes Bedürfnis haben. Wir können keinen Grund mehr nennen, da wir am Grund angelangt sind. Ein solches Signal aus unserem Inneren löst gleichzeitig Gefühle der Wahrhaftigkeit und Stärke aus, gepaart mit einer ruhigen Kompromisslosigkeit und der Gewissheit, dass wir das, was wir da gerade von uns wahrgenommen haben, in unserem Leben umsetzen *müssen.* Wie die Achse 4/10 zeigt, geht ein echtes Erleben der Instinkte mit dem echten Empfinden, der eigenen Berufung zu folgen, einher. In solchen Momenten fühlen wir, dass wir unserem inneren Quell gegenüber auf existenzielle Weise verpflichtet sind. Ist die Wahrnehmung dieser inneren Verbindung unterdrückt, können wir auch unsere äußeren Aufgaben nicht verantwortlich wahrnehmen. Hier zeigt sich noch einmal deutlich, wie fundamental diese Oppositionsachse ist. Ihre Beschaffenheit bestimmt wesentlich die Qualität unseres irdischen Lebens.

Oben und unten sind eigentlich vollkommen neutrale Zustandsbeschreibungen und bar jeder Wertung. Wir haben jedoch meist gelernt, dass das Obere besser sei als das Untere, und daraus erklärt sich auch die Unantastbarkeit so vieler, die in der Hierarchie ihres jeweiligen Kollektivs „oben" sind. Saturn als Repräsentant bestehender Regeln hat die Regel gelernt, dass „oben" – also im Grunde er selbst – am besten ist. Dies ist eine weitere Variante des saturnischen Rückfalls auf sich selbst, wie er im mythologischen Teil beschrieben wurde. Diese Haltung prädestiniert dazu, die Verbundenheit des zehnten und vierten Prinzips zu ignorieren, um die existenzielle Abhängigkeit voneinander und die Relativität der eigenen „Höhe" nicht wahrnehmen zu müssen.

Das bedeutet jedoch, dass wir uns in eine Art isolierten Ehrgeiz treiben, sobald wir beginnen, unsere Gefühle und Instinkte zu bewerten. Gefühle wollen zunächst nichts anderes, als gefühlt zu werden. Auf welche Weise wir ein Gefühl in E-Motion, also in eine Herausbewegung, eine Tat umsetzen, ist eine Angelegenheit des fünften Prinzips. Für das Steinbock-Prinzip in uns ist es existenziell wichtig, dass es von unten aufsteigende Gefühlsenergie wahrnehmen und ihrer bewusst werden kann, denn das ist die Kraft, die den Meißel des Bildhauers führt. Ist in unserem inneren Gesetzbuch die Einteilung in gute und böse Gefühle vorhanden (und das ist sie bei Erwachsenen immer), können wir uns unserer Ursprünglichkeit nur sehr fragmentarisch bewusst werden. Hinzu kommt, dass wir mit der Bewertung unserer Gefühle auch gelernt haben, bestimmte Gefühle, Bedürfnisse oder Instinkte zu fürchten und gut wegzuschließen.

Diese Energien dürfen dann nicht von unten aufsteigen, weil wir nicht gelernt haben, mit ihnen umzugehen. Und weil wir nicht wissen, dass wir eine Kraft in uns haben, die gerade hier regulierend wirkt und zugleich vom Aufstieg der Gefühle abhängig ist. Die Verbundenheit der Achse 4/10 straft die verbreitete Annahme Lügen, dass die Zensur bzw. Unterdrückung von Gefühlen auf irgendeine Weise helfen kann. Im Gegenteil: Die bloße Unterdrückung von Gefühlen unterdrückt ebenfalls unser inneres Regulativ Saturn. Auf diese Weise verurteilen wir uns lediglich selbst dazu, im Korsett zu bleiben.

c. Richten

Die Verbundenheit der Energien auf der Achse 4/10 hat zur Folge, dass wir mit Teilen des Krebs-Prinzips automatisch auch Teile des Steinbock-Prinzips fürchten. Die über Krebs-Elemente vorgenommene Wertung wirkt auf Steinbock-Elemente zurück. Wer beispielsweise fürchtet, im Schwall seiner freigelassenen Gefühle zu ertrinken, dem ist nicht bewusst, dass Saturn die Fähigkeit zur Trockenheit innewohnt. Warum hat er sie wohl und wo sollte er sie wohl sonst lebensfördernd anwenden können? Die saturnische Kraft zur Reduktion ist ein sinnvolles Regulativ, das der Krebs-Energie einen sicheren Rahmen bietet. Im Klartext bedeutet das, dass bei jedem gefährdenden Übermaß an aufsteigenden Gefühlen (das für jeden individuell und stets neu ist) in unserer Seele eine Kraft aktiv wird, die richtend wirkt. Richtend ist hier nicht im Sinne von „ein Urteil fällen“ gemeint, sondern im Sinne von „eine Richtung weisend“. Saturn kann in seiner erlösten Form einer heranrollenden Flutwelle ein verzweigtes Netz von Flussbetten und Sickerwiesen anbieten, damit das Wasser die Landschaft befruchtend durchfließen anstatt chaotisch überschwemmen kann.

Wo immer wir unter Sumpfgebieten in unserer Seele leiden, ist ein Einsatz unserer Steinbock-Energie notwendig. Gerade in Kreisen, in denen stets „alles fließen“ soll (und hier spricht auch ein äußerer Saturn!), ist häufig ein richtungsweisender Einsatz, d.h. eine eigenverantwortliche Beurteilung notwendig, was dennoch nicht selten von recht zweifelhaften Gurus oder Vorbildern übernommen wird. Die Achse 4/10 weist darauf hin, dass unsere Gefühle, Bedürfnisse und Instinkte ein Gefäß brauchen, in das sie fließen können. Ein solches Gefäß erstellt der Steinbock in uns, indem er auf pragmatische und verantwortliche Weise mit unseren Bedürfnissen umgeht und sie so umsetzt, wie es für unser Wachstum notwendig ist.

Vergehen wir beispielsweise fast vor Hassgefühlen, ist es Saturn, der unsere Affekte *zunächst* blockiert und uns auf diese Weise einfach Zeit gibt, eine gerechte Beurteilung und zivile Lösung der Situation zu finden. Er ist es, der uns befähigt, die Welle von Gefühlen bewusst zu kanalisieren, ihr standzuhalten und auch ihr natürliches Abklingen zu erfahren. Können wir auf diese innere Kraft vertrauen, fühlen wir die Gefühle erst einmal zu Ende, denn schon allein das verändert uns. Danach erst finden wir mittels unserer Steinbock-Kraft zu einer Bewertung der Situation und ziehen die entsprechenden Konsequenzen, um die Not zu wenden. Dies tun wir umso integrer, je mehr wir uns der inneren Flutwelle gestellt haben. Problematisch wird es, wenn „Hass“ zu den Gefühlen gehört, die nicht wahrgenommen werden dürfen oder wenn die Affektblockade per se negativ bewertet wird.

Für den Einzelnen stellt sich auch hier wieder die Frage, was er oder sie denn bereits als Not empfindet. Wird zum Beispiel bereits die Wahrnehmung unserer Identität als Not angesehen, ist unser innerer Saturn regelrecht neurotisch, denn er muss dann wider besseres Wissen Dämme bauen, die ihn selbst von seinem Lebenselixier abschneiden. In einem solchen Fall fühlen wir uns chronisch erschöpft und überlastet, ohne das Gefühl zu haben, etwas wirklich Konstruktives zu leisten. Unsere Lebenshaltung ist dann von Abwehr – vor allem gegen uns selbst – bestimmt, unsere seelische Landschaft staubtrocken, wenn nicht gar ver-wüstet oder ver-steinert. In einem sturen Automatismus folgen wir unter ständiger Aufbietung der letzten Kräfte den Vorgaben anderer und können nichts ändern, da wir überhaupt nicht wissen, wer wir sind. Hier lassen wir andere unseren Weg ausrichten, anstatt selbst für den Fluss unserer Gefühle ein inneres Adernetz einzurichten.

Die richtende Qualität Saturns ist lebensnotwendig, um sich gesund entwickeln zu können. Wie ein Kind in seiner Entwicklung gestört wird, wenn es nicht innerhalb klarer und zuverlässiger Regeln aufwachsen kann, so wird unsere Seele in ihrer Entwicklung behindert, wenn sie sich nicht der regulierenden Funktion ihrer selbst bedienen darf. Die Achse 4/10 spricht davon, unsere Gefühle zu erden. Das bedeutet nichts anderes, als ihnen eine Form zu geben, sie zu äußern, sie empfindbar und damit vermittelbar zu machen. Unser innerer Steinbock macht Gefühle konkret, er sorgt dafür, dass wir beispielsweise ein Bild malen, einen Brief schreiben, ein Gespräch suchen, eine richtungsweisende Entscheidung vollziehen – er sorgt dafür, dass wir uns zu tun erlauben, was wir im Inneren fühlen und für richtig halten. Und er sorgt dafür, dass wir es auf eine Art und Weise tun, die wir vor uns selbst verantworten und deren Konsequenzen wir auf uns nehmen können.

Die Struktur, in die das Wasser der Gefühle fließen will, ist bei jedem Menschen anders – aber es muss eine Struktur da sein, damit überhaupt etwas fließen kann. Die kritiklose Übernahme bestehender Strukturen und Normen macht aus unserem Leben ein flurbereinigtes und steriles Kanalgebiet ohne natürlichen Fluss. Weigern wir uns aber, unser Leben überhaupt zu strukturieren, befinden wir uns ohne Navigationswillen (von den Instrumenten ganz zu schweigen) im Niemandsland eines unendlichen stillen Ozeans. Unsere Gefühle gleiten uns pausenlos davon, ohne dass wir auf fruchtbare Weise mit ihnen umgehen können – ohne dass unser konkretes Leben wirklich Früchte trägt. Eigentlich passiert dann nichts. Dieser Zustand ist oft bei "Alles-fließt"-Anhängern zu finden, die die innere und äußere Ereignislosigkeit ihres Lebens durch eine sentimentale Sehnsucht nach „Einheit“ zu kaschieren versuchen. Sie fragen sich dann mitunter, warum ihnen von außen so viele Grenzen gesetzt werden. Hier klopft ganz deutlich Saturn an die Tür des Bewusstseins und mahnt: „Sag' mal, wann willst du denn endlich *wirklich* inkarnieren?" Denn ein solches Verhalten spiegelt letztlich nur die Furcht vor der Erde wider. Unsere Gefühle zu erden bedeutet nichts anderes als vor der Welt zu bekennen, wer wir sind. Unser innerer Steinbock befähigt uns nicht zuletzt dazu, das auch vor jenen zu tun, denen wir gelernt haben, zu gehorchen.

d. Den Stein höhlen

Die Wasserzeichen Fische und Skorpion treffen im archetypischen Tierkreis lediglich in einem freundlichen Sextil-Winkel auf den Stein(bock). Die Krebs-Energie nutzt die Schwerkraft jedoch am reibungslosesten – und am energiereichsten. In dem oben angedeuteten Sprichwort „steter Tropfen höhlt den Stein" fügen sich die vorangegangenen Ausführungen über Zeit, Höhenunterschiede und Richtung nunmehr zusammen. Saturns Qualität wurde bisher mehr abstrakt als eine dynamische Fähigkeit besprochen. Im konkreten zeitlichen Ablauf unseres Lebens ist sie jedoch zunächst der Stein, den wir höhlen wollen, um uns das Gefäß zu schaffen, das uns entspricht. Um das zu erläutern, müssen wir zunächst Saturn in seinem Vergangenheitsaspekt betrachten.

Saturn repräsentiert im persönlichen Horoskop unter anderem die *zur Form geronnene Identität*. Er weist hier auf einen Lebensbereich hin, der „vorbelastet" ist, in dem also zum Zeitpunkt unserer Geburt sichere und klare Standpunkte, reife Fähigkeiten oder leistungsorientierte Verhaltensweisen bereits bestehen. Das kann karmisch als bereits erworbene und mitgebrachte Fähigkeiten betrachtet werden, von genetischen Dispositionen abgeleitet werden oder als psychisches Erbe unserer Familie betrachtet werden. In jedem Fall ist es uns mit einem Saturn-Thema von Anfang an sehr ernst, und wir gehen mit dem betreffenden Lebensbereich von Beginn an relativ erwachsen um. Hier stehen wir nicht in Resonanz zum Kindlichen, sondern zum Ausgereiften.

Das Ausgereifte ist der Stein, den der Fluss unserer Gefühle höhlen will, denn das Ausgereifte ist zur verdichteten Form geronnene Natur. Es ist der Stein im Obst, der Kern. Da wir stets in eine bestehende Welt eintreten, treten wir auch in eine „Welt der Steine" ein. Zu welchen „Steinen" wir in Resonanz geraten, hängt von unserem individuellen Horoskop ab. Aber *dass* wir auf Steine stoßen, steht außer Frage, denn das bringt ein Leben als Erdling so mit sich. Unsere angeborene Ernsthaftigkeit mit einem von Saturn berührten Thema lässt uns hier zunächst auf die Erfahrungen anderer zurückgreifen. Das Kindlich-Natürliche berührt uns vorerst nicht, denn wir leben hier in dem unbewussten Gefühl, nicht mehr lernen zu müssen, sondern sofort „bei den Großen" mitmischen zu können.

So bauen wir hier vorrangig auf den Erfahrungen anderer auf, denn weil uns das Thema so ernst ist, scheuen wir uns, „nur" zu spielen. Gerade geborgte, vererbte oder mitgebrachte Erfahrenheit verführt uns jedoch dazu, in diesem Bereich zu erstarren. Wo Saturn/Steinbock im Horoskop positioniert sind, glauben wir insgeheim oft, schon alles erlebt zu haben. Wir haben hier auch schon sehr viel erlebt, und dies ist unter anderem der Grund dafür, dass uns der konventionelle Umgang mit den betreffenden Themen nicht befriedigt und irgendwann langweilt. Leben bedeutet stete Veränderung und Erneuerung – auch und gerade traditioneller und bewährter Bereiche. Die hierzu nötige ausdauernde Wechselhaftigkeit bietet uns die dem Steinbock gegenüberstehende Krebs-Energie.

Das Reife hat nur dann Wert, wenn wir in der Lage sind, es durch unsere gegenwärtigen Lebensbedingungen immer wieder erneuern, erweitern und verändern zu lassen. Ein Kern ist kein Klon, er will *neu* austreiben. Der stete Tropfen, den Krebs dazu liefert, besteht aus ganz persönlichen, häufig sehr einfachen, manchmal nahezu kindlichen Bedürfnissen in Bezug auf das betreffende Saturn-Thema. Ihr wertvollstes Geschenk für den Steinbock ist, dass sie aus der Zeitlosigkeit des Unbewussten bzw. aus der Gegenwärtigkeit des Kindlichen kommen und auf diese Weise die saturnische Neigung zur Konservierung regulieren.

Je mehr wir uns bewusst machen können, dass der eigentliche Stein in unserem Inneren auf dem wertvollen Talent der Ernsthaftigkeit liegt, umso mehr beginnen wir, uns Saturn wirklich zu eigen zu machen und an einem eigenen Gefäß für unsere Lebensenergie zu bauen, also unser Leben in eigener Verantwortung und unter kritischer Prüfung der äußeren Rat-Schläge (!) zu führen.

Eine Person mit Saturn im dritten Haus würde beispielsweise dann vielleicht aufhören, unkritisch Lehrwissen in sich hineinzustopfen oder weiterzugeben, sondern sie würde beginnen, auf eigene Verantwortung und in vollem Ernst den *eigenen* Verstand zu benutzen. Es mag vielleicht zunächst recht mühsam sein, das eingerostete Getriebe des eigenen Verstandes in Gang zu setzen, jedoch hilft gerade hier die Berührbarkeit der Krebs-Energie: Vor allem die Gedanken, Informationen, Gespräche, Bewegungen und Zwecke, von denen sie sich lebendig und mit kindlicher Freude (jenseits vom Kosten/Nutzen-Denken) berührt fühlt, führten sie dann zu ihrem tatsächlichen reifen Potential, das unter dem eingefahrenen Denken begraben liegt und auf Anschluss an die Gegenwart wartet.

e. Verantwortung

Die Suche nach Verantwortlichkeit ist im Grunde eine Suche nach der hinter Ereignissen stehenden bewussten Intelligenz. Verantwortung ist daher eine sehr persönliche Angelegenheit, denn es ist immer eine Person, die sie empfindet oder der sie zugewiesen wird. Es ist für uns sehr beunruhigend, wenn wir keine verantwortliche Person identifizieren können, denn das gibt uns das Gefühl von Ohnmacht gegenüber willkürlichen Ereignissen. Deshalb fällt es uns beispielsweise auch so schwer, die Auswirkungen von echter „höherer Gewalt" wie beispielsweise von Naturkatastrophen zu akzeptieren und zu integrieren. Immer setzt nach solchen Ereignissen die Suche nach verantwortlichen Personen ein, um zu untersuchen, ob sie ihren Zuständigkeitsbereich auch verantwortlich ausgefüllt haben. Auf diese Weise integrieren wir höheres, übermächtiges oder unbegreifliches – im Grunde meist einfach natürliches – Geschehen in unsere gesellschaftliche Struktur und versuchen, es dadurch fassbar zu machen.

Ebenso ist es eine sehr persönliche Angelegenheit, selbst Verantwortung zu tragen, denn der oder die Einzelne ist letzten Endes damit allein. Zudem können wir uns in unserer offiziellen, verantwortlichen Facette nicht von unserer persönlichen Identität trennen, wie die Achse 4/10 zeigt. Wenn wir das Prinzip Verantwortung vornehmlich innerhalb von Institutionen oder gesellschaftlich vorgegebenen Rollenmustern leben, müssen wir das aber tun, denn unseren inneren Gefühlsregungen steht auf diese Weise kein adäquates Gefäß zur Verfügung.

Um die aus der Trennung resultierende innere Spaltung auszuhalten, neigen wir dazu, uns mit der Institution oder Rolle, die wir vertreten, zu identifizieren. Unsere Krebs-Steinbock-Achse ist auf diese Weise jedoch mehr oder weniger von innerer Entfremdung geprägt. Und wir fühlen uns demzufolge in uns selbst nicht Zuhause und zudem ständig schuldig: uns selbst gegenüber, da wir unserer Seele ihre Verkörperung schuldig bleiben und der Rolle/Institution gegenüber, da wir ihr eigentlich etwas vormachen.

Im Anschluss an den Inhalt des vorherigen Abschnitts bekommt das Wort Verantwortung jedoch ein anderes Gesicht. Jeder Mensch, der geboren wird, erlebt zum einen seine persönliche und zum anderen seine menschliche Entwicklung. Da wir Teil und Ganzes sind, haben unsere persönliche Erfahrung und Reife immer auch einen Bezug zum Rest der Welt. Saturn wird in der Astrologie vornehmlich als Gesellschaftsplanet angesehen, denn die 10. Energie befähigt uns dazu, *dem menschlichen Kollektiv zu antworten.* Jede Antwort entspringt unserer Identität (wie auch immer wir sie gerade definieren) und ist potentiell an die Gemeinschaft adressiert.

Je bewusster wir uns unserer inneren Ernsthaftigkeit werden, umso mehr wächst das Bedürfnis bzw. verschwindet die Furcht, für uns selbst geradezustehen, d.h. als einzelner Mensch der Gesellschaft eine authentische Antwort zu geben. Die Wahrnehmung der Verpflichtung unserem inneren Ursprung gegenüber gibt uns überdies auch die Kraft, trotz der – oft nur scheinbaren – Unterlegenheit eines einzelnen Menschen gegenüber dem gesellschaftlichen Kollektiv nach unserem Gewissen zu handeln.

Hinter vom zehnten Prinzip berührten Themen des Horoskops verbergen sich Erlebensbereiche, in denen wir „Qualitätsarbeit" leisten können. Hier sind wir nicht nur vorbelastet, sondern in Wahrheit begabt, häufig sogar begabter als andere in unserem Umfeld. Hier scheuen wir keine Anstrengung – und da wir hier in kein Schema passen, fühlen wir uns bei von Saturn berührten Themen zunächst unfähig. Gerade weil es uns mit dem betreffenden Thema so ernst ist, fühlen wir uns von den entsprechenden Überlieferungen und Traditionen oft förmlich erschlagen. Ein verantwortlicher Umgang mit diesen Talenten ist daher zum einen für uns selbst notwendig, denn wir fühlen uns erstickt und beengt, wenn wir die Bereiche, die in unserem Horoskop saturnisch sind, nicht frühzeitig ernsthaft angehen können. Zum anderen will das Leben gerade diese Fähigkeiten von uns haben, denn mit unseren saturnischen Kräften stehen wir auch in der Verantwortung einem größeren Ganzen gegenüber.

Es ist selbstredend, dass wir diese Verantwortung um so weniger als bedrückend empfinden, je mehr sie mit unserer eigenen Identität verbunden ist. In diesem Falle bejahen wir sie und wachsen in zyklischen Entwicklungsphasen in sie hinein. In diesem Sinne sind letztendlich auch Saturn-Transite zu verstehen. Dem Leben liegt nichts daran, dass wir Altes und Gewesenes unhinterfragt wiederkäuen (was wir in saturnischen Bereichen aus den oben angeführten Motiven zunächst gern tun), sondern es ruft uns bei Saturns Transiten zur Verantwortung: „He, das, was ihr Menschen schon seit Jahrhunderten macht – was machst *du* heute damit, außer das Gegebene zu bestätigen? Was tust *du* mit dieser Erfahrung, damit es weitergeht und damit weniger Erfahrene auch etwas davon haben?“

Solche Rufe empfinden wir oft als die Stimme unseres Gewissens, das eigentlich nur fragt: Bin das, was ich da lebe, wirklich ich? Kann ich das, was ich da tue, vor mir verantworten? Ist die Verbindung Steinbock-Krebs noch intakt? Nehme ich mich (mein Innerstes) auch angesichts der Tradition ernst? Lasse ich mich von ihr erschlagen oder wage ich es, mich ihr notfalls auch entgegenzustellen? Häufig tun wir das nicht, weil wir glauben, hier nicht gut genug zu sein. Dann verlagern wir beispielsweise ernstzunehmende Eigenschaften in den Hobbybereich, aus dem sie in der Regel keinen ernsthaften Zugang zum Kollektiv finden. Auf diese Weise bleiben wir aus der Sicht des Lebens (und nicht der Gesellschaft!) dem Kollektiv etwas von uns „schuldig“. Saturns Transite klopfen dann an die Tür, um es anzumahnen, da wir diese Erfahrungen, Begabungen und Reife nicht nur für uns besitzen, sondern sie auch und gerade für andere wertvoll sind, sowie die saturnische „Qualitätsarbeit“ anderer auch für uns wertvoll ist.

Natürlich können wir das Prinzip der Verantwortung auch in Beziehung zu anderen Energien des Tierkreises interpretieren. Verantwortung ist jedoch ein Wort, bei dem viele sich unbewusst zusammenziehen oder in die Knie gehen, da wir es meist nur unter dem Aspekt der Aufbürdung von etwas Fremdem (der Rolle) kennenlernen. Schalten wir innerlich die Energien Krebs und Steinbock zusammen und bringen die Achse wieder zum Fließen, erkennen wir häufig, dass es jenseits der vielen Forderungen und Pflichten unserer offiziellen Rolle jedoch Bereiche gibt, in denen wir uns kleiner machen als wir tatsächlich sind. Hier haben wir eigentlich ein echtes Bedürfnis (Krebs), dem Kollektiv zu antworten, also etwas öffentlich zu machen (Steinbock), das unserer Natur entspricht (Krebs). Und hier leiden wir meist darunter, dass wir es nicht tun.

Wir tun es in der Regel deshalb nicht, weil es nicht in die bestehende Ordnung des größeren Systems zu passen scheint – sei es beispielsweise die Familie, der Freundes- und Bekanntenkreis, die Arbeitsstelle oder die Gesellschaftsordnung schlechthin. Das jedoch ist genau unsere kollektive Verantwortung: Mit der uns in bestimmten Bereichen angeborenen Bewusstheit eingefahrene kollektive Muster wieder in Fluss zu bringen. Gerade bei den saturnischen Gebieten unseres Horoskops können wir das auf eine Art und Weise tun, mit der wir ernst genommen werden. Unsere Verantwortung uns selbst gegenüber verlangt etwas, das uns niemand abnehmen kann: uns selbst ernst zu nehmen, und zwar so, wie wir im Innersten sind.

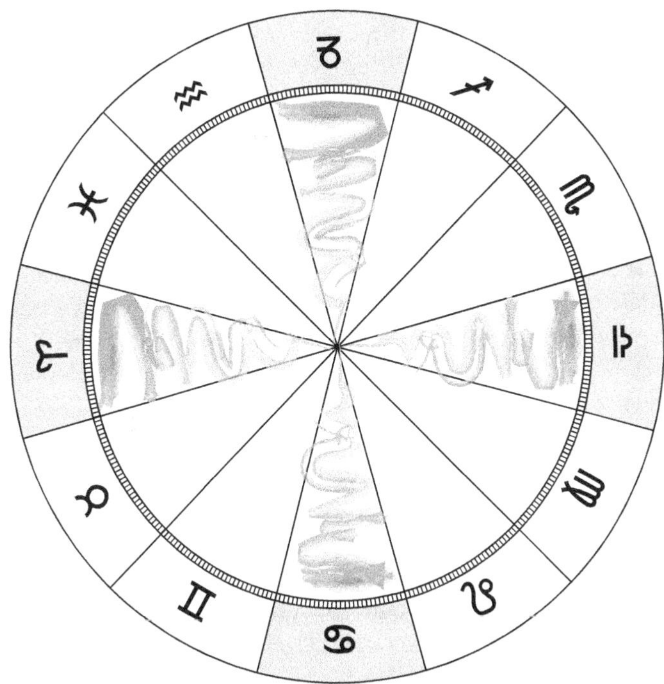

3. Das kardinale Kreuz: Steinbock als Teil des Lebensmotors

Die Achse 4/10 ist im Tierkreis Teil einer Figur, die als kardinales Kreuz bezeichnet wird und sich aus den Zeichen Widder, Krebs, Waage und Steinbock zusammensetzt. In diesem Kreuz stehen Krebs-Steinbock und Widder-Waage zueinander in Opposition, somit wird das Kreuz durch die Horizontal- und die Vertikalachse gebildet. Abgesehen vom Oppositionsaspekt stehen jedoch auch Widder zu Krebs, Krebs zu Waage, Waage zu Steinbock und Steinbock zu Widder im 90° Winkel und bilden ein umlaufendes Quadrat. Ein Kreuz – ob wie beschrieben im archetypischen Tierkreis oder im individuellen Horoskop – ist somit stets eine Figur von hoher Spannung, denn in ihm vereinen sich zwei Oppositionsaspekte mit vier Quadrataspekten.

Spannungsaspekte haben antreibende Wirkung. Sie markieren Themen, die einander nicht in Ruhe lassen, die nicht mit und auch nicht ohne einander auskommen, die von ihrer Eigenart her grundverschieden sind und doch einander bedürfen. Kreuze werden vom Individuum oft als natürliche Dauerkonflikte empfunden und sind, da sie so natürlich sind, uns oft gar nicht bewusst. Neutral gesehen sprechen sie von der Spannung, die entsteht, wenn sich die vier Elemente Feuer, Wasser, Luft und Erde verbinden. Aus dieser Spannung entsteht das, was wir bewegtes Leben nennen - das ständige Werden und Vergehen.

Die archetypischen Kreuze treiben uns an, sie verhindern, dass wir einschlafen und sorgen dafür, dass wir die Elemente des Daseins mit unserem persönlichen Leben füllen. Im Tierkreis gibt es drei Kreuzfiguren, welche alle die vier verschiedenen Elemente miteinander verbinden und jeweils einen anderen Lebensschwerpunkt symbolisieren: Das fixe Kreuz mit Stier, Löwe, Skorpion und Wassermann, das bewegliche (oder veränderliche) Kreuz mit Zwillinge, Jungfrau, Schütze und Fische und das kardinale Kreuz mit Widder, Krebs, Waage und Steinbock.

Die Kardinalzeichen markieren jeweils den Beginn eines Quadranten, und das Zeichen Steinbock steht im archetypischen Tierkreis zu Beginn des vierten Quadranten. Die Kardinalzeichen geben dem betreffenden Quadranten sein Thema, welches dann durch die nachfolgenden fixen und beweglichen Zeichen verfestigt und differenziert wird. Die Bedeutung der ersten drei Quadranten ist relativ leicht zu fassen, und hier ist die Einteilung in Körper (I), Seele (II) und Geist(III) üblich. Die Aussagen zum vierten Quadranten sind oft so diffus wie das Zeichen Fische, mit dem er endet; er gilt als der jenseitige oder der Schicksalsquadrant, als der Bereich unseres Horoskops, der uns nicht so leicht zugänglich ist.

Der IV. Quadrant symbolisiert die Ebene des Bewusstseins, denn hier finden wir im Anschluss an die unterscheidende Steinbockqualität die individualisierende und die Polarität transzendierende Energie des Wassermanns und die das Bisherige auflösende Energie der Fische. In diesem Quadranten ist das Feuer abwesend, wir können also davon ausgehen, dass irgendetwas mit der Haltung „Ich (Widder) will (Löwe) mehr (Schütze)“ geschieht bzw. geschehen muss, wenn wir in unserer Entwicklung mit den Energien des IV. Quadranten in Berührung kommen.

Betrachten wir die Folge des Tierkreises als Entwicklungsschritte von Widder bis Fische, so fällt auf, dass erst hier, zu Beginn des IV. Quadranten, ein Erdzeichen eine kardinale Position übernimmt, dem betreffenden Viertel also sein Thema gibt. Bewusstsein und Erdelement sind demzufolge miteinander gekoppelt, und es scheint auch so zu sein, als ob das Erdelement eine Art Eintrittskarte zum jenseitigen Quadranten des Bewusstseins darstellt. Zwar ist die Ansicht populärer, die Erde eher als Hindernis des Bewusstseins denn als Eintrittskarte hierzu zu betrachten, jedoch sollten wir uns bewusst machen, dass eine solche Haltung dem irdischen Sein gegenüber noch den sexistischen Wertungen einer vergehenden Weltanschauung entstammt.

Ähnlich dem MC/10. Haus im individuellen Horoskop nimmt das Zeichen Steinbock eine scheinbar widersprüchliche Position ein. In dieser Position ist es jedoch Teil des Lebensmotors und hält in Verbindung mit den drei anderen Kardinalzeichen den Fluss des Lebens *aufrecht* (was durchaus doppeldeutig verstanden werden kann). Wie bei der Achse 4/10 ist auch bei der Betrachtung des Steinbocks innerhalb des kardinalen Kreuzes die Notwendigkeit seiner Funktion gut zu verdeutlichen. Und ebenso hat auch hier erst eine Abkoppelung des 10. Prinzips aus dem Ganzen die gefürchtete blockierende und häufig niederschmetternde Wirkung.

An unserem inneren Motor ist also das 10. Prinzip ganz wesentlich beteiligt. Zudem tritt die Erde hier zum ersten Mal an eine kardinale Position und scheint uns endlich eine Antwort auf die Frage geben zu wollen, was denn das alles soll, was denn Erdendasein überhaupt ist. Je mehr wir uns diese Fragen beantworten können, umso bewusster sind wir uns darüber, wer und was wir wirklich sind. Bei diesem Prozess stützen, irritieren und wandeln sich die kardinalen Zeichen gegenseitig. Auf der Basis dieser Verbindung wollen wir nun einige saturnische Eigenschaften etwas genauer betrachten.

a. Konzentration und Verzicht

Die Elemente Feuer, Wasser, Luft und Erde stehen zueinander in einem wechselseitigen Verhältnis. Im Erdelement finden wir jedoch auch die Vereinigung der drei anderen Elemente. So könnte man sagen, dass das Erdelement erst aus deren Vereinigung entsteht und dadurch etwas vollkommen Neues bildet. Diese Vereinigung lässt sich beispielsweise gut anhand der Steinkohle illustrieren. Steinkohle ist ein fossiler Brennstoff, der eigentlich nichts anderes ist als über Jahrtausende zusammengepresste Bäume. Der Baum ist ein Sinnbild für die Fähigkeit eines Organismus, Licht umzuwandeln. Mittels Wasser wird der im Samen ruhende Lebensfunken genährt, mittels Licht reguliert ein Baum seinen Säftehaushalt und produziert im Austausch mit dem Luftelement den für unser Leben so notwendigen Sauerstoff. Was aus diesem gesamten Prozess entsteht, ist feste Materie.

Durch die Erkenntnisse der Physik ist die Materie selbst jedoch inzwischen auch naturwissenschaftlich ein Gleichnis für wirkende Kräfte. Dass Materie überhaupt existiert, ist das Ergebnis einer konzentrierenden Kraft, welche die „Teilchen" beisammen hält und sie damit in die wahrnehmbare Stofflichkeit transformiert. Ein Stück Kohle ist ein Beispiel für diese Konzentrationskraft, denn in ihm ist das Wesen des Baumes in konzentrierter, konservierter Form enthalten. Kohle kann das in ihr enthaltene Licht wieder freisetzen und ist in diesem Prozess immer noch abhängig vom Luftelement, diesmal jedoch umgekehrt. Sie benötigt den zuvor abgegebenen Sauerstoff, um zu brennen und gibt nun jede Menge sogenannte Schadstoffe – also Stoffe, mit denen wir nichts anzufangen wissen – in die Luft ab. Ebenso wirkt das zuvor lebenswichtige Wasser auf den zu Kohle gewandelten Baum „tödlich", es löscht das Feuer und macht aus dem potentiellen Licht des Erdelements einen lichtlosen Stein.

Kohle ist ein typisches Steinbocksymbol. Die „Erhöhung" der Kohle ist jedoch der Diamant, er ist das Ergebnis eines noch stärkeren und längeren Drucks auf denselben Ausgangsstoff. Der Diamant ist ein Symbol für die erlöste Steinbock-Energie und vermittelt mit diesem Bild, was die innere Arbeit an saturnischen Themen für uns bereithalten kann. „Ein Diamant ist unvergänglich", sagt ein altbekannter Werbeslogan, und in der Tat ist er mit das härteste Material, das wir auf diesem Planeten kennen. Ist er beschliffen, kann er das reinste Licht versprühen, ebenso wie die kultivierte Steinbock-Kraft für ihre Umgebung zum Lichtspender wird. Feuer, Wasser und Luft sind in diesem Stück Materie nur noch als Ideen erkennbar, als Vorbedingungen zum Entstehen eines klaren, reinen und nahezu ewigen Stücks Erde.

Die Gleichnishaftigkeit des Sichtbaren wird in einem Diamanten auf außerordentliche Weise reflektiert. Dabei waren es lediglich enorm verdichtende, also konzentrierende Kräfte, die dazu geführt haben. Ein Diamant hat den grobstofflichen Austausch mit seiner Umgebung abgeschlossen, als ein Symbol reinsten Lichts hat er seine Kommunikation auf die Schwingungsebene verlagert.

Konzentration bedeutet also die enorme Verdichtung der Elemente Feuer, Wasser und Luft. Konzentration führt zu dem Ergebnis fester Materie und kann zur Geburt des reinen Lichts führen. Diese Aussagen erinnern als Saturn als Luzifer, den Lichtbringer, und sie erinnern an Einweihungslehren, die im Erdendasein das Tor zum Licht sehen. Das Beispiel illustriert auch die Übergangsphase vom Steinbock- zum Wassermann-Prinzip. Sowie der Diamant reines Licht und ewige Materie jenseits von Zeit und Raum symbolisiert, so führt auch das Eindringen in den Kern der Materie zur Theorie der Quanten, welche sich der üblichen Definition von Raum und Zeit schlicht entziehen und dem Verstand – wenn überhaupt – lediglich im abstrakten Rahmen der Mathematik begreifbar sind.

Paradoxerweise ist die neue Naturwissenschaft den nicht selten erdflüchtigen spirituellen Suchern hier einen Sprung voraus – denn wenn wir uns von der Erde/Materie und dem schlichten Erdendasein in Richtung reine Geistigkeit abwenden, können wir offensichtlich nur recht wenig erkennen. Der Physiker Bernard Ruth fand beispielsweise bereits 1975 "...in allen pflanzlichen und tierischen Zellen, die er im Laufe der Zeit untersuchte, Licht. Es handelte sich also tatsächlich um ein universelles Phänomen. In den Arbeiten unzähliger Physiker in vielen verschiedenen Ländern wurde dies mittlerweile endgültig bestätigt."[25] Die Zen-Geschichte von dem Meister, der seinen um Lehre bittenden und nach Erleuchtung strebenden Schüler in jedem Stadium seines Weges zum Tellerwaschen an den Fluss schickt, illustriert das saturnische Prinzip der Konzentration auf Irdisches auf eine andere Weise.

25 Vgl. hierzu v.a. die Forschungen von F.A.Popp, vorgestellt in Marco Bischof: Biophotonen. Das Licht in unseren Zellen; Zweitausendeins Verlag, Frankfurt 1996; Zitat s. hier S. 120

In unserem persönlichen Erleben stellt also die Fähigkeit, sich zu konzentrieren, eine saturnische Eigenschaft dar, welche uns zum Licht und zur prometheischen Befreiung (wo ja alle hinwollen...) führen kann. *Sich selbst* konzentrieren zu können, setzt jedoch voraus, dass wir annähernd wissen, wer oder was wir selbst denn sind, und dass wir in der Lage sind, Eigenes und Fremdes zu identifizieren. Saturns Interesse ist, dass wir *uns* konzentrieren, denn Saturn steht wie jede Energie des Tierkreises im Dienst des sich entwickelnden Individuums (die Tür zum Wassermann!). Wem das zu sehr nach Ego-Trip klingt, der sei daran erinnert, dass wir alle auch unsere Neptun/Fische-Seite haben, die uns in die Ganzheit einbindet. Niemand weiß das besser als Saturn, der die Struktur des Lebens kennt. Daraus erklärt sich zum Teil auch seine Konsequenz.

Im Licht des oben Gesagten können wir auch saturnische Situationen sehen, in denen uns ein äußeres Ereignis dazu zwingt, uns auf uns selbst zu konzentrieren. In der Regel erleben wir solche „Schicksalsschläge" erst einmal durch Verzicht. Uns wird etwas genommen, etwas verschwindet aus unserem Leben, sei es die Arbeit, die Gesundheit, eine Hoffnung, ein Mensch, irgendein Besitz, eine Krankheit (es gibt nicht wenige Menschen, die das Verschwinden ihrer Krankheit unbewusst als einen Verlust empfinden) oder ein bisheriges Interesse.

Uns trifft der Verlust von etwas nur dann wirklich hart, wenn es zuvor eine unangemessen große Rolle in unserem Leben gespielt hat. Saturn prüft, ob wir hier nicht unsere Angst vor dem verändernden Wachstum unserer Seele kompensieren, denn Kompensation führt immer zu Ungleichgewicht und Unausgewogenheit. Ein seelisch intakter Mensch spürt das selbst und zieht bei innerer Unausgeglichenheit von sich aus rechtzeitig die Bremse (aktiver Saturn-Einsatz), da er auf sich selbst konzentriert *ist.* Er stellt sich stets dem Quadrataspekt zwischen Waage und Steinbock und nutzt die Spannung kreativ, um seine eigene Richtung zu erkennen und im Gleichgewicht zu bleiben.

Ein von äußeren Autoritäten abhängiger Mensch erfährt jedoch die von Saturn initiierte Konzentration auf sich selbst als Verlust (passives Saturn-Erleiden von außen). Was er in Wahrheit verliert, ist die Scheinharmonie der kompensatorischen Lebensgestaltung, die stets auf Kosten der authentischen Verkörperung der Seele geht. Er wird nun mit der Tatsache konfrontiert, dass tatsächliche (Steinbock) Harmonie (Waage) einen Preis hat: Die stete Spannung des archetypischen Quadrates. Das kardinale Kreuz zeigt, dass Steinbock mit dem Waage-Prinzip existentiell zusammenwirkt. Es zeigt jedoch auch, dass das unbequem ist.

Wir können Verzicht bewusster erleben, sobald wir in ihm eine Aufforderung zur Konzentration sehen. Dass uns etwas genommen wird, ist ein Hinweis darauf, dass wir nicht bei uns selbst sind und dass dieses Außer-sich-sein unseren Weg zum Licht gefährdet. Nun haben gerade die Industrieländer mit ihrer Konsum- und Fun-Philosophie die Ausbildung der Fähigkeiten zu Verzicht und Konzentration nicht eben gefördert. Schon vor der Dominanz von Internet und Social Media winkten allerorten Möglichkeiten der Ablenkung und die Verheißungen des als erlösend dargestellten Konsums mit ihrem Bombardement auf unsere Sinne. Die Digitalisierung hat dieses Phänomen lediglich beschleunigt und globalisiert. Das moderne Leben ist der Konzentrationsfähigkeit eher abträglich, und dieser innere Mangel des Saturn-Prinzips wird durch den äußeren Verlust von „Althergebrachtem" noch verschärft.

Der eigentliche Grund, warum wir unter dem Verlust der Konzentration *leiden*, ist der, dass wir damit die Fähigkeit verlieren, uns selbst im Gleichgewicht zu halten, d.h. unserem in Beziehungen eingewobenem Leben die angemessene Form zu geben. Nehmen wir den Steinbock aus dem fixen Kreuz heraus – können wir ihn also aufgrund z.B. eines Mangels an Konzentration nicht leben –, stottert unser Lebensmotor. Die Abwesenheit des Steinbock-Prinzips bedeutet in diesem Zusammenhang weniger Konfusion als eher Abhängigkeit, Beeinflussbarkeit, kindliche Launenhaftigkeit und Mutlosigkeit.

Da das stark spannende kardinale Kreuz uns auf ganz grundsätzliche Weise am Leben – also in Bewegung – hält, spüren wir auch seine Schwächung auf eine ganz grundsätzliche Weise. Wenn uns die Konzentration abhanden kommt, leiden auch die anderen kardinalen Energien darunter, mit dem Ergebnis, dass wir irgendwie gar nichts, was uns wirklich erfüllt, aufbauen und erhalten können. Das Bedürfnis nach einem bequemen, reibungsfreien Leben leugnet dessen archetypische Grundspannung. Sobald wir diese Spannung allerdings als gegeben erkennen und bejahen, nähern wir uns unserem inneren Saturn um einen bedeutsamen Schritt.

b. Das Öffentliche und das Private

Unser Leben findet im Spannungsfeld zwischen Innen und Außen statt, und die Krebs-Steinbock-Achse kann ein weiteres Mal als Symbol dafür gelten. Im hiesigen Zusammenhang steht sie als Bestandteil des kardinalen Kreuzes nunmehr vor allem für unsere intime und unsere öffentliche Seite. Was wir von uns im weitesten Sinne veröffentlichen, schöpfen wir aus dem inneren Quell unserer Identität, unserer Bedürfnisse und unserer Instinkte. Welches Ausmaß unser „Outing" jedoch annimmt, ist eine Entscheidung, die Saturn im Verbund mit den Energien des kardinalen Kreuzes fällt.

Ende des letzten Jahrhunderts hatte Saturn unter anderem aufgrund seiner Wanderschaft durch die Zeichen Wassermann und Fische (ca. 2/1991 - 4/1996) sowie Neptuns Reise durch das Zeichen Steinbock (ca. 1/1984 - 2/1998) eine sehr schwache Position und wir konnten beobachten, dass die Veröffentlichung des Privaten immer hemmungsloser vollzogen wurde. Das wohl einschneidenste Ereignis war der Fall der Berliner Mauer, bei dem privater Einsatz staatliche Strukturen veränderte. Seit der konkreten Realisierung der archetypischen Dynamik der Krebs-Steinbock-Achse auf der Weltbühne ist diese Welt eine andere, und zwar die öffentliche wie auch die private, denn die Globalisierung nahm Fahrt auf – mit allen Vor- und Nachteilen.

Mit dem Internet als Katalysator setzte sich die Schwächung Saturns auf beschleunigte Weise fort und die Nicht-Unterscheidung zwischen Privatem und Öffentlichem wurde quasi die neue Norm. Im Ergebnis entstand beim einzelnen Menschen das Gefühl von *Nicht-Existenz im Falle von Nicht-Öffentlichkeit* mit gleichzeitiger Sehnsucht nach äußerer saturnischer Strenge. Dieser Zusammenhang lässt sich beispielsweise gut an der Medienwelt beobachten, die den Sektor „Öffentlichkeit" zu einem inzwischen beherrschenden Teil darstellt. In zahlreichen Formaten wird das Private weitgehend ungefiltert veröffentlicht, und auf der Suche nach neuen Themen wurden sowohl die Formate als auch Moderatoren und Gäste immer kindlicher – und kindischer. Zugleich rückte das Thema Kind generell in den Brennpunkt der öffentlichen Aufmerksamkeit, sei es durch grausame Verbrechen an oder von Kindern, durch die Aufdeckung ihrer weltweiten Ausbeutung oder durch ihre Vermarktung und Entdeckung als Konsument, Performer, Leistungsträger oder Weltretter.

Der Arbeitsmarkt blieb ebenfalls nicht außen vor. Hier machte sich zunehmend ein Klima breit, das von den Arbeitnehmern *unabhängig von der Position in der Hierarchie* eine hohe Identifikation mit dem Unternehmen einfordert – einschließlich der Bereitschaft, Privates für Berufliches zu opfern bzw. *nicht mehr dazwischen zu unterscheiden.* In der Politik entscheidet seither ebenfalls zunehmend die öffentliche Darstellung „korrekten" Privatlebens, „korrekten" Aussehens, „korrekter" innerer Haltung, „korrekter" Kleidung und „korrekter" Sprache – anstelle echter Inhalte (Krebs) wie fachlicher Qualifikation und persönlicher Integrität – über Popularität, Aufstieg und Fall. In die Gesellschaft hat sich das fortgepflanzt mit der generellen Forderung nach einem „korrekten" Lebensstil, der nahezu jegliches Verhalten und jede persönliche Entscheidung sozialpflichtig und zum Gegenstand öffentlichen Urteils macht.

Eine schwache Position Saturns führt zur relativen Aufhebung der Pole (Schwächung der Unterscheidungsfunktion) und hierdurch zu einer merkwürdigen Mischung von kindischen Erwachsenen und alten Kindern[26]. Die Beispiele sollen lediglich dazu dienen, die Notwendigkeit der Unterscheidung der Pole zu erkennen – denn im Grunde führt die zurückliegende Entwicklung direkt zu der heutigen kollektiven Besorgnis. Reimer Gronemeyer beschrieb das bereits 1996 sehr drastisch: „Die Infantilen durchsetzen die Gesellschaft und ergreifen die Herrschaft. Herrschaft? Das ist ja schon ein falsches Wort aus einer Zeit, als es noch Erwachsene gab. Am Ende kann weder von Herrschaft noch Gesellschaft die Rede sein: Alles wird einem glibberigen Gel ähnlich."[27]

Aktuell mündet die Dynamik in der allgemeinen Unsicherheit darüber, was „man überhaupt noch ernst nehmen kann". Diese Entwicklung ist

26 Vgl. hierzu Peter Polt: "Bunte Smarties-Welt", erschienen in merCur Heft Nr. 2, 1998.

27 Zitiert in "Bunte Smarties-Welt": Reimer Gronemeyer: Alle Menschen bleiben Kinder, Verlag Metropolitan.

typisch für Wendezeiten und vollzieht sich zum größten Teil in Unbewusstheit ihres vielschichtigen Ausmaßes. Sie wird letzten Endes das einzelne Individuum dazu zwingen, zu lernen, im eigenen Bewusstsein und auf eigene Verantwortung zwischen sich und der Öffentlichkeit zu unterscheiden – ein Prozess, der die wassermännische Zukunft prägen wird.

Eine gesunde Saturnfunktion entscheidet im Sinne des eigenen und des kollektiven Wachstums und Schutzes, was auf welche Weise dem Licht der Öffentlichkeit preisgegeben wird. Sie konzentriert das Innere auf das Wesentliche und wählt für das Herausgehen an die Öffentlichkeit eine Form, welche die Entfaltung unserer Seele *stärkt* und nicht gefährdet, und welche dem Ganzen dienlich ist. Bei diesem Prozess schöpft Saturn zum einen aus dem Innen, da hier sein „Grundwerkstoff" liegt, ohne den er gar nicht agieren *kann* (s. Kap. 2).

Zum anderen greift er auf die Wahl- und Bewertungsfähigkeit der Waage zurück und auf den Mut und die Tatkraft des Widders. Sich selbst auf eine geglückte Weise an die Öffentlichkeit zu bringen, d.h. mit der Gesellschaft zu interagieren, ohne Schaden zu nehmen und auch ohne Schaden zu verursachen, ist im Wesentlichen eine Funktion des kardinalen Kreuzes und somit ein spannender und spannungsreicher Prozess. Eine mundane Schwächung Saturns ändert nichts an der Existenz des Prinzips der Öffentlichkeit, aber sie ändert etwas an seiner Qualität. Außerdem ändert sie auch etwas an der Qualität des gesamten kardinalen Kreuzes und an der Qualität des Privaten.

Unter der mundanen Schwächung Saturns leiden als Teil des kardinalen Kreuzes zugleich die Prinzipien Waage und Widder: Sowohl die Beziehungsfähigkeit als auch die Frage der persönlichen Motivation laufen aus dem Ruder und versacken in einer schwachen, kindlichen bis kindischen, hilflosen und nach idealen Elternfiguren rufenden Haltung, die dann jedoch nicht selten von recht zweifelhaften Gestalten befriedigt wird. Hierfür stehen auch das Aufkommen des Nationalismus, die Sektenanfälligkeit, der Drogenkonsum, die Model-Idealisierung, die Zeitgeist-, Mode- und Newsabhängigkeit und andere in den 1990ern begonnene Entwicklungen.

Für den einzelnen Menschen mit seinem ganz gewöhnlichen kleinen Leben hat das nicht selten zur Folge, dass man nicht mehr weiß, wer man denn privat eigentlich ist. Wirklich privat, authentisch, intim und sich selbst und anderen nah zu sein, wird für die Psyche zunehmend schwieriger, da die kollektive Veröffentlichung des Privaten dazu führt, dass nahezu alles mit Normen befrachtet wird – sei es die gestylte Wohnung, die Unterwäsche, die Art ein Baby zu stillen, die Nahrung, die Art zu kochen, zu schlafen, zu schmusen, zu lieben, zu küssen, sich zu entspannen, mit den eigenen Gefühlen umzugehen, Kinder zu behandeln, sich wohlzufühlen und so weiter. Nichts ist mehr unkommentiert, ungeprüft, unverglichen, für eine statistische Erfassung und zahllose Ratgeber zu gering. Saturns kollektive Schwäche führt dazu, dass er „verwässert" und in Bereiche eindringen kann, in denen er nichts zu suchen hat. Das saturnische Raster liegt in unserer überinformierten Gesellschaft nun auf dem Intimsten, nämlich auf den ursprünglichsten Regungen unserer Seele.

Indem das Private öffentlich wurde, wurde es für viele einfach zerstört. Kaum jemand weiß heute noch, was es bedeutet, schlicht in sich selbst Zuhause zu sein und *sich zuzuhören*. Aus diesem Defizit heraus sind inzwischen ganze Wirtschaftszweige entstanden, die versuchen, den Kontakt zur eigenen Seele durch Konsum oder Dienstleistung zu funktionalisieren.

Es ist wichtig zu erkennen, dass nicht die Dominanz Saturns dazu geführt hat, sondern seine Schwächung (natürlich neben anderen kollektiv wirksamen Konstellationen). Die beschriebene kollektive Entwicklung, die seit Anfang des Jahrtausends sprunghaft fortschreitet, mag notwendig sein, um den Anforderungen eines neuen Zeitalters folgen und überlebte Formen auflösen zu können. Nur – ohne Form geht es nicht.

Die *Abwesenheit von Konzentration* führt unter anderem dazu, dass wir uns vollkommen veräußerlichen und dann unter der inneren Leere leiden. Solange wir jedoch unserer Seele nicht glaubwürdig vermitteln können, dass wir über eigene Kompetenz und Urteilskraft verfügen, regt sich nur wenig aus unserem Inneren. Hier ist dann unbewusste und innere Verweigerung das letzte Hilfsmittel, zu dem die Seele greift, um sich vor Zwangsouting und Normüberfrachtung zu schützen. Bar einer verlässlichen und gesunden Saturnfunktion können wir uns nicht mehr spüren und werden letztendlich seelenlos.

Wir können das Private, Innere und Authentische am besten wahrnehmen und wachsen lassen, wenn wir akzeptieren, dass es die Öffentlichkeit gibt und dass sie das *Gegenteil* von Privatheit ist. Erst dann können wir aus Fürsorge uns selbst gegenüber unsere Privatheit schützen, indem wir ihr Zeit und Raum geben und der Öffentlichkeit in konzentrierter und reduzierter Weise begegnen. Das mag solange einengend klingen, wie wir die Versagungen und Bevorzugungen unserer Kindheit nicht relativiert haben und immer noch an jeder nur denkbaren Stelle nach dem „besseren" Zuhause suchen, als wir es gehabt haben. Und solange wir – ganz im Sinne unserer Konsumgesellschaft – daran glauben, dass „mehr" immer gleichbedeutend mit „besser" ist. Die eigene Kindheit als das zu akzeptieren, was sie war, nämlich *Kind*heit – öffnet uns den Blick für die gegenwärtige Realität unseres Lebens als den einzigen Ort, an dem wir mit Befugnis etwas tun können und genau dies auch von uns gewollt ist.

In diesem Sinne ist das Hinaustreten an die Öffentlichkeit der selbstbestimmte Eingriff eines Erwachsenen in die Welt unter zeitweiser Zurückstellung privater Bedürfnisse. Das ist keine Einengung, sondern ein Akt der Reife und Befreiung, den wir nicht an unsere Kinder delegieren können. Auf eigene Verantwortung schaffen wir Räume sowohl für das Private als auch für das Öffentliche. Die saturnische Fähigkeit, öffentlich zu sein – also sich auf die Gesellschaft einzulassen –, entsteht durch Unterscheidung und Verbindung der Pole Krebs und Steinbock – jedoch nicht durch deren Vermischung. Sie erfordert den fortwährenden alchimistischen Prozess des kardinalen Kreuzes, dem die Energie der Waage auf ihre Weise ebenfalls zuarbeitet.

c. Die Sache mit dem Maß

Das Zeichen Waage bildet sowohl zum Steinbock als auch zum Krebs archetypisch einen Quadrataspekt. Im Grunde ist die Waage hier in ihrem Element, denn wo es keine Spannung gibt, gibt es auch nichts zu harmonisieren. Im inneren Klima empfinden wir den Steinbock in Beziehung zur Waage jedoch deutlich anders als in seiner Beziehung zum Krebs. Letztere ist trotz aller Gegensätze von Einheit und gegenseitiger Bedingung geprägt. Waage und Steinbock jedoch empfinden sich gegenseitig oft nur als ein ärgerliches Hindernis.

Der eigentliche Grund für die Spannung liegt zum Teil darin, dass es sich beim Zeichen Waage – im Gegensatz zu Krebs und Steinbock – um ein Yang-Zeichen handelt. Die Wirkweise des Steinbocks in Bezug zur Waage ist also immer eine begrenzende, aufhaltende. Die Steinbock-Energie setzt nicht dort an, wo wir durch ein „Zuwenig" aus dem Lot geraten sind, sondern durch ein „Zuviel". Sie verhält sich in unserem Leben ähnlich wie ein Arzt, der dem kranken Menschen erst einmal nahelegt, zu fasten, mit dem Rauchen aufzuhören oder weniger zu arbeiten, kurzum: Dinge zu unterlassen. Solche Vorschläge sind in der Regel sehr unpopulär, selbst wenn nach ihrer Verwirklichung ein neues Gleichgewicht winkt.

Unser innerer Saturn kann das Thema „Gleichgewicht" nicht ignorieren, da er sonst einen Teil seiner Existenzberechtigung verliert, schließlich verhärtet und dadurch im Endeffekt arbeitslos wird. Ebenso kann das Waagezeichen den Faktor „Begrenzung" nicht ignorieren, da sonst die Schwankungen ein immer extremeres Ausmaß annehmen und wir wie in einer Zentrifuge der Fliehkraft ausgeliefert sind, welche die Pole auseinander treibt und Begegnung mehr und mehr unmöglich macht. Wenn wir dem archetypischen Konflikt zwischen Waage und Steinbock etwas auf die Spur kommen wollen, hilft es, deren Gemeinsamkeiten zu benennen.

Zunächst sind es beides kardinale Zeichen, d.h. ihnen ist die gleiche, grundsätzliche Haltung zu eigen, wenn sich ihr Thema auch unterscheidet. Während Waage zum Anderen strebt, strebt Steinbock zum Bewusstsein. Jedoch wirklich einig sind sie sich in der Lokalisation in der zweiten Tierkreis-Hälfte. Das bedeutet, dass beide Zeichen in der Lage sind, über persönliche und vom Ego bestimmte Motive hinauszugehen. Es liegt im Interesse beider Qualitäten, zu messen. Waage sucht das Du, um sich selbst zu relativieren, um über die Begegnung mit Anderen Impulse für die persönliche kleine Welt zu erlangen, damit diese in Bewegung bleibt und wachsen kann. Der oder die Andere, die Welt außerhalb unserer selbst, ist für die Seele ein Mittel, um sich selbst bemessen zu können – und ihr Instrument dafür heißt Waage. Steinbock hingegen sucht – als kardinales Folgezeichen der Waage – nach dem *rechten* Maß in Relation zu einer übergeordneten Ordnungsvorstellung. Hier sind natürlich jede Menge Fallen aufgestellt, und es ist einleuchtend, dass der Umgang mit dem rechten Maß wesentlich von unserer Saturnqualität abhängt. Wir können jedoch bereits an der Qualität unseres Saturns arbeiten, wenn wir die Beziehung Waage-Steinbock von einer Konfliktbeziehung zumindest in gegenseitige Akzeptanz umwandeln. Dazu ist im Grunde nicht mehr nötig als eine Entscheidung. Wenn unsere nach Bequemlichkeit und Leichtigkeit strebende Seite (Waage) das Anliegen Saturns als berechtigt akzeptiert, kann sich Venus auch sinnlich entfalten (durch die Beziehung zum Erdelement) und der Schönheit eine sichtbare Form gegeben werden. Wenn unser innerer Saturn das Anliegen der Waage-Energie als berechtigt akzeptiert, gerät er vor allem nicht in Gefahr, zu erstarren, denn die „Störungen" aus der Waage-Ecke sorgen für stete Bewegung und Begegnung mit dem Fremden.

Steinbocks Suche nach dem rechten Maß kommt der permanenten Anwendung des goldenen Schnitts gleich. Würde diese Anwendung wirklich ungehindert vollzogen werden können, lebten wir in einer Welt der ästhetisch-künstlerischen Form, der abstrakten Perfektion, der mathematischen Glätte und – trotz aller Schönheit – der Kälte. Das wäre ein perfektes, in sich abgeschlossenes System, das Reich der Schneekönigin, in dem eisige Schönheit, aber keine Liebe zu finden ist. Ein solcher „Vertrag" zwischen Waage und Steinbock offenbarte dann lediglich die Unfähigkeit, die Spannung zwischen diesen Energien auszuhalten. Die Spannungsbeziehung der Waage zum Krebs und die doppelte Herrschaft der Venus (in Waage und Stier) beinhalten jedoch den Auftrag, das rechte Maß am einfachen und natürlichen Leben und an der Wechselhaftigkeit der Bedürfnisse auszurichten.

Somit lehrt Waage den Steinbock, dass es zwar ein rechtes Maß geben kann, dass es jedoch niemals von Dauer ist, sondern immer dem veränderlichen und ursprünglichen Leben gerecht werden muss. So wie all die schönen Schneekristalle schmelzen, wenn der kleine Held des Märchens zu weinen beginnt (wenn die Wasser der Seele wieder fließen/

Krebs), müssen letztendlich auch all die schönen Zivilisationen und Strukturen vergehen, wenn die Seele, wenn ganze Völker oder wenn die Natur (alles Krebs) ihre Kraft ausdrücken. Deshalb sind all unsere Gesetze nur *Versuche*, Gerechtigkeit zu schaffen und ihre *fixierte* Existenz auch eine Basis für die Ungerechtigkeit.

Es wäre jedoch dem Leben nicht dienlich, würde der Friede das Maß aller Dinge sein. Mit einer solchen Behauptung macht man sich über das Menschsein Illusionen und ignoriert die lange und kriegerische Geschichte des menschlichen Zusammenlebens sowie die Aggression und die menschliche Bequemlichkeit als gegebenen Faktor. Ähnlich wie das Waage-Zeichen die Spannung 4/10 mit etwas Abstand betrachten und mit der Wahl einer passenden Strategie harmonisieren kann, so kann das Steinbock-Zeichen die Spannung 1/7 mit etwas Abstand betrachten und Aggression *und* Zuneigung als Realität erkennen. Saturn erkennt in ihnen den wesentlichen Kern, nämlich die Notwendigkeit des Wechselspiels von Vereinzelung und Beziehung.

Aus dieser Haltung erklärt sich die oft geschmähte saturnische Härte: Durch seine direkte Beziehung zum Urgrund (Achse 4/10) beschränkt er als Teil des Lebensmotors die Wirkung der Waage. Diese Reduktion gibt automatisch ihrem Gegenpol Widder Raum, so dass die Taten eines Einzelnen greifen können. Geschieht dies innerhalb eines Klimas gegenseitigen Respekts (s.o.), baut Saturn hierbei auf den Bewertungen der Waage auf, die ihm wie keine andere Energie mitteilen kann, wo was zuviel ist. Zwar ist Saturn auf dem Ohr taub, wo etwas zuwenig ist, doch hat die Waage hierfür die freundliche und stets selbstverständlich fließende Sextil-Beziehung zum Schützen (Mehrung) als Adresse.

Im Umgang mit der Polarität hat Saturn in Waage seine stärkste Verbündete, denn sie sitzt an jener Schwelle, an welcher der Mensch die Sicherheit seiner Ich-Welt tatsächlich verlässt. Während Waage in der *Dualität* lebt, dient diese Saturn als Mittel, um die Seele zur Erkenntnis der Polarität und über sie hinauszuführen. Unser Lebensweg sieht vor, jene Dimension zu erreichen, in der die Gegensätze transzendiert werden. Hierbei fällt Saturn die undankbare Aufgabe zu, unsere Beziehungen zur Außenwelt, unseren Drang nach Harmonie, unsere Vorstellungen von Schönheit oder von der „Leichtigkeit des Seins" zu mäßigen, sobald sie drohen, uns in die Einseitigkeit zu entführen. Dabei ist ihm die Fähigkeit der Waage, zu gewichten, eine unverzichtbare Voraussetzung. Saturn entscheidet jedoch, wann etwas genug Gewicht hat und initiiert die Umkehrbewegung. Nach diesen Betrachtungen ist es einleuchtend, dass die Beziehung zwischen Steinbock und Waage gespannt sein muss, sonst gäbe es womöglich in trauter Eintracht eine ewige Dauer des Gleichgewichts, was nichts anderes bedeutet als ein statisches Patt, das Ende der Bewegung und des Lebens.

d. Pflicht und Ich

Der noch ausstehende Bezugspunkt bei der Betrachtung des Steinbocks als Teil des kardinalen Kreuzes ist das Widderzeichen. Generell als Punkt des Anfangs gesehen, steht es hier bewusst am Ende dieses Kapitels, um zu verdeutlichen, dass die Energie des Steinbocks stets im Widder münden muss und ihrer bedarf. Regeln aufstellen, Begrenzungen anmahnen, Verantwortung verlangen und all diese saturnischen Dinge bestehen nicht aus Selbstzweck, sondern lassen sich innerhalb des Themas dieses Kapitels am ehesten mit dem Steinbock-Wort „Pflicht“ begründen.

Das Wort Pflicht beinhaltet die Forderung nach aktivem Verhalten. Es klingt widersinnig, wenn wir sagen würden, dass jemand die Pflicht hat, etwas zu erdulden oder zu erleiden. Natürlich gibt es Rollenmuster, die so gestrickt sind, aber erstens hält sie niemand auf Dauer aus, ohne krank zu werden und zweitens *lässt sich Aktivität nicht unterdrücken*. Selbst wenn wir einer rigiden und lebensfeindlichen Saturn-Energie (ob innen oder außen) gehorchen, die uns jegliche Taten und eigenständige Entscheidungen verbietet, hört die Aktivität nicht auf. Sie verlagert sich lediglich in den Bereich des Heimlichen oder nach innen in den geistig-seelischen Bereich. Und mit Sicherheit haben diese heimlichen bzw. inneren Aktivitäten Ansprüche des Ichs zum Inhalt – und das mit Recht.

In der psychologischen und häufiger noch pseudoesoterischen Literatur hat das Ich oft keinen guten Ruf – als sei es eine Krankheit, derer wir uns so bald wie möglich entledigen müssten. Auch hier finden wir im Grunde nur die Weigerung wieder, sich dem archetypischen Quadrat zu stellen. Aufforderungen, dem Ich ein Ende zu bereiten, wollen eigentlich nichts anderes erreichen, als der Spannung zwischen Steinbock und Widder endgültig zu entkommen. Paradoxer- und verständlicherweise entwickeln Menschen, die auf diesem Pfade wandeln, oft einen ausgeprägten und überzogenen Egoismus, den sie jedoch nicht erkennen, da er mit Erlaubnis einer scheinbar sozialen oder spirituellen Ideologie praktiziert wird. „Du musst dein Ich töten!“ sagt ihnen ihr Idol, und alle versuchen es kräftig, ohne es zu schaffen.

Sein Ich zu töten bedeutet, seinen Lebenswillen zu töten (und schon sind wir wieder im Kristallpalast der Schneekönigin). Sein Ich zu töten bedeutet, eine Kardinalfunktion aus der Spannung des Lebens reißen zu wollen. Wenn wir uns ein Bein ausreißen, können wir nicht mehr laufen. Wenn wir nichts mehr essen (was ja ein höchst egoistischer und aggressiver Akt ist, vom Töten der zukünftigen Nahrung über das Zerfetzen und Zermahlen mit den Zähnen bis zum achtlosen Hinter-sich-lassen dessen, was wir nicht mehr brauchen...), können wir nicht mehr leben. Es mag vielleicht sein, dass manche echte Gurus selbst darüber hinaus sind, jedoch wird meist übersehen, dass das Bestreben nach Erleuchtung und Vergeistigung stets von der Kraft des Ichs motiviert und angetrieben wird. Den harten und steinigen Weg der spirituellen Disziplin kann erfolgreich nur ein Mensch mit einem ausgeprägten Willen gehen.

Die saturnische Qualität der Verpflichtung *funktioniert nicht* ohne den Tatimpuls des einzelnen Ichs. Ohne die Energie des Widders ist die ganze saturnische Mühe existentiell in Frage gestellt. Wenn eine Person verpflichtet ist, ist es ihre Aufgabe, innerhalb eines gemeinschaftlichen Kontextes etwas ganz Bestimmtes zu tun. Pflicht obliegt immer einem Einzelnen oder mehreren, jedoch benennbaren Personen. Pflicht impliziert immer eine Tat, denn der Aufruf zur Verpflichtung richtet sich schlussendlich immer an das *Verhalten.* "Es gibt nichts Gutes außer: Man tut es."[28] Wenn wir unsere Pflicht vernachlässigen, heißt das, dass wir passiv sind wo wir aktiv sein sollen. Ähnlich wie bei den Ausführungen über Verantwortung (s. Kap. II.2.e) ruhen wir bei Pflichtverletzungen nicht eher, bis die betreffende/n Person/en ausgemacht wurden.

28 Erich Kästner, Epigramm „Moral“ aus der Sammlung „Kurz und Bündig“

Saturns Beziehung zum Widder ist jener Aspekt des umlaufenden Quadrates, der uns in unserer heutigen Gesellschaftsstruktur am meisten zu schaffen macht. Hier steht das einzelne Ich mit seinem Drang nach Aktion *aufgrund eigener Motive* der scheinbaren Übermacht gesellschaftlicher Regelungen und Ansprüche gegenüber. Zum einen schwingt bei der Spannung Ich – Gesellschaft noch die unbewusste Scham über den Fluch der christlichen Erbsünde mit (da haben wir ja schon mal gesehen, was eigenwilliges Handeln nach sich ziehen kann – und wer will schon den Zorn Gottes auf sich ziehen?), zum anderen versuchen viele, unsere kriegerische Zeit durch kompensatorische persönliche Friedfertigkeit zu verbessern. Sie leben dann in dem Glauben, dass es den Opfern der weltweiten Aggressionen helfen würde, wenn sie sich von ihrem Nachbarn, der Chefin, dem Partner oder den Sitznachbarn im Bus alles gefallen lassen.

Auf diese Weise wähnt man sich zwar in dem Glauben, „ein bisschen Frieden“ in die Welt zu bringen, vergisst dabei jedoch, dass auch die Waage, welcher der Friede astrologisch zugeordnet ist und die eine Meisterin der Strategie sein kann, ein aktives Yang-Zeichen ist. Das Ergebnis solch kompensatorischer sogenannter Friedlichkeit ist nicht selten eine beachtliche Fähigkeit zu passiver Aggression, bei welcher der verpönte Widder durch die Hintertür der Feigheit wieder hereinkommt. Das schürt im Gegenüber letztlich Wut und stiftet Unfrieden, was man dann aber dem anderen anlasten kann.

Ebenso wie das Steinbock-Zeichen von der Gewichtungsfähigkeit der Waage existentiell abhängt, hängt es auch existentiell davon ab, dass der oder die Einzelne den Mut hat, sich aufzulehnen und zu kämpfen. Auf diese Weise gewinnt das Ende, das Steinbock setzt, in dem durch den Widder vollzogenen Anfang erst einen Sinn im Ganzen. Dass jeder Beginn, jede mutige, erste Tat immer auf Motiven des Ich fußt, ist so selbstverständlich wie dass ein Fisch schwimmen kann. Wenn wir persönlich nichts davon haben (was auch immer uns als wertvoll erscheint), haben wir keine Kraft, etwas zu tun – und können somit auch nichts beginnen. Damit kann nichts entstehen, das möglicherweise auch einmal der Gesellschaft zugute kommen könnte. Ohne den Pioniergeist des Einzelnen ist Saturn nichts, und deshalb besteht in uns allen das unbequeme Gefühl der Pflicht zur Tat als eine Kardinalspannung des Lebens.

Wir dürfen nicht vergessen, dass die saturnische Energie wie jede andere im Dienste unseres Lebens steht und daher aus sich selbst heraus dem Stillstand entgegenwirkt. In ihrer Beziehung zum Widder tut sie das auf paradoxe Weise: Durch Widerstand wird der Kampfgeist gestärkt, durch Beendigung werden Anfänge ermöglicht. Wenn wir der Tierkreisdynamik vom Steinbock zum Widder folgen, durchlaufen wir die Zeichen Wassermann und Fische und können daher keine Logik erwarten. Hier wird klar, dass die Dynamik unserer Seele und lebendiger Prozesse schlechthin sich rationaler Logik entziehen und dass unsere *Impulse* zur Tat in diesem Sinne nicht logisch oder vernünftig zu begründen sind, im Gegenteil: Das aktuell noch populäre Dogma der Logik und rationalen Erklärbarkeit von Motiven bremst und blockiert jegliche persönliche Initiative.

Der französische Philosoph Pascal Bruckner beschreibt diese Paradoxie des IV. Quadranten unter der Überschrift „Verantwortungsbewusstsein“ (!) folgendermaßen: „Der Mensch des Abendlandes braucht nicht geschützt zu werden, [...] er braucht Mut, der ihn trägt, Herausforderungen, die ihn wecken, Rivalen, die ihn beunruhigen, stimulierende Feindseligkeiten, nützliche Hindernisse. Er muss ein Wesen der Zwietracht bleiben, in sich widersprüchliche Ideale beherbergen, ein Wesen, dessen Konflikte sein Reichtum und nicht sein Fluch sind. Er muss *in sich* einen kleinen Bürgerkrieg austragen."[29] Besser lässt sich die Beziehung Steinbock-Widder kaum beschreiben.

Das Problem für den heutigen Menschen besteht oft darin, die von Bruckner formulierte Forderung, die letztlich eine *Gegebenheit des Lebens* und nicht irgendwelcher Gesellschaftssysteme ist, zu bejahen. In der Astrologie können wir sehen, dass die Themen „Ich“ und „Gesellschaft“ auf spannungsreiche Weise miteinander gekoppelt sind. Im Grunde sagt diese Koppelung nichts anderes als das, was viele Menschen in astrologischen Beratungen suchen: „Du hast eine Aufgabe. Du hast eine Pflicht, etwas Bestimmtes zu tun. Du bist vom Leben auf dich selbst verpflichtet. Du bist ein neuer Anfang des Lebens.“

29 Pascal Bruckner: Ich leide, also bin ich. Die Krankheit der Moderne. Eine Streitschrift. Beltz Quadriga 1996, S. 326, Hervorhebung von mir.

Dass darin Auflehnung und Kampf gegen lebensfeindliche Starre und für neue Strukturen enthalten sind, ist zwar selbstredend, gefällt dem „homo consumicus“ jedoch weniger. „In Europa muss nur die Gefahr von Armut oder Mangel am Horizont auftauchen, schon finden wir wieder wildes Vergnügen an unserer geschwätzigen Mattscheibe und an den Straßen mit Luxusgeschäften. [...] *Deshalb lehnt man sich weniger gegen die Gesellschaft als gegen das Unglück auf, nicht genügend von ihr zu profitieren* und dagegen, dass ihre Wohltaten noch zu wenig Leuten zugänglich sind.“[30]

Auf diese Weise wird die Beziehung Steinbock-Widder nicht auf der Basis unseres tatsächlichen Seins gelebt, denn es wird nicht in Frage gestellt, ob wir das, was die Gesellschaft uns zur Befriedigung unserer Bedürfnisse anbietet, persönlich überhaupt wirklich brauchen. Eine Gesellschaft, die Saturn als die kollektive Pflicht zum Konsum lebt, begrüßt zweifellos eine solche Haltung. Unsere innere Saturn-Energie jedoch, welche unsere Authentizität überwacht, findet dann beispielsweise für unseren wahren Kampfgeist und Mut womöglich nur noch unser Immunsystem als Forum und „segnet“ uns mit beispielsweise Allergien. Auch so können wir uns verpflichten, im eigenen Interesse zur Tat zu schreiten.

e. Im Rahmen sein. Sein Kreuz tragen?

Konzentration - Öffentlichkeit – rechtes Maß – Pflicht... wenn wir die saturnischen Themen des kardinalen Kreuzes zusammenfassen, kann mitunter das Gefühl entstehen, dass das Leben eine Last ist und dass wir alle unser Kreuz zu tragen haben. Ohne unser Kreuz, unser Rückgrat, ginge es uns jedoch erst tatsächlich wirklich schlecht. Unser Verhältnis zum Kreuz hängt auch von unserer Vorstellung des Paradieses ab und betrifft astrologisch gesehen vor allem unsere neptunische Seite.

Der kollektive Seufzer über die Schwere des eigenen Kreuzes kommt uns deshalb oft so leicht über die Lippen, weil wir uns damit in der mehr als zweitausendjährigen Tradition des vergehenden Fischezeitalters und der Leidenstradition des Christentums befinden. Insgeheim fühlen wir uns bei solch einem Stoßseufzer doch ein bisschen wie Jesus, durch

30 Pascal Bruckner: Ich leide, also bin ich, a.a.O., S. 84, Hervorhebungen von mir.

das Leid geadelt und durch die Schwere unseres Schicksals dem Heiligen ein bisschen näher. Dass wir uns an diesem Vorbild übernehmen und uns dann das Kreuz ganz menschlich weh tut, ist kein Wunder.

> Im frühen Christentum war das Kreuz ein Zeichen des Sieges, ebenso wie der Fall Adams als "felix culpa", die gesegnete Sünde gefeiert wurde, da sie den ersten Schritt in der existentiellen Entwicklung des Menschen darstellte. Diesen frühen Optimismus schöpfte das Christentum aus dem Wunder der Auferstehung Christi, auf dem zunächst sein Schwerpunkt lag. Erst im Verlauf der Jahrhunderte verschob die institutionelle Kirche den Schwerpunkt auf das Leiden Christi, des Menschen Schuld daran und daraus ableitend seine Pflicht zur Buße. Richard Tarnas beschreibt dies und mehr in seinem inzwischen zum Klassiker gewordenen Buch: Idee und Leidenschaft. Die Wege des westlichen Denkens; Zweitausendeins Verlag, Frankfurt 1998.

Allein das Bild des umlaufenden Quadrates im Tierkreis mit dem Zeichen Steinbock am Gipfelpunkt gibt uns einen Hinweis auf den dynamischen Umgang mit dem Erdenleben: Wir wachsen durch die Form. Wir kommen weiter, wenn wir im Rahmen sind. Spüren wir bei diesen Aussagen einen inneren Widerstand, zeugt das davon, dass wir einem statischen Weltbild anhängen und uns möglicherweise gar nicht vorstellen können, dass auch ein Rahmen sich verändert und entwickelt. Die innere Dynamik des kardinalen Kreuzes lässt sich mit den Worten Bert Hellingers in etwa folgendermaßen beschreiben: Wenn uns das Richtige keine Wahl mehr lässt, wagen wir den nächsten Schritt.

Wenn wir keine Wahl mehr haben (Steinbock/Waage), tun wir das Notwendige (Steinbock/Widder). Natürlich fühlen wir uns dabei gefordert (Steinbock/Krebs), doch es liegt an uns, ob wir den Rahmen (die Forderung) konstruktiv und kreativ zu unserer eigenen Entwicklung und Bewusstwerdung nutzen oder ihn destruktiv und deprimierend (als Enge) wirken *lassen*. Entscheidung und Tun bringen uns immer auf die kreative und vor allem aktive Seite. Auf dieser Seite sind wir nicht mehr ausgeliefert, sondern meistern Saturns Prüfungen. Und genau dieses Verhalten ist in der Folge Steinbock – Widder angelegt, genau das fordert Saturn von uns: die passive Leidenshaltung abzulegen und zur rechten Zeit mutig einen neuen ersten Schritt über die jeweils alten Rahmen hinaus zu wagen. Auch das ist – wie alle Angelegenheiten des kardinalen Kreuzes – oft unbequem. Es ist jedoch zugleich die einzige Quelle von Kraft und Selbstvertrauen.

Saturns Bemühungen um Ordnung und Struktur liegt das Wissen zugrunde, dass alles Leben dynamisch ist und dass jede Struktur nur gesund ist, wenn sie anpassungsfähig ist. Jeder Mensch hat seinen eigenen Rhythmus, sein eigenes Tempo, in dem er die Entscheidungen seines Lebens fällt und vollzieht. Jeder Mensch kommt in seinem eigenen Tempo an jenen Punkten an, an denen das Richtige ihm keine Wahl mehr lässt, um dann entschieden zu handeln. Jedoch die Wenigsten in unserer hektischen Gesellschaft achten auf diese Momente. Der belastende Rahmen, das *belastende* Kreuz ist eben jener veräußerte, formalisierende und vom Ganzen getrennte Saturn.

Dieser setzt beispielsweise unflexible (weil teure) Maschinenausnutzungszeiten als Norm, an die sich der lebendige Mensch anpassen muss, auch wenn es ihn seine Gesundheit kostet. Einem solchen – verzerrt gespiegelten – Saturn ist hier dann die Gesundheit des Kontos wichtiger als die des Lebens. Es kann im Grunde nicht oft genug wiederholt werden, dass es die Absicht des authentischen und inneren *Saturns* ist, diese Veräußerungen seiner Kraft, das Leben zu meistern, zu entmachten. Solange äußere Regeln über Gebühr über unser Lebenstempo (als Geschwindigkeit *und* Zeit) bestimmen, können wir nicht richtig entscheiden. Dann wird uns das Leben zur Last, dann bleibt uns der Rahmen zu eng.

Saturn befähigt uns, den Rahmen unseres Lebens zu erkennen und ihn auszufüllen. Auch hier ist seine Vorgehensweise paradox. Das saturnische Sensorium unserer Psyche erkennt, dass die Grenzen, die wir selbst oder andere uns stecken, zu eng und der Entfaltung unserer Fähigkeiten nicht dienlich sind. Wir haben dann oft das Gefühl, dass uns trotz eines hektischen, vollen und möglicherweise überfordernden Lebens eine wirkliche, kraftspendende Herausforderung fehlt. Unser eigentlicher, tatsächlicher Rahmen, den unsere Lebenskraft ausfüllen will, ist viel weiter gesteckt als jener, den uns die Gesellschaft bzw. ein veräußerter Saturn vorgibt.

Ein Rahmen, der uns von außen vorgegeben wird, basiert immer auf den Gewichtungen der Machthabenden. Es gibt niemanden, der in diesen Rahmen passt, aber viele, die sich hineinzwängen lassen. Sie verstümmeln sich wie die Stiefschwestern Aschenputtels die Füße, um in einen Schuh zu passen, der ihnen Reichtum und Macht verheißt. Das heute wirksame gesellschaftliche Ideal des Menschen ist immer noch ein industrielles Ideal, eine beengende, belastende Fiktion, die hauptsächlich aus wirtschaftlichen und politischen Gründen erzeugt und aufrechterhalten wird. Sie hat mit den Begabungen eines einzelnen Menschen nichts zu tun. Ebenso hat die verheißene Macht und der verheißene Reichtum mit der tatsächlichen Macht und dem tatsächlichen Reichtum eines jeden Individuums nichts zu tun. Unsere innere Saturnkraft kennt jedoch unsere tatsächlichen Begabungen, unsere tatsächliche Macht und unseren tatsächlichen Reichtum sehr genau. Sie kennt unser Bedürfnis nach bestimmten Formen der Herausforderung, um an diesen Herausforderungen jene Fähigkeiten entwickeln zu können, die uns fehlen und nach denen wir uns sehnen.

Vieles, was wir bestehen *könnten*, können wir nicht bestehen, weil *wir* uns aufgrund der Bedingungen unseres Lebens die zur Erkenntnis unserer Fähigkeiten benötigten Prüfungen vorenthalten. In einer überfürsorglichen Gesellschaft – mittlerweile zeitgeistig Nanny-State genannt – kann beispielsweise niemand merken, dass er oder sie sehr wohl in der Lage ist, sich erfolgreich selbst zu organisieren. Der sogenannte Wohlstand der entwickelten Länder produziert einen Rahmen, der für die tatsächlichen Fähigkeiten des Einzelnen immer irgendwo zu eng ist. Im Sinne unserer persönlichen Entwicklung geht es uns, wenn es uns schlecht geht, häufig auch zu gut. Wir wagen Wendungen in unserem Leben nicht zu vollziehen, weil wir den Verlust von etwas, das der kollektiven Meinung nach wichtig ist, fürchten. Die Meinung der anderen über uns – die Integration in die gesellschaftliche Norm – ist uns dann meist wichtiger als die Befolgung unserer inneren Stimme.

In solchen Fällen erfahren wir Saturn als Begrenzer. Sein Wirken begrenzt jedoch in Wahrheit den zu engen, fremden Rahmen, dem wir Folge leisten. Er hält sozusagen den Rahmen im Rahmen, damit wir lernen, ihn eigenverantwortlich zu verlassen und in unsere wahrhaftige Form hineinzuwachsen. Das Bild des Schleifsteins, welcher dem Rohdiamanten erst zu seinem strahlenden Licht verhilft, illustriert dieses unangenehme und schwierige Spektrum Saturns auf eine andere Weise. Die schmerzhafte Begrenzung bringt uns durch die Notwendigkeit der Auseinandersetzung jedoch das, was wir erstreben: eine andere, lichtere Form der Existenz.

Nun mag die Frage auftauchen, weshalb man sich denn so sicher sein kann, dass die wahre Form weiter ist als der äußere, fremde Rahmen. Die Antwort ist prosaisch: Um sicher zu sein, muss das Gefühl der Enge genügen. Wir können uns nicht beengt fühlen, wenn nicht etwas zu Großes in etwas zu Kleinem festgehalten wird. So hat beispielsweise jede/r von uns eine oder mehrere „heimliche Lieben", die sich als Talente oder Interessen zeigen, welche wir gern entwickelt hätten, wenn „die Bedingungen nicht so ungünstig gewesen wären". Oder es sind Lebensweisen, die wir aus demselben Grund nicht gewählt haben. Kurzum: Es sind Dinge, an denen wir uns haben hindern *lassen*.

Saturn zu entwickeln bedeutet auch, zu erkennen, dass die Bedingungen vor allem deshalb so „ungünstig" waren, weil wir jenen *geglaubt* haben, die ein abwertendes Urteil über unsere Neigungen, Eigenschaften oder Absichten gefällt haben. Je mehr dieses verinnerlichte Urteil schmerzt, umso sicherer können wir sein, dass wir auf dem betreffenden Gebiet über ungewöhnliche Talente verfügen. Umso sicherer ist, dass der fremde Rahmen zu eng ist und in uns etwas (nämlich unsere tatsächliche Lebensform) sehnlichst auf Erfüllung wartet. Mit der üblichen Vorstellung von Sicherheit hat das jedoch nur wenig zu tun.

Sicher im konventionellen Sinne sind wir, indem wir den (von anderen oft mit den besten Absichten) aufgestülpten Rahmen annehmen und uns von ihm begrenzen lassen. Dadurch werden wir *relativ* sicher innerhalb der Gesellschaft, weil wir nicht aus der Reihe tanzen und glauben können, einst dafür belohnt oder zumindest geschont zu werden. Diese Sicherheit ist jedoch illusorisch, weil sie nicht gewachsen, sondern konstruiert ist und von einem äußeren Wertsystem abhängt, das sich jederzeit ändern kann. Die Stiefschwestern Aschenputtels haben den Prinzen nicht gekriegt, trotz der blutenden Füße. Tatsächliche innere Sicherheit über unsere individuelle Beschaffenheit erlangen wir erst durch die eigenverantwortliche Erfahrung des Lebens. Hier geht es um Lebenssicherheit, um die Verwurzelung in sich selbst – jenseits von Belohnung und/oder Bestrafung durch die Außenwelt.

Um jedoch den ersten Schritt in diese Richtung zu wagen, brauchen wir vor allem ein starkes Rückgrat. Ein aufrichtiges Kreuz, das sich nicht mehr duckt vor Urteilen und Bewertungen, sondern prüft, ob manche Sünden nicht tatsächlich gesegnet sind. Das ist nicht einfach, denn es setzt uns zunehmend der moralisch riskanten Freiheit aus. Dazu benötigen wir vor allem die in diesem Kapitel beschriebenen Fähigkeiten Saturns, denn wir brauchen inneren Halt. Mit zunehmender Erfahrung erkennen wir die Passgenauigkeit, Flexibilität und Weite unserer tatsächlichen Form und spüren die Tragfähigkeit unseres eigenen Kreuzes. Es liegt an uns. Wir müssen nur aufhören wollen, zu leiden.

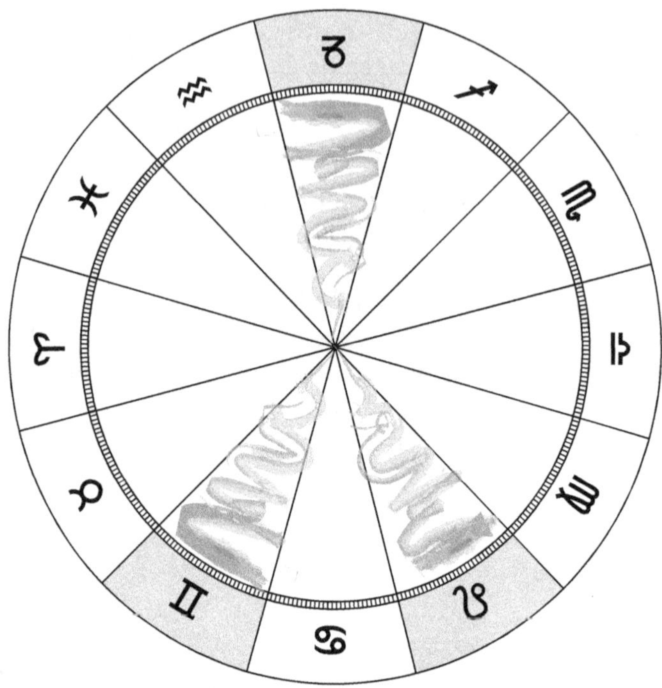

4. Im Visier: Steinbock, Zwillinge und Löwe

Das Verhältnis von Steinbock, Zwillinge und Löwe untereinander ist einer unauffälligen Reizbeziehung ähnlich. Die Verbindung dieser drei Qualitäten hat nicht die Intensität des kardinalen Kreuzes und auch nicht die Unausweichlichkeit einer Oppositionsachse. Saturns Heimat ist in der jetzigen Figuration eher passiv angesprochen – quasi als Zielscheibe der beiden Yang-Zeichen Zwillinge und Löwe. Doch nach soviel vorangegangener saturnischer Präsenz und Notwendigkeit ist es wichtig, die zehnte Energie auch als eine empfangende Qualität zweier miteinander „verbündeter" Tierkreisenergien wahrzunehmen.

Zwillinge und Löwe bilden im archetypischen Tierkreis ein Sextil zueinander, zudem bilden beide zum Steinbock einen 150° Aspekt, ein Quinkunx. Eine solche Aspektverbindung dreier Zeichen wird auch „Yod" oder „Finger Gottes" genannt, und im Bild dieser Aspektkonstellation wird schnell deutlich, wer hier auf wen zeigt. Das Zeichen

Steinbock ist nicht nur grafisch, sondern auch energetisch im Visier jener Kräfte des Tierkreises, die wir am ehesten mit den Qualitäten Beweglichkeit und Schöpfertum assoziieren.

So wie der Steinbock den Krebs als innere Nahrung, als inneren Auftraggeber der zu gestaltenden Form benötigt, so bedarf er auch der Anregungen zur Veränderung durch die nach außen gerichtete Neugier der Zwillinge, und er bedarf der kreativen Mitsprache des Lustfaktors durch den aus Freude handelnden Löwen. Schon in dieser Interpretation der Yod-Verbindung wird deutlich, dass Formalität, gesellschaftliche Etablierung, Autorität, Hierarchie und dergleichen saturnische Dinge auch Angelegenheiten der persönlichen Darstellung und des nach Ausdruck strebenden Ichs sind. Ohne diese Triebkräfte würde Saturn bald von den Bedürfnissen des Ich abgekoppelt und als eine fremde Last empfunden.

Was macht nun den Charakter des Yod aus? Quinkunx-Aspekte wirken unterschwellig und unauffällig, wohingegen Quadrate, Oppositionen und Konjunktionen in ihrer psychischen Wirkweise meist viel lärmender und drängender sind und daher häufig die Aufmerksamkeit vom stillen Wirken des Visier-Aspektes abziehen. Der 150°-Aspekt gehört zu den Spannungsaspekten, wird jedoch eher wie eine stete leichte Unzufriedenheit empfunden. Diese Unzufriedenheit erreicht nicht eine solche Intensität, dass ihr dramatische Gesten, explosive Ausbrüche oder radikale Veränderungen folgen. Ebenso ist das Sextil eine stillschweigende, selbstverständliche und undramatische Übereinkunft, mit der auch nicht Freudenausbrüche, Lachanfälle oder Liebeserklärungen einhergehen. Genau diese unauffällige Selbstverständlichkeit macht das Yod trotz seiner Unbehaglichkeit so wirksam und erfordert zur Bewusstwerdung dieser Energieverbindung meist einige Mühe.

a. Schicksal

Unauffällige Freundschaften, wie hier die zwischen Zwillinge und Löwe, sind angenehm und werden daher selten hinterfragt. Bleiben sie unbewusst, kann es allenfalls dazu führen, dass das Potential von Sextilverbindungen nicht erkannt und eine vorhandene Kraft nicht aktiv genutzt wird. Das Zeichen Steinbock steht nun in diesem Dreiecksverhältnis im Zielpunkt dieser beiden „Freunde". Beiden geht die zehnte Energie ein wenig „auf die Nerven", sie ist quasi ihr gemeinsames Feindbild, ohne dass jedoch die Notwendigkeit zum Kampf besteht. Und auch Saturn hat seine Mühe mit dem seiner Ansicht nach so oberflächlichen Zwillings- und so eitlen Löweprinzip. Somit ist eines klar: Bequem ist das Yod für keine der beteiligten Energien. Ihre gemeinsame Existenz im Kreis des Ganzen führt innerpsychisch zu einer hohen Sensibilität für das Unbehagen, welches durch die Einschränkung der Bewegungs- und Handlungsfreiheit und aus dem Verlust des inneren Rückhalts entsteht.

Da die Spannung eines Yod jedoch nicht als so stark empfunden wird, dass sie zu einer innerpsychischen Unterbrechung des Kontaktes führen kann (was bei Quadraten, Konjunktionen und Oppositionen z.B. mittels Projektion leichter geschehen kann), zugleich aber auch nicht so unauffällig ist, dass sie einfach ignoriert werden könnte, stellt das Yod vielleicht am ehesten die Qualität der schicksalhaften Verbindung im Tierkreis dar.

Jedes Tierkreiszeichen ist zweimal als „Bündnispartner" und einmal als „Zielscheibe" in ein Yod eingebunden. Und jene Energie, welche als Zielscheibe fungiert, empfindet die beiden anderen beteiligten Energien am ehesten als Schicksal, als karmische Aufgabe oder einfach als jene Kräfte, mit denen man nie ganz fertig wird und die einem irgendwie immer wieder mit der Aufforderung zur Auseinandersetzung begegnen. Ein stark Krebs-betonter Mensch wird beispielsweise die Begegnung mit Wassermann- und Schütze-geprägten Menschen in dieser Art empfinden, oder eine ausgesprochene Waage die Begegnung mit Fischen und Stieren.

Es ist aber immer unser eigenes, archetypisches inneres „Dreiecksverhältnis", welches auf diese Weise aktiviert wird. Zudem lässt sich, wie oben beschrieben, das Yod nur relativ schwer projizieren, hierzu fehlt ihm – wenn es als Aspektfigur im persönlichen Horoskop nicht mit stärkeren Spannungsaspekten oder abenteuerlichen Planetenverbindungen einhergeht – in der Regel der Druck. Das Yod produziert „ja, aber -" oder „vielleicht -" Aussagen, Zustände, die nie endgültig sind oder einen Abschluss finden. In diesem Zusammenhang ist das Yod, in das der Steinbock eingebunden ist, ausgesprochen aufschlussreich und ein markantes Symbol für die Weisheit der Astrologie.

Dass er in dieses Yod eingebunden ist, sollte uns die Angst vor den dem Steinbock zugeschriebenen Qualitäten wie „Ende“ oder „Stillstand“ nehmen und diese Angst als einen Irrtum unserer einseitigen Denkweise erkennen lassen. Wir können diesem Yod entnehmen, dass keine noch so rigide Norm in der Lage ist, uns innerseelisch von den Qualitäten des Lernens und des Schöpfertums zu trennen. Wie im mythologischen Teil ausführlich dargestellt wurde, ist die Empfindung „Ende“ ohne gleichzeitigen Anfang eher der menschlichen Entfremdung von zyklischer Wahrnehmung zuzuschreiben als der Realität. Das Yod lässt erkennen, dass der Energie des Steinbocks immer wieder und unausweichlich die Qualitäten des Zwillings und des Löwen „zum Schicksal“ werden.

Hieraus erklärt sich ein weiteres Mal der Charakter Saturns als *Schwellenenergie*. Schicksal ist etwas, dem wir nicht ausweichen können, auch durch alle möglichen Tricks nicht. Schicksal ist etwas, das außerhalb unserer Macht steht und einfach verändert, ob wir das wollen oder nicht. Die Energiequalität des Yod ist in diesem Sinne schicksalhaft, da sie keine seelischen Gipfel oder Dramen produziert und auf diese Weise beständig, still, immer ein wenig unbehaglich und vor allem unauffällig wirkt. Im archetypischen Tierkreis stellt das hier angesprochene Yod zwischen Steinbock, Zwillinge und Löwe das menschliche Schicksal dar, die Dynamik sowie die Notwendigkeit unserer Bestrebungen, Integrität und Reife zu erlangen.

Inhaltlich wirkt diese Kombination auf eine Weise, dass unsere persönlichen Anstrengungen, Dauerhaftes im Sinne von Ewigem, Immergleichem und Unerschütterlichem zu erreichen, nie erfüllt werden *können*. Das heißt nichts anderes, als dass *Kompensationen* der Saturn-Energie, die immer Unveränderlichkeit als Motiv haben, scheitern müssen. Hierzu haben sich die Intelligenz (Zwillinge) und die Schöpferkraft (Löwe) in uns verbündet, aktive Yang-Zeichen, die dem Yin-Zeichen Steinbock ihre steten Impulse zukommen lassen und zugleich mit seinen Verkörperungen nie ganz zufrieden sind, *weil* sie eben Verkörperungen und somit fest, statisch oder gar starr sind bzw. diese Tendenz in sich tragen.

Das Leben geht immer weiter, bleibt immer in Bewegung, ist immer produktiv. Das Yod zwischen Zwillinge, Löwe und Steinbock ist beispielsweise ein tragender Grund dafür, dass Künstler mit der Vollendung ihres Werks augenblicklich das schöpferische Interesse daran verlieren und das nächste Projekt zum Zentrum ihrer Handlungen wird. Ebenso gestalten wir im Grunde unser irdisches Leben, das dem „Herrn dieser Welt" Saturn unterstellt ist. Wenn ein Projekt, eine Idee, eine Absicht ausgeformt, konkret und manifest geworden ist, will unsere Seele nicht daran haften bleiben, sondern es verlassen oder verändern. Unser Schicksal auf dem Planeten Erde ist „Weitergehen", was jedoch nur über den Akt der ständigen Verkörperung, sprich der in die Sichtbarkeit getretenen Schöpfung vollzogen werden kann.

Schicksal wird immer dann unangenehm und unbequem, wenn wir den Wirkmechanismus des Yod nicht anerkennen und bejahen. Wenn wir glauben, uns vor der Entwicklung unserer seelischen Saturn-Energie drücken zu können (also lieber anderen die Verantwortung für unseren Lebenslauf überlassen) und auf einer bestimmten Stufe verharren wollen, verlassen uns bald unser Interesse und unsere Freude am Leben. Dieses Verlassen geschieht meist ebenso unauffällig und selbstverständlich, wie das Yod wirkt. Plötzlich stehen wir erschöpft vor Lebensdiagnosen wie Langeweile, Lustlosigkeit oder Vergeblichkeit, ohne erklären zu können, wie das geschehen konnte. Das unentwickelte saturnische Bestreben, zum Denkmal zu werden, lässt das höchst kreative Potential des Yod in depressive Zustände umkippen, wenn es nicht gelebt wird.

Angestrengte Starrheit, die so oft unter saturnischen Vorzeichen zu finden ist, ist nicht notwendig, um unserem Leben eine Kontur zu geben, denn aufgrund unserer Erfahrungen erhält unser Leben von selbst im Laufe der Zeit ein eigenes Profil: indem wir unsere Intelligenz und Beweglichkeit, unsere schöpferischen Fähigkeiten und die Lust am Leben einsetzen – ohne die verschiedenen Unbequemlichkeiten zu scheuen. Erst wenn wir – meist aufgrund eines Ideals – *jetzt* schon bestimmen wollen, welche Kontur herauskommen *soll*, wird Schicksal mühsame Last, da wir unsere formgebende Kraft von den bewegenden und schöpferischen Kräften trennen wollen. Dies jedoch kommt einem Verhalten gleich, bei dem man nicht eher mit etwas beginnt, bevor man sicher ist, für alle Probleme eine Lösung zu haben – also nie.

Diese Haltung eines negativen Saturns ist jedoch zu einem großen Teil allgemein üblich. Bezeichnenderweise hat sie sich im Zuge der Aufmerksamkeitskonkurrenz gerade in der medialen Nachrichtenwelt (Steinbock/Zwillinge) zu einer Art „gutem Ton" entwickelt, der

Seriosität vermitteln soll, jedoch auch den Schatten gesellschaftlicher Depression (Steinbock/Löwe) füttert.

„Nicht an die Möglichkeit einer Lösung zu glauben, das Problem aber dennoch aufgreifen zu wollen, gilt allgemein als blasphemisch, als ketzerisch, auf jeden Fall aber als unmoralisch und schwachsinnig, ja geradezu als absurd", formuliert beispielsweise die französische Schriftstellerin Viviane Forrester bei ihrer Suche nach Ursachen für die Lähmung der Politik gerade dort, wo Handlungen notwendig sind. „Natürlich ist es möglich, dass es keine Lösung gibt; allerdings bedeutet dies meist, dass das Problem nicht richtig gestellt worden ist, dass es nicht da liegt, wo man es vermutet. Wer bereits vor der Untersuchung eines Problems darauf besteht, dass es eine Lösung gibt, und sei es auch nur eine theoretische, behandelt das Problem als ein Postulat, entstellt es sozusagen und weicht damit allen möglicherweise nicht zu umgehenden Hindernissen und den entmutigenden Folgen nur aus. Umgangene Hindernisse sind aber noch lange nicht verschwunden, sondern werden nur größer, heimtückischer."[31]

Dass Forrester dies bereits 1996 formulierte, zeigt die Beharrungskräfte Saturns auf einer gesellschaftspolitischen Bühne, auf der die Anzahl der Akteure seit der Jahrtausendwende dramatisch zunimmt. Dass „Aussitzen" nach wie vor funktioniert, spiegelt jedoch auch die Unbewusstheit der Achse 4/10 auf kollektiver Ebene und damit den unbewussten „Hierarchievertrag" zwischen Regierenden (=Eltern) und Regierten (=Kinder) wider (s. Kap. 2). Es wird der Wassermann-Zeit bedürfen, um sich als Kollektiv auf schöpferische Weise hier heraus zu entwickeln.

Eine spannungsreichere Verbindung zwischen den Energien Zwillinge, Löwe und Steinbock würde die Gefahr in sich bergen, dass ihre Trennung über verschiedene psychische Mechanismen (wie Verdrängung, Regression, Projektion, Somatisierung etc.) bis zu einem gewissen Grad tatsächlich gelänge, wir also das „Problem", unser Leben schöpferisch und lernend zu formen, tatsächlich umgehen könnten. Bei dem hohen Druck, den Verbindungen wie beispielsweise das kardinale Kreuz

31 Viviane Forrester: Der Terror der Ökonomie. Dt. Ausgabe Paul Zsolnay Verlag, Wien 1997; S. 76. Frz. Original 1996.

erzeugen können, haben die genannten psychischen Mechanismen – wenn auch vorübergehend – oft einen notwendigen oder gar heilenden Charakter. Die Energiequalität eines Yod lässt unserer Seele diesen Ausweg nicht offen. Wo die schöpferische Bewegung nicht vollzogen wird, entsteht der unerträgliche Zustand der Lähmung und Depression.

Also können wir von unserem „Schicksal“, auf diesem Planeten durch unsere Intelligenz und Kreativität eine sichtbare Spur zu ziehen, wohl nicht „geheilt“ werden. Dazu sind, wie das Yod deutlich zeigt, die in uns wohnenden Fähigkeiten, das irdische Lebens neugierig und lustvoll zu begehen, zu selbstverständlich miteinander verbunden. Und das Beharren auf endgültigen Lösungen kann hier mitunter ein größeres Hindernis sein als das Problem selbst.

Die Verbindung zwischen Steinbock, Zwillinge und Löwe stellt im Grunde drei Fragen dar, welche uns stets gestellt werden – sei es von anderen oder von uns selbst. Die erste Frage lautet: *Lebst* du dich?, die zweite: Lebst *du* dich? und die dritte: Lebst du *dich*? Obwohl uns diese Fragen immer unbehaglich sind, sind sie im Grundc ständig in unserer Seele präsent, ob uns das bewusst ist oder nicht. Ist die Verbindung des Yod in unserer Seele im Fluss und im Austausch mit unserem Bewusstsein, können die Antworten jeweils nur „ja“ lauten, weil, wenn man genau hinsieht, es gar nicht anders geht. Das ist unser Schicksal, wenn man so will. Dies zu erkennen, ist wiederum die Herausforderung Saturns an jene Energien, die ihn ins Visier nehmen.

b. Gewissen

Wir können aus den vorangegangenen Ausführungen schließen, dass Schicksal und Gewissen offensichtlich miteinander verbunden sind, dass wir uns also bei Ereignissen, die schicksalhaft zu sein scheinen, stets auch irgendwie persönlich gemeint, angesprochen, betroffen, verantwortlich oder gefordert fühlen. Was wir als ein Wirken „höherer Gewalt“ empfinden, stellt uns zugleich immer auch persönlich in Frage, und die all diesen Ereignissen zugrunde liegende, uns schicksalhaft verfolgende Frage *lebst du dich?* hat einen eigenartigen Charakter: Wie auch immer wir sie beantworten, sie berührt unser Gewissen auf eine Weise, dass wir es nie beruhigen können.

Beantworten wir diese Frage mit „nein", fühlen wir uns schuldig, beantworten wir sie mit „ja", fühlen wir uns auch schuldig. Beide Formen dieses Schuldgefühls sind jedoch nicht identisch, sondern werden von uns unterschiedlich empfunden. Zwar (be-)drücken uns beide Empfindungen, die erste jedoch hernieder, die zweite hinauf. Im ersten Fall fühlen wir uns dem Leben, unseren Göttern oder unserer inneren Wahrheit gegenüber schuldig, im zweiten Fall jenen gegenüber, über deren Beurteilungen und Beschränkungen wir hinausgewachsen sind und deren Regeln und Normen wir brechen.

Mit dem Gewissen ist es wie mit der schicksalhaften Aufforderung, weiterzugehen: Es ruht nie. In diesem Sinne gibt es kein schlechtes oder gutes Gewissen. Es gibt einfach ein Gewissen in uns – und das ist stets mehr oder weniger unbehaglich. Ein sogenanntes schlechtes Gewissen haben wir, wenn die Yod-Verbindung zwischen Steinbock, Zwillinge und Löwe in uns recht unbewusst ist. Dann orientieren wir uns mit unseren Handlungen nicht an unserem inneren Richtmaß, sondern folgen – in der Regel aus Schuldgefühlen – vorgegebenen, uns fremden Handlungsmustern oder handeln gar nicht. Ein sogenanntes gutes Gewissen folgt aus einem recht bewussten Umgang mit dem Yod. Dann nehmen wir in uns selbst die unbequeme Frage *lebst du dich?* wahr, wann immer sie auftaucht und sind bestrebt, das „Ja" zur häufigsten Antwort werden zu lassen.

Die beiden Facetten des Gewissens sind jedoch im Grunde weder trennbar noch so genau unterscheidbar, wie es hier scheint. Haben wir bewusst ein gutes Gewissen, schlummert unter der Schwelle der Wahrnehmung unser schlechtes Gewissen und umgekehrt. Themen des Yod sind nie eindeutig zu entscheiden, und falls wir das im Falle des Gewissens dennoch tun wollen, führt uns das bald in eine fruchtlose und erstarrende Selbstgerechtigkeit.

Durch einen steten inneren Dialog handeln wir schöpferisch aus unserer Mitte heraus und verändern auf diese Weise fortwährend die Strukturen unseres Lebens auf eine Weise, dass Innen und Außen sich mehr und mehr entsprechen. Da im Tierkreis alle Energien interagieren, kommt hier wieder die Krebs-Steinbock-Achse ins Spiel. Das Zeichen Krebs steht zwischen den beiden Bündnispartnern des Yod, und aufgrund dieser Nähe können wir folgern, dass seine beiden aktiven Nachbarn sich dem Steinbock gegenüber zum Anwalt dessen machen, was in uns wachsen will. Diese vom archetypischen Tierkreis dargestellte Verbundenheit in unserer Psyche macht erkenntlich, dass letztendlich unser Wohlgefühl davon abhängt, inwieweit wir das Schicksal *Mensch* bejahen und unserem eigenen Gewissen folgen können.

„Werfen wir einmal einen Blick auf den momentanen Zustand der Welt, so ist angesichts der wirtschaftlichen, ökologischen, politischen und sozialen Lage zu vermuten, dass sich die meisten Menschen nicht besonders wohl fühlen." Dieser so in der ersten Auflage stehende Satz klingt in Zeiten des globalen Krisenmodus fast wie ein zynischer Euphemismus – er illustriert jedoch einmal mehr die Beharrungskräfte Saturns und das grundlegende Ausmaß des hier besprochenen Yod. Saturns Prozesse sind aufgrund ihrer Langsamkeit automatisch gesellschaftlich wirksam, so persönlich sie auch beginnen. Jede/r wehrt sie zunächst ab, bis die Realität saturnischen Realismus erzwingt. Das oben Gesagte legt den Schluss nahe, dass die meisten Menschen weder das Schicksal Mensch bejahen noch ihrem Gewissen folgen können. Und in der Tat ist es so, dass die meisten Weltanschauungen auf die eine oder andere Weise das schlichte Menschsein und die darin enthaltene Ichbezogenheit verurteilen und von der Überwindung, Erhöhung oder Auflösung – in jedem Falle aber der notwendigen Verbesserung – des Menschen sprechen.

Der Mensch, so, wie er ist, ist in keiner der institutionalisierten Weltanschauungen einfach in Ordnung. In verschiedene Kleider verpackt wird der *bewusste* Umgang mit dem archetypischen Yod zwischen Steinbock, Zwillinge und Löwe durch alle gängigen Religionen und ideologischen Strömungen verurteilt, um dann dem aus der Unbewusstheit resultierenden „schlechtem" Gewissen zur Erleichterung die Rezepte der jeweiligen Institution anbieten zu können. Im Grunde funktionieren alle autoritären Strukturen auf diese Weise.

Hierdurch treten jedoch die Normen der jeweiligen Institution an die Stelle unserer eigenen inneren Autorität und die saturnische Energie wird im doppelten Sinne veräußert. Der persönliche und ichbezogene Antrieb des einzelnen Menschen, seinem Leben die ihm passende Form und Struktur zu geben und es nach eigenem Urteil zu gestalten, unterscheidet und entfernt die Menschen zunächst voneinander und von der höchsten postulierten Autorität – und das ist in der abendländischen und auch der östlichen Weltsicht etwas Teuflisches oder Fehlerhaftes und Gott bzw. der Einheit/Leerheit untergeordnet.

Wir sollten uns darüber klar werden, dass wir bisher noch keine Weltanschauung entwickelt haben, die dem einzelnen Menschen eine ihm innewohnende, für sich selbst kompetente und intelligente Autorität zugesteht und die diesen Faktor bejaht. Die Philosophie des Existentialismus, die für das 20. Jahrhundert so kennzeichnend war, verlagerte bereits vieles, was vormals Gott oder einer zielgerichteten kosmischen Ordnung zugeschrieben wurde, in den menschlichen Geist. Die daraus entstehende Ungewissheit über die tatsächliche Existenz und Beschaffenheit der äußeren Welt hat bisher jedoch eher zu selbstzerstörerischem Aktionimus geführt und uns auf die haltlose Suche nach neuen Göttern gebracht.

Das Wassermannzeitalter verlangt von uns Partnerschaftlichkeit im Umgang mit der Polarität, d.h. dass sowohl Unterscheidung als auch Einheit erlebbar sein wollen – und alles dazwischen oder darüber. Wir befolgen jedoch immer noch Konzepte des ausgehenden Fischezeitalters, welches Einheit und Erlösung idealisiert und ein Menschenbild postuliert, in dem der Mensch nur als oder durch Opfer seine a priori angenommene Schlechtigkeit (die Trennung) wieder gut machen kann. Auch die mittlerweile im Markt verankerten esoterischen Strömungen beinhalten noch sehr viel davon, denn hier wird im Namen des Fortschritts nicht selten etwas sehr Altes, Weltflüchtiges, Vergehendes und vor allem gegen das eigene, persönliche Gewissen Gerichtetes verkauft.

Solange Handlungen auf einem unrealistischen Menschenbild beruhen und vitale persönliche Triebe verurteilt werden, wirkt das Yod in Unbewusstheit. Das Schicksal Mensch wird auf diese Weise vom Einzelnen nicht angenommen, da man lieber einem kollektiven Menschen- bzw. Gottesbild folgt, das den „besseren“ (im Sinne der meisten Weltanschauungen: ichlosen, ungetrennten) Menschen konstruiert. Wen wundert es da, dass Saturn (hier auch in seiner Funktion als Repräsentant staatlicher Organisationen) Formen hervorbringt, die uns allen auf dem Gewissen liegen?

Das Gewissen ist eine sehr persönliche und oft unbequeme Eigenschaft. Es bedeutet aber im Grunde nichts anderes, als dass wir wahrnehmen, wer wir sind und bemerken, wenn wir gegen dieses wahrgenommene Wissen handeln. Somit ist das Gewissen nicht von der Wahrnehmung eines Ichs mit persönlichen Wünschen, Schwächen und Fähigkeiten zu trennen. Zu wissen, wer wir sind, bedeutet auch, dass wir uns im Laufe der Zeit immer mehr kennenlernen. Auf diese Weise werden wir uns jedoch ganz von selbst unserer Verbindung mit etwas Größerem bewusst und benötigen keine Institutionen, die vorgeben, uns diese Verbindung vermitteln zu können. Denn diese Institutionen verlangen einen unausgesprochenen Preis dafür: unser persönliches Gewissen. Da auch dieses Thema des Yod unbequem und sperrig ist, zahlen wir unter Umständen recht gern diesen Preis. Doch wie es oben bereits angeführt wurde: Es funktioniert auch hier nicht, die Energien des Yod nach außen abzugeben.

So hart es klingen mag: Ichlose Menschen sind auch gewissenlose Menschen, und es drängt sich der Gedanke auf, dass viele den Aufrufen zur Überwindung des Ichs deshalb so gern folgen, weil sie glauben, damit ihr Gewissen loswerden zu können. In diesem geistigen Klima werden sicherlich viele über- (oder un-?) menschlich gute Taten vollbracht, aber auch ebenso viele un- (oder über-?) menschlich schlechte. Das Schicksal Mensch mit seinen „fatalen" Einrichtungen eines persönlichen Gewissens und persönlicher Ansprüche sind Themen, die jeden Saturn/Steinbock-Kontakt begleiten – ob er als Transit oder als Stellium im individuellen Horoskop zustande kommt.

Da uns das archetypisch wirksame Yod meist unbewusst ist, glauben wir, dass es möglich ist, absolute Leichtigkeit und Ent-Schuldigung zu erreichen und empfinden Saturns Kontakte in der Regel als belastend, beengend oder blockierend. In Wahrheit stecken wir jedoch in einem Glauben fest, der die Realität des Menschseins ignoriert. Um uns bewusst dem sperrigen Yod von Steinbock, Zwillinge und Löwe stellen zu können, benötigen unsere Glaubenshaltungen eine gründliche Prüfung. Auf diese Weise führt uns die Bejahung der zehnten Energie in unserer Seele zwangsläufig und mit der ihr eigenen Konsequenz dorthin, wohin Zeus auch schon Kronos verbannt hat.

c. Einsamkeit

Wenn wir ein interessantes Leben führen und Freude daran haben wollen, können wir die Rechnung nicht ohne Saturn machen. Die zehnte Energie gehört wesentlich zum Dasein, wenn sie auch für romantische Geister den Quell reiner Freude stets zu trüben scheint. Es ist somit auch unsere wässrige psychische Ungeborenheit mit ihrem Bedürfnis nach Verschmelzung, die vor allem eine Eigenschaft Saturns fürchtet: die aus dem Kontakt mit unserem Gewissen stammende Unnachgiebigkeit, welche uns immer wieder in die Einsamkeit führt.

Hier spricht jedoch vor allem unsere Krebs-Seite, die Kind bleiben will und durch Nachgiebigkeit die benötigte Nähe erzeugt. Um allerdings nicht in den Wassern unserer Gefühle zu versinken, muss uns eines klar sein: *Einsamkeit ist nicht vermeidbar*. Alle Energien, die wir aufwenden, um der Einsamkeit zu entgehen, sind letztlich gegen unsere innere Autorität, unsere Reifung als Mensch und das Erreichen individueller Freiheit gerichtet.

Steinbock/Saturn wird oft als der einsame Rufer in der Wüste, als der seine eigenen Wege gehende Eigenbrötler oder als der weltabgewandte Alte dargestellt. Diese Bilder wirken auf die wenigsten Menschen attraktiv, und dass wir die saturnische Einsamkeit nicht so freudig bejahen wie einen Lottogewinn, kann ebenfalls anhand des Yod zwischen Steinbock, Zwillinge und Löwe dargestellt werden. In Zeiten der Einsamkeit hat eine Yin-Energie Vorrang und stört damit zwei Yang-Energien auf die für das Yod so charakteristische subtile Weise.

Das eigentlich Schmerzliche an der Einsamkeit ist die Abwesenheit oder Reduzierung unseres geistig-intellektuellen Austauschs und die Abwesenheit oder Reduzierung von Situationen, in denen wir emotional beteiligt und handelnd der Welt unseren Stempel aufdrücken können. Es ist vor allem die Abwesenheit unserer bisherigen Präsenz. Diese Form der Einsamkeit kann für uns auch inmitten vieler Menschen oder in engen Beziehungen spürbar werden. Und sie ist eine direkte Folge der Stimme unseres Gewissens. Wenn wir wahrnehmen, wer wir sind und unsere Handlungen danach ausrichten, verlassen wir die Herde, und zwar zunächst auf der geistig-seelischen Ebene, der unser konkretes Umfeld jedoch früher oder später folgt.

Zwillinge und Löwe erleben durch das Auftreten saturnischer Einsamkeit ihre Grenzen, was natürlicherweise darauf beruht, dass sie sich für die Vielfalt interessieren und ein Publikum benötigen. Die Begrenzung dieser beiden Prinzipien ist weder gut noch schlecht, nur unvermeidbar und unbequem, denn jenseits der Herde werden diese beiden Qualitäten ihrer bisherigen Mechanismen, uns Präsenz zu verschaffen, beraubt. Wenn uns die Bejahung unserer Menschlichkeit und der Dialog mit unserem Gewissen haben reifen lassen, *erleben* wir plötzlich die Oberflächlichkeit und Begrenztheit intellektueller Aktivitäten, *erleben* wir plötzlich die Überschätzung und Ermüdung unseres Ichs.

Indem Saturn uns in die Einsamkeit führt, lehrt er uns jedoch, zwischen Information und Wissen und zwischen Ego und Ich zu unterscheiden. Dadurch wird unsere Welt subjektiviert, und wir erleben daraufhin die einfache Tatsache, dass niemand so ist wie wir, dass das nicht zu ändern ist und dass uns das gefällt, obwohl es stets ein wenig weh tut. Vielleicht passt der saturnische Begriff „Melancholie" am ehesten hierher – eine gewisse stete Trauer aufgrund der Bedingungen unseres Daseins: der existentiellen Einsamkeit des Menschen.

Nun könnten wir sagen, dass sich die Einsamkeit doch verhindern ließe, wenn wir der Stimme unseres Gewissens nur weniger Aufmerksamkeit schenken würden. Schmerzhafter noch als die Einsamkeit ist es jedoch, selbstverleugnende Handlungen wider besseres Wissen zu vollziehen, denn dies sind all die „Wenn ..., dann hätte/könnte/würde ich..."-Geschichten, fragile Lügengebäude, die unter der ernsthaft gestellten Frage *lebst du dich?* schnell zerbrechen und in unserem Leben eine Menge Scherben hinterlassen können.

Die Flucht vor unserem Gewissen führt uns ebenso wie die Flucht vor unserem Ich genau dorthin, wo wir ohnehin ab und zu ankommen: in die Einsamkeit. Vielleicht trägt sie dann den Mantel einer psychischen oder körperlichen Erkrankung oder anderer schicksalhafter Umstände, deren Opfer wir werden. Auf jeden Fall entzieht sich diese aufgezwungene Form der Einsamkeit zunächst unserem bewussten Umgang mit ihr. Die Erfahrung des Unvermögens unserer Handlungskraft und dass niemand so ist wie wir, gehören jedoch ebenso dazu.

So unangenehm die Einsamkeit für manche auch sein mag, sie ist der einzige Zustand, in dem wir beginnen können, zu werden, was wir sind. In ihr erleben wir den Zustand, ein Same des Lebens zu sein. Ein Same zu sein, ist Vorbedingung dafür, zu keimen, sich zu verwurzeln, sich zu entfalten, zu blühen, Früchte zu tragen, sich zurückzuziehen, zu welken und schließlich zu sterben, kurzum: den Fluss der Lebenskraft durch sich zu erfahren. So lange wir zur Einsamkeit nicht fähig sind, sind wir von der bewussten Teilnahme am Kreislauf des Lebendigen ausgeschlossen, Zuschauer lediglich, die in einer Haltung des „Wenn ..., dann hätte/könnte/würde ich..." verharren.

Das Problem, das viele Menschen mit der Einsamkeit haben, besteht darin, dass sie lieber ein anderer Same wären als der, der sie sind. Sie wollen lieber der Same sein, der gerade angesagt und in Mode ist. In der Einsamkeit – und zwar nur dort – können wir den Kern, der wir jenseits aller vergänglichen Moden sind, erschauen. Das verschafft unserem Denken und Handeln eine zielgerichtete und aufrichtige Klarheit und macht es konkret. Mit diesem Erschauen sterben jedoch auch alle *Vorstellungen*, die wir uns bis dahin von uns gemacht haben. Das ist der unangenehmere Teil, denn er beinhaltet die Erkenntnis der Anmaßung unseres Denkens und unseres Ichs.

Wenn Einsamkeit nicht vermeidbar ist, stellt sich zwangsläufig die Frage, wozu sie da ist und wie wir ganz konkret am besten mit ihr umgehen können. Hierfür gibt es zwar keine Patentrezepte, aber Hinweise aus der archetypischen Dynamik des Tierkreises: Wenn uns Saturn in seinem Gesicht der Einsamkeit innen oder außen begegnet, können wir das als ein sicheres Zeichen dafür verstehen, dass wir mit unserem Denken und Handeln an einer Grenze angekommen sind. Die Situation, in der wir uns in diesem Fall befinden, lässt sich weder mit vermehrtem Nachdenken, größerer Rationalität, umfassenden Gesprächen, Inseraten, Ablenkungen, Informationen etc. noch mit erhöhter Aktivität, Stolz, Demonstration von Kraft, Produktivität, Einforderung von Aufmerksamkeit, Eigenwilligkeit, dramatischen Auftritten etc. lösen.

Unser Gewissen will zu uns sprechen, es will uns etwas darüber mitteilen, wer oder wie wir wirklich sind. Es will unsere selbstschädigenden Handlungs- und Denkweisen beenden und uns schließlich über veraltete Grenzen hinausführen.

Interessanterweise zeigt das zu der Konstellation Zwillinge, Löwe und Steinbock umgekehrt verschränkte Yod auf das Zeichen Krebs, welches seinerseits wiederum der innere Auftraggeber Saturns ist. In diesem Yod liegt auch das Potential enthalten, dass sich Wassermann und Schütze dem Krebszeichen gegenüber zum Anwalt Saturns machen. Wenn unser Beharren auf unserer Komfortzone dazu führt, dass wir unserem Gewissen nicht mehr zuhören, erscheint uns früher oder später die Welt sinnlos und unberechenbar. Wir verweigern uns damit dem natürlichen Krebsbedürfnis nach Wachstum und zyklischer Neuerung. Folglich geben wir bald das Kommunizieren und Handeln auf, und dann geht gar nichts mehr. Einsamkeit wider Willen erreicht uns immer dann, wenn uns in unseren lärmenden, nach außen gerichteten Aktivitäten die Stille verlorengegangen ist.

Auch jene Einsamkeit, die aufgrund der Anerkennung unseres authentischen Gewissens entsteht, fällt uns zunächst nicht leicht, denn wir spüren und fürchten die Unausweichlichkeit der anstehenden Begegnung mit uns selbst. Die Bejahung von Phasen der Einsamkeit führt uns jedoch *mit unserer Zustimmung* von der Herde weg, um unseren eigenen Weg zu finden, und das macht sie trotz allem dynamisch. In jedem Fall ist sie aber eine Tür in eine neue Dimension der Erfahrung. In der Stille der Einsamkeit können wir lernen, zu horchen.

d. Anspruch

Niemand kommt mit der Absicht, wirkungslos zu sein, auf die Welt. Das Betreten der irdischen Dimension von Raum und Zeit impliziert, dass wir uns über den Spiegel der Reaktion erkennen, dass wir also lernen, uns selbst über den Dialog zu definieren. Um uns selbst zu erkennen und zu entfalten, benötigen wir somit unsere Wirkung auf die Außenwelt und das daraus resultierende Echo. Die Zeichen Zwillinge und Löwe als Repräsentanten für unsere Begabung, uns im Austausch darzustellen und im Mittelpunkt unserer Handlungen zu stehen, spielen bei diesem Prozess eine Hauptrolle. Sie wirken aktiv und in Erwartung eines Echos auf die Außenwelt ein.

Diese Seiten unserer selbst sind nicht losgelöst von unserer Gesamtheit, sondern sind Instrumente unseres Weges. Dass wir andere ansprechen wollen und von ihnen als Echo ebenfalls angesprochen (also wahrgenommen) werden wollen, verwebt uns mit dem Ganzen und dient der Bestimmung unseres aktuellen Platzes in der Welt. Da wir Wesen sind, die wachsen, wächst auch die Art und Weise, wie wir auf die Welt zugehen. Es ist selbstredend, dass sich damit auch unsere Haltung dem Echo aus der Welt gegenüber verändert. Unser Anspruch wächst, und zwar sowohl der aktive als auch der passive. Das ist eine natürliche Begleiterscheinung der Reifung. Hierbei gehen wir jedoch häufig zunächst auf eine Weise vor, die Qualität mit Quantität verwechselt oder zu ersetzen versucht.

Viele Konflikte, die wir innerlich oder äußerlich unter saturnischen Vorzeichen erleben, haben ihre Begründung in der schlichten Tatsache, dass ein äußeres Prinzip ein oder mehrere persönliche Prinzipien berührt. Hier treffen zwei verschiedene Ausrichtungen aufeinander, welche wir gelernt haben, zu trennen, die jedoch lediglich zwei Seiten einer Medaille sind.

Zwillinge und Löwe benötigen aufgrund ihrer Eigenart den vielfältigen Anspruch. Die Doppeldeutigkeit des Wortes Anspruch ist hierbei nicht uninteressant, denn um die Vielfalt bzw. die Menge der Aufmerksamkeit, Kommunikation und des Austausches zu gewährleisten, verzichten diese beiden Energien mitunter auf die Qualität. Zwillinge ist neugierig, will wissen, lernen und darstellen – das hat bei dieser Energie Vorrang vor der Tiefe. Löwe liebt die Herrschaft, die Position im Mittelpunkt, den Applaus, und interessiert sich zunächst weniger für die Köpfe, die zu den applaudierenden Händen gehören. Saturn jedoch, als der Dritte im Bunde dieses sperrigen Yod, ist sich stets unserer persönlichen Bestimmung bewusst.

Wie jede Zelle unseres Körpers sind auch wir zu uns selbst bestimmt. Und wie jede Zelle unseres Körpers besteht diese Bestimmung nicht nur aus Selbstzweck, sondern auch im Zusammenhang mit einem größeren Ganzen. Es macht beispielsweise einer Zelle der Lungenschleimhaut (Lunge/Atmung=Zwilling) vielleicht großen Spaß, einfach so zu sein, wie sie ist, wenn sie jedoch ihrer Aufgabe innerhalb des Körpers – nämlich für den Gasaustausch zu sorgen, *wovon sie primär erst einmal nichts hat* –, nicht nachkommt, wird es ihr nicht mehr lange gut ergehen. Unser Immunsystem ist da recht rigide und gnadenlos. Nach einer gewissen Zeit der Geduld wird diese Zelle vom Körper angegriffen und eliminiert.

Ihr Irrtum bestand einfach darin, dass sie zum „So-sein-wie-ich-bin" ihre Funktion im größeren Ganzen nicht dazugerechnet hat. Ehe sich aus ihr womöglich eine Krebszelle entwickelt, die dem Gesamtverbund schadet, wird sie zum Schutz des Ganzen geopfert, wenn sie dem „offiziellen Teil" ihres Wesens nicht nachkommt.

Ein Beispiel mag dies illustrieren: Die Kinesiologie definiert Krebszellen auch als solche Zellen, welche die Kommunikation mit dem Ganzen abgebrochen haben. Sie lassen sich im kinesiologischen, auf der Bioresonanz beruhenden Muskeltest nicht ohne weiteres identifizieren, da sie nicht mehr mit dem Nervensystem kommunizieren. Das soll hier keine Angst vor Krebs machen und auch nicht heißen, dass wir uns nun „auf Teufel komm raus" austauschen müssen, um unseren Saturn zufriedenzustellen. Es zeigt eher, dass wir unsere *spezifische Form des Austausches*, ob sie nun Themen, Mittel oder Wege betrifft, auch im Hinblick auf ein größeres Ganzes, d.h. auf unsere Selbstwerdung haben und dass Saturn über ihre Bewusstwerdung und authentische Anwendung wacht.

Die Dynamik des Körpers können wir als Metapher auch auf unser individuelles Leben übertragen. Wir wollen so sein, wie wir sind, und da wir soziale Wesen sind, wollen wir die Nähe zu anderen nicht verlieren. Wir wollen auf andere ansprechend wirken und angesprochen werden. Solange wir uns damit jedoch lediglich um unsere persönlichen Bedürfnisse und kurzfristigen Befriedigungen drehen, leugnen wir, dass mit uns auch das uns umgebende größere Ganze wächst – dass dieses größere Ganze uns ebenso braucht wie wir es.

Durch die Leugnung können wir jedoch nicht realisieren, dass ein „So-sein-wie-ich-bin" auch Aufgaben beinhaltet, die wachsen, dass unsere Funktion im größeren Ganzen zu diesen Aufgaben gehört und somit ebenfalls wächst. Und wir können dadurch nicht realisieren, dass unsere Seele diese wachsenden Aufgaben braucht, sucht und will. Jedes Wachstum verursacht hin und wieder Krisen, da sich auch die bisherige Form der Nähe verändert. Sind wir dazu nicht bereit und verharren auf dem Krebs-Pol unserer Seele, opfern wir womöglich die Qualität zugunsten der Quantität.

Das Leben erhebt Anspruch auf uns, und es meldet sich in der Regel durch die innere Stimme Saturns. Jenseits von Beliebtheitsskalen will Saturn uns dazu bringen, uns unsere wahren Ansprüche ehrlich einzugestehen. Im Anschluss an die Auseinandersetzung mit unserem Gewissen und der Einsamkeit kann uns klar werden, welche Ansprüche wir an uns selbst und an die anderen stellen. In diesem diagnostischen Prozess wird uns zudem klar, inwiefern wir zugunsten unserer Eitelkeit und Oberflächlichkeit unsere Ansprüche verraten haben und kleiner bleiben als wir sind.

Die zehnte Energie kann uns in der Stille der Einsamkeit ein paar unangenehme Fragen aufdrängen: Machen wir das, was uns innerlich anspricht, wirklich durch unsere Interessen und Taten auf unsere eigene Weise nach außen sichtbar? Sind wir auf den Gebieten, die uns innerlich ansprechen, auf eine authentische Weise im Austausch mit der Welt? Wagen wir es, innere Veränderungen wahrzunehmen oder verharren wir bei jenen Gebieten bzw. Verhaltensweisen, die uns bislang Applaus und viele Kontakte sicherten, uns innerlich aber nicht (mehr) berühren? Führen wir ein Leben, das uns im Kern unseres *gegenwärtigen* Wesens anspricht? Ist der Kern unseres Wesens wirksam? Oder orientieren wir uns bei allem, was wir tun, an „Quoten", „Likes" oder den endlos verfügbaren „Expertenempfehlungen"?

Als Bestandteil des Yod stellt uns Saturn solche und ähnliche Fragen immer wieder, denn sie sind nie endgültig zu beantworten. Eine endgültige Antwort würde ihre Existenz aufheben und die Formkraft Saturns von den verändernden Kräften des Lebens trennen. Das jedoch ist irreal. Da diese Fragen immer bestehen, hat unser persönlicher Anspruch an bzw. auf das Leben den gleichen unbehaglich-treibenden Charakter wie die Einsamkeit, das Gewissen und das Schicksal Mensch schlechthin. Es hat also wenig Sinn, keine Ansprüche an das Leben zu stellen bzw. seinen wahren Anspruch zu verleugnen, um der Unbehaglichkeit zu entgehen. Das funktioniert ebensowenig, wie der Einsamkeit zu entfliehen, sein Gewissen abzustellen oder die eigene Menschlichkeit abzulegen. Es hat nur die Wirkung, dass die Ansprüche nun von außen an uns gestellt werden, mit allen Begleiterscheinungen, die ein veräußerter Saturn so mit sich bringt.

Wenn eingangs dieses Abschnittes gesagt wurde, dass niemand von uns die Absicht hat, auf dieser Welt wirkungslos zu sein, so bedeutet das nichts anderes, als dass jeder und jede von uns einen Anspruch in sich verspürt, den er oder sie an die Welt hat. Und das bedeutet nichts anderes, als dass jeder und jede von uns der Welt etwas mitzuteilen hat, oder anders: dass jeder Mensch eine Mitteilung an die Welt ist.

Nun ändert sich jedoch unsere Vorstellung von uns selbst und von der Welt mit unserem Wachstum und unserer Reife. War anfangs unserer irdischen Existenz unsere Mutter die ganze Welt, so hatten wir ihr gegenüber bestimmte Ansprüche und eine bestimmte Form der Mitteilung. Je komplexer und differenzierter unsere innere und die uns umgebende Welt in unserer Wahrnehmung wird, umso komplexer und differenzierter müssen unser Anspruch und unsere Art, uns mitzuteilen werden, wenn wir aus der Welt ein klares Echo erhalten wollen. Auf diese Weise werden bzw. bleiben wir auch dann wirksam, wenn der uns umgebende Kontext mit der Zeit Gesellschaft oder Öffentlichkeit heißt.

Niemand ist anspruchslos. Wenn wir das Wort "Anspruch" wörtlich nehmen, erkennen wir, dass wir alle füreinander Information sind und dass diese gegenseitige Information für das größere Ganze notwendig ist. Somit hat jeder Mensch einen gesellschaftlichen Auftrag, der darin besteht, so zu sein, wie er oder sie ist und den „Blick der Welt" nicht zu scheuen, sondern eine geeignete Form der Mitteilung zu erschaffen, die über das Private hinausführt. Diese Forderung ist eine unserem inneren Zwillinge- und Löweprinzip unangenehme Eigenschaft des zehnten Prinzips, denn sie verlangt von uns das Bemühen, äußere wie innere Veränderungen wahrzunehmen und unsere Äußerungen in eine kontinuierlich reifende Form zu bringen. Das schmälert zwangsläufig zunächst die Unverbindlichkeit und den Lustfaktor.

Alle übrigen inneren Energien des Tierkreises können mit unserem saturnischen Anspruch leichter (was nicht unbedingt auch „besser" bedeutet) umgehen, weil sie eben nicht in der Zwickmühle des Yod stecken. Jedoch können alle anderen inneren Energien bei der Verwirklichung unserer Ansprüche auch nicht so effektiv sein wie Zwillinge und Löwe. In steter Widerkehr ermöglicht uns Saturn durch Verzögerung die Diagnose unserer gegenwärtigen Ansprüche, ihre realistische Bewertung und die Entwicklung der zu ihrer Verwirklichung notwendigen Disziplin. Aus der Gewissheit heraus, dass es für das Ganze wichtig ist, was jeder einzelne Mensch denkt und tut, führt Saturn Persönliches zum Kollektiven. Stellen wir uns selbst nicht in dieses Visier, erschöpfen sich unsere Intelligenz und unsere Kreativität früher oder später in der Wirkungslosigkeit des Unwesentlichen.

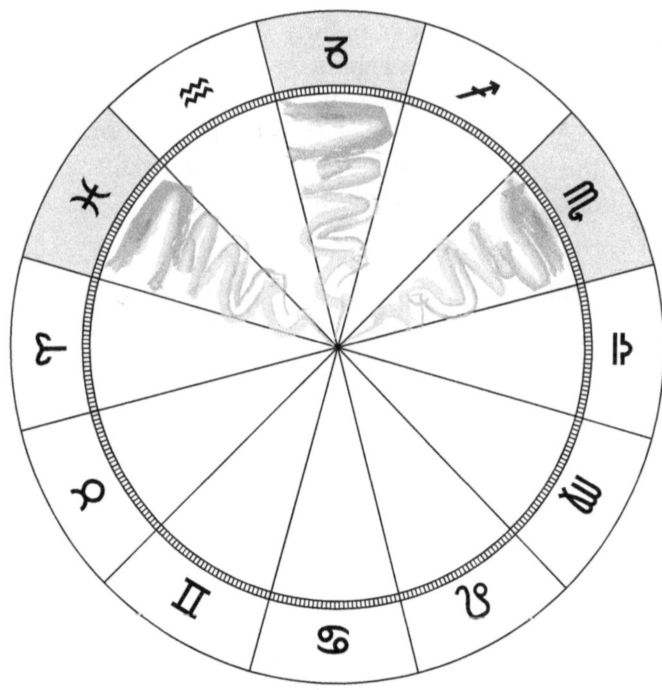

5. Wege zum Wesentlichen: Steinbock, Fische und Skorpion

Die bisher behandelten Beziehungen des Steinbocks im archetypischen Tierkreis haben vor allem eines gemeinsam: Sie sind alle von Spannungen geprägt, die einen mehr, die anderen weniger. Daher mag vielleicht auch das Empfinden kommen, dass die entsprechenden Begriffe, Lernschritte oder psychischen Zustände uns nicht leicht fallen oder oft sogar ziemlich unangenehm sind. Die durch die Spannungsbeziehungen des Steinbocks abgeleiteten Qualitäten stellen sozusagen unser inneres Orchester vor einen Konflikt, welcher einer bewussten und schöpferischen Lösung bedarf, damit es in uns wieder harmonischer klingt.

Dass uns die betreffenden Themen so schwer fallen, liegt auch daran, dass wir die physischen, psychischen oder intellektuellen Fähigkeiten erst erlernen müssen, um unserem inneren Saturn zum Ausdruck zu verhelfen. Die zehnte Energie baut auf den persönlichen Energien auf und entwickelt sich im Grunde in jenen Situationen, in denen sie uns einen Reifeprozess abverlangt, zugleich selbst. Wie alle anderen Begabungen sind auch unsere eigenen Steinbockkräfte als Same in uns angelegt, als ein Potential, das sich erst im Laufe der Zeit verwirklichen lässt. Daher füllt sich unsere Seele mit den saturnischen Bedeutungen anderer Menschen, die schon länger als wir auf diesem Planeten weilen und die uns zunächst mit ihren Erfahrungen als Wegweiser dienen.

Es wäre nicht klug, hier von einem Irrtum zu sprechen, denn die menschliche Existenz ist so angelegt, dass wir immer auf den Schultern unserer Vorfahren stehen. Wenn die Zeit gekommen ist, sind wir jedoch aufgerufen, deren Regeln und Strukturen zu überprüfen und gegebenenfalls durch solche zu ersetzen, die unserer Entwicklung und dem Wachstum unserer Seele besser dienen und die wir guten Gewissens an nachfolgende Generationen weitergeben können – was nicht automatisch bedeutet, dass deren saturnische Kraft das dann genau so sieht...

Die Qualität des Steinbocks hat in der astrologischen Interpretation zwar die Dauer als Analogie, will jedoch die Veränderung bewirken. Hier wird wieder der Schwellencharakter ersichtlich und die Zweideutigkeit dieses inneren Archetyps: Er strebt nach Beständigkeit und Ewigem, hat jedoch die Wandlung als ständigen Auftrag. Unserem Verstand erscheint das möglicherweise paradox, ein Blick in den Tierkreis zeigt uns jedoch, dass die Wandlung des Bestehenden aus Sicht des Ganzen von steter Harmonie begleitet wird und archetypisch als selbstverständlich gilt. Eine solche Haltung wurde zusammen mit der matrizentrischen Weltsicht in die Unterwelt sowohl des individuellen als auch des kollektiven Bewusstseins verbannt, denn sie akzeptiert auch Schmerz und Tod als dem Leben zugehörig.

Folgen wir der Symbolik des Tierkreises, scheint es viel schwieriger zu sein, alles zur Struktur Geronnene *nicht* zu verändern, denn Fische und Skorpion, *die* Wandlungszeichen des Tierkreises, stehen beide in einem 60°-Winkel zum Steinbock. Diese zwei Sextile zum zehnten Zeichen sprechen von seiner freundschaftlichen Verbrüderung mit den beiden mächtigen Wasserzeichen, zusätzlich noch unterstützt durch ein Trigon zwischen Skorpion und Fische. Eine ganz und gar harmonische Sache also?

a. Ja und Nein

Wenn wir danach fragen, welchen Sinn es haben könnte, dass ausgerechnet das Zeichen der Umpolung (Skorpion) und das der Auflösung (Fische) in so selbstverständlicher Harmonie mit dem Zeichen der Polarität stehen, kommen wir nicht umhin zu erkennen, dass unsere sogenannten Fehler und Irrtümer sowie die Fehler und Irrtümer unserer Eltern, Lehrer und anderer Autoritätspersonen innerhalb der Dynamik des Lebensganzen *beabsichtigt* sind. Oder um es anders auszudrücken: Es ist kein Fehler, Fehler zu machen oder sich zu irren. Und es ist kein Fehler, etwas zu verändern, auch und gerade wenn dieses Etwas doch bisher „immer so war“. Das, was bisher immer war, ist nichts anderes als die eine Seite. Und das, wonach Saturn aufgrund seines Schwellencharakters strebt, ist die andere Seite. Wo immer diese Seiten getrennt, verurteilt oder verleugnet werden, ist unser inneres Steinbock-Prinzip nicht intakt, nicht unser eigen und kann uns auf unserem eigenen Weg nicht leiten.

So lange wir uns nicht wesentlich verändern und mit den Regeln, denen wir bewusst oder unbewusst folgen, gut leben können, sagen wir „Ja“ zu dem, was Saturn in unserer Seele repräsentiert. Und wir kämen nicht im Traum darauf, bei der Organisation und Strukturierung unseres Lebens von einem Fehler oder einem Irrtum zu sprechen. So lange ein Mensch beispielsweise noch nicht die Pubertät erreicht hat, gilt gemeinhin die Regel, keine sexuellen Ansprüche an ihn zu stellen. Diese Regel ist sinnvoll und dient dem Schutz und der Entwicklung des heranwachsenden Menschen. Sie zu brechen gilt als Verbrechen.

Niemand käme jedoch gesunderweise darauf, nach Durchleben der Pubertät zu sagen, dass aktive Sexualität ein Irrtum oder Fehler ist. Zwischen diesen beiden Haltungen steht eine wesentliche und konkrete Veränderung des Menschen, welche durch die irdischen Gesetze der Biologie bewirkt wurde. Als Ergebnis davon ist nun die materielle Struktur eine andere, und diese wesentliche Veränderung macht aus einem vorherigen Nein ein Ja. Nun gelten andere Regeln.

Diese Umpolung von Nein nach Ja mit einhergehender Auflösung des Bisherigen (in diesem Beispiel: der Kindheit, der körperlichen Erscheinung und Funktion, der seelischen Ausrichtung etc.) wirkt zurück auf all die Themen, die bisher besprochen wurden. Unser Gewissen sieht durch die Veränderung anders aus, unsere Form der Einsamkeit ist eine andere, unsere Ansprüche sind anders, unser Handlungsrahmen ist anders. Initiiert wurde diese Umpolung und Auflösung durch einen wesentlichen Prozess des Wachstums, d.h. einen Prozess der Veränderung, *der aus unserem Wesen kommt und zu unserem Wesen gehört.*

So lange wir uns noch in unserer körperlichen Entwicklung befinden, findet sich für unsere Saturnkraft hier ein geeignetes Feld, auf dem sie eingebracht wird. Während wir auf der einen Seite zu einem großen Teil von außen an uns herangetragene Regeln befolgen und verinnerlichen, entwickeln wir uns auf der anderen Seite nach unserem eigenen Gesetz. Mit Abschluss unserer jeweiligen körperlichen Entwicklung hören die wesentlichen Veränderungen jedoch nicht auf, ihre Erscheinungen und Umsetzungen werden lediglich zunehmend auf andere, weniger offensichtliche Ebenen verlagert.

Jede grundlegende Veränderung entsteht aus einem Zusammenschluss von Ja und Nein. Wir sagen Ja zu dem Neuen und somit unausweichlich Nein zu dem Bisherigen. Was hier so absolut klingt, wird in unserer seelischen Entwicklung bei grundlegenden Veränderungen auch als so absolut empfunden und gefordert. Um bei dem Beispiel der Pubertät zu bleiben, so können und wollen wir in dieser Phase nicht „ein Kind bleiben". Das innere Befinden in dieser Entwicklungsphase *ist* absolut, auch wenn es mitunter dramatisch zwischen Ja und Nein schwankt. Aber es fühlt sich nie wie „vielleicht" oder „ja, aber" an. Erst das absolute Ja bringt uns weiter, und erst dann können wir erleben, dass in unserer neuen Lebensform die alte mitenthalten ist – nur eben transformiert.

In diesem Beispiel ist unsere Kindheit nach Durchleben der Pubertät eine Erinnerung, unsere *Kindlichkeit* jedoch etwas, was wir in die neue Stufe des Lebens mitnehmen konnten – und in jede weitere mitnehmen können. Auf diese Weise fallen Saturns Themen der Dauer und des ständigen Strebens nach einer anderen Seite zusammen. In unserem inneren Erleben bedeutet dies nichts anderes, als dass wir in dem Steinbock-Bereich unserer Seele stets auf einer Schwelle stehen und dass sich hier und hierdurch unser Wesen entfaltet.

Nach den Gesetzen der Logik kann Ja nicht Nein sein, und die menschliche Kultur hat diesem Gesetz sehr viel Gewicht beigemessen. In Saturns seelischer Realität ist jedoch Nein zugleich Ja. Saturns Handeln entspringt dem Mutterreich, dem Gewahrsein des Sowohl-als-auch, welches immer da ist und sich *in der Zeit* entfaltet. Wenn wir auf einer Türschwelle stehen, bedeutet jeder Schritt in den neuen Raum das Verlassen des alten Raumes. Im alten Raum ist das Bekannte, im neuen Raum das Unbekannte zu finden. Ist die Energie des Steinbocks aus der Dynamik des Ganzen abgekoppelt, entsteht hier, auf der Schwelle, der berüchtigte saturnische Stillstand, die starre Blockade. Das sind Situationen, in denen nichts mehr geht, in denen jede Entscheidung falsch erscheint und in denen man gequält und voller Angst den gegebenen Zustand einfach aushält.

In solchen Situationen empfinden wir kein absolutes Ja und kein absolutes Nein – aus Gründen, die individuell unterschiedlich sind und denen meist eine Trennung und generelle Verurteilung von Ja und Nein innewohnt. Hier sind Ja und Nein in ein graues Warten zusammengefallen und das daraus resultierende Patt ist zur Dauer geworden. Dieser Zustand kann immer dann entstehen, wenn sich in uns etwas Wesentliches entfalten will, um dessen willen wir etwas Bestehendes (später heißt es dann: das Alte) verlassen *müssen*. Das sind Situationen jenseits unserer Wahlfreiheit, und je länger wir glauben, die Entfaltung unseres Wesens unterdrücken, aufhalten oder nach eigenen Berechnungen bestimmen zu können, umso quälender und angstvoller wird dieser Zustand. Um hier heraus zu finden, sind die Sextilverbindungen des Steinbocks angesprochen, denn nur diese Qualitäten haben die dazu nötige Wirksamkeit.

Interessanterweise sind die beiden „Freundschaftszeichen" des Steinbocks von Planetenenergien beherrscht, die sich astronomisch jenseits von Saturn aufhalten und als transpersonale Kräfte bezeichnet werden. Pluto und Neptun sind Energien, die sich um die Befürchtungen unseres Ichs wenig kümmern. Sie wirken eher aus der Perspektive der Menschheit oder des kosmischen Organismus. Im Gegensatz dazu stärkt Saturn die Ich-Kräfte (sofern wir sie nicht an das Über-Ich abgeben), damit wir unsere Grenzen und unsere Integrität im Zusammenleben mit anderen auf der Erde bewahren können. Seiner Qualität entsprechend formt er uns aus und verhindert durch „Verdichtung" jeder Art, dass Fremdes von uns Besitz ergreift und sich unserer Lebenskräfte bemächtigt. Auf diese Weise setzt Saturn Grenzen und stärkt durch Konzentration.

Jedoch braucht auch eine grenzsetzende und verdichtende Energie etwas, das ihr selbst Grenzen setzt. Saturn stärkt unser Ich, indem er uns vor allem zum Nein befähigt. Das liegt in der Natur der Sache, da vor der Entwicklung unserer eigenen Saturnkraft andere ihre Vorstellungen davon in uns einpflanzen. Saturn selbst zu entwickeln (also zu uns auf eigene Verantwortung Ja zu sagen), heißt dann zunächst zwangsläufig, zu allem, was dem widerspricht, Nein sagen zu können. In vielen Phasen und Situationen des Lebens ist das sinnvoll und unentbehrlich. Wenn wir das übertreiben, kann es jedoch dazu führen, dass wir ein steinernes Ego entwickeln, dass sich unserem Wesen gegenüber verschließt und einen Machtkampf mit dem Leben selbst ausfechten will. Was verhindert aber, dass wir zu Stein werden?

Dass diese Gefahr gar nicht so groß ist, zeigt uns wiederum ein Blick in den archetypischen Tierkreis. Pluto/Skorpion und Neptun/Fische sind zum einen überpersönliche Energien mit einer längerfristigeren und intensiveren Wirkung als Saturn/Steinbock. Zum anderen haben sie zur Energie des Steinbocks durch die Sextilverbindung einen „offenen Zugang" und wirken zudem verdeckt. So können wir annehmen, dass unterhalb von äußerlich wahrnehmbaren Verhärtungen oder Stockungen stets die gegenpolige Energie des Skorpions und die lösende Energie Neptuns wirksam sind.

Wenn wir uns so fühlen, als drohten wir auf einer Schwelle zu versteinern, führt uns in unserem Unterbewusstsein Pluto an den Umschlagpunkt, an dem aus dem bisherigen Ja ein Nein und aus dem bisherigen Nein ein Ja wird. Dieser Umschlag ist absolut und wird von ebensolchen Gefühlen begleitet. Trotz und wegen ihrer Intensität schaffen sie jedoch im Verlauf der Zeit eine neue Klarheit, in der sich auch Neptuns Gesicht der Verwirrung in Sehnsucht, Vertrauen und Hingabe an unser Wesen wandelt. Die Basis für wesentliche Veränderungen befindet sich in den tiefen Schichten unserer seelischen Wasserwelt, auf einer Ebene, auf der wir alle eins sind. Hier findet vom individuellen Bewusstsein unbemerkt eine Befruchtung der Gefühle statt, welche in den bisher gebauten (den alten) Kanälen Saturns nun nicht mehr fließen können.

Wenn diese Veränderungen in unser Bewusstsein aufsteigen, müssen wir dieser veränderten inneren Realität durch konkrete Veränderungen in unserer Lebensstruktur Rechnung tragen. Hier kann unser innerer Saturn erneut seine formenden Kräfte einsetzen, denn die nun heranstürmenden Gefühle, Bilder und Träume machen genau das notwendig. Doch alles, was geformt wird, ist letztlich wiederum eine Schwelle, die zunächst neu ist, aber ebenfalls altern wird. Das Ja zur neuen Schwelle impliziert zwar das Nein zur alten, das Prinzip der Schwelle selbst ist jedoch von Dauer.

Aufgrund der beteiligten Energien ist der hier beschriebene innere Prozess unserem Verstand jedoch nicht recht geheuer, denn hier übernimmt eine irrationale Dimension die Führung. Wir erleben den Verlauf dieses Prozesses in langsamen Phasen, in denen erst Platz gemacht werden muss, um einer klareren Ausformung unseres Wesens Raum zu geben. Bevor wir also im Zuge eines Wandlungsprozesses auf dem Weg zur Verkörperung unseres wahren Wesens die zehnte Qualität wieder als integrierend und stärkend erleben, als das Gefühl, dass die Schwelle uns trägt, müssen wir Saturn zuvor in ein anderes Antlitz schauen.

b. Sterben

Der Tod ist ein zutiefst menschliches, aber auch überpersönliches Ereignis, dem wir machtlos gegenüberstehen, das einfach geschieht und zu unseren existentiellen Gegebenheiten dazugehört. Als endgültiger Umschlagpunkt ist der Tod eher Plutos Domäne. Das Sterben gehört jedoch zu Saturn, denn es ist ein in der Zeit persönlich zu vollziehender Akt, den unser irdisches Bewusstsein durchaus erfassen kann.

Für unsere dem Sterben so achtlos begegnende Gesellschaft ist es leider typisch, das Ziel zu wollen ohne den Weg zu gehen, d.h. weniger das Ziel als den Weg zu fürchten. Die meisten Menschen fürchten sich vor dem Sterben mehr als vor dem Tod. Im hiesigen Zusammenhang zeigt eine solche Haltung aber deutlich, dass wir uns nicht entwickeln können, wenn wir nicht sterben können. In der Dimension von Raum und Zeit macht es nicht einfach „Peng!" und schon sind wir gewandelt. Unter der Herrschaft des Herrn dieser Welt wird Wandlung in Raum und Zeit umgesetzt und als ein Prozess erfahrbar gemacht.

Das Beispiel des Verlassens der alten Hülle, um zum Schmetterling werden zu können, ist oft bemüht worden, um Sterbe- oder Wandlungsprozesse zu beschreiben. Hierbei wird jedoch selten darauf hingewiesen, dass es sich auch um einen Wechsel der *Form* handelt. Natürlich ist das Bild von Raupe und Schmetterling eine als positiv und ermutigend empfundene Metapher, dennoch beschreibt sie schwierige seelische Prozesse, da uns im Prozess des Sterbens tatsächlich ganz physisch etwas genommen wird.

Diese Tatsache wird gern übersehen, ist aber in der Tat ein wesentlicher Grund für unsere Befangenheit dem Sterben gegenüber. Denn das, was wir dabei erleben, ist von körperlichem oder materiellem Verlust, von Verzicht und Verfall geprägt und erfordert eine innere Haltung, die wir in der Regel in unserer auf Mehrung, Anhäufung und ewiger Jugend ausgerichteten Kultur nicht oder nur unzureichend entwickelt haben. So erscheint beispielsweise die Aufforderung, die „sieben mageren Jahre" freudig zu begrüßen, da sie uns von dem Ballast befreien, der uns bei der Verkörperung unseres wahren Wesens mittlerweile nur hinderlich ist, vielen absurd oder ist zumindest einer masochistischen Einstellung verdächtig.

Alle Wandlungsprozesse gehen mit durchgreifenden Veränderungen einher, und diese Veränderungen *müssen* auch die physische Ebene betreffen. Wenn wir die Welt der Formen davon aussparen wollen, versuchen wir, unsere Vielschichtigkeit zu reduzieren und zu dissoziieren. Zwar legen uns die Regeln unserer Kultur eine solche Vorgehensweise immer noch nahe, auf diese Weise entstünde jedoch eine Diskrepanz zwischen innen und außen oder Inhalt und Form, die uns auf eine fundamentale Weise ins Ungleichgewicht bringen würde. Wenn wesentlichen Wandlungsprozessen ihr Ausdruck versagt wird, geschehen sie unter Zwang, denn unser Ungleichgewicht würde sich in diesem Falle auf einer tiefen Ebene auf alle auswirken. Wo Pluto und Neptun am Werk sind, haben wir keine Wahl, denn hier wirken Energien, die zuvorderst dem größeren Ganzen dienen. Unsere innerseelische Saturnfunktion – beauftragt, dem Wesentlichen die Form zu verleihen – wird bei unserer Weigerung, alte Formen gehen zu lassen, vornehmlich als nehmend, versagend, verhindernd oder todbringend empfunden.

Dieses Sterben ist quälend und aufgezwungen und konfrontiert unser Ich mit unserer Zugehörigkeit zur Menschheit, zur Schöpfung oder zu einem irrational scheinenden Universum. Die Macht der Ganzheit ist wirksamer als die unseres Ichs. Bei umfassenden Wandlungen – ob persönlich oder kollektiv – muss auch die Struktur vergehen, und dieses Vergehen beginnt genau in dem Moment, in dem die Struktur vollendet wurde.

Persönlich können wir das beispielsweise dergestalt erleben, dass in dem Augenblick, in dem wir unsere gesellschaftliche Rolle perfektioniert haben, die Probleme beginnen – oder immer dann, wenn wir uns „gerade an etwas gewöhnt" haben. Auf dem Gipfel beginnt Saturn, sich nach der anderen Seite zu sehnen. Das Verzichtenkönnen auf das Ausgereifte, das Vollendete ist notwendig, um weiterleben zu können. So wie ein Apfelbaum die Äpfel loslässt, müssen wir die Früchte unserer Bemühungen loslassen können, damit wir im nächsten Zyklus erneut zur Blüte kommen können. Dabei kommen wir mit einem So-tun-als-ob nicht davon, sondern nur mit bewussten, konkreten und eigenverantwortlichen Taten, denn auch das Sterben will sichtbar werden.

Die Verbindungen zwischen Steinbock, Fische und Skorpion zeigen uns deutlich, dass wir über den Akt des Sterbens an sich keine Macht haben. Wir können ihn lediglich bewusst erfahren. Wenn eine Form sterben muss, dann stirbt sie. Das heißt, dass nicht *wir* diejenigen sind, die darüber urteilen können, ob die erreichte Form vollendet, ausgereift, amtlich und offiziell ist oder nicht. Wir können uns lediglich bewusst machen, dass sie, wenn sie beginnt zu sterben, wohl im Rahmen ihrer Möglichkeiten vollendet gewesen sein muss. Unsere Saturnkraft kann Form verleihen und Form reduzieren, der Tod und die Auflösung der Formen unterstehen jedoch überpersönlichen Energien.

So lange wir uns diesem kosmischen Geschehen nicht beugen können, quält uns nichts anderes als unser eigener Widerstand. Und je besser wir innerhalb der Menschenwelt gelernt haben, Nein zu sagen, umso schwerer könnte uns das nun geforderte „Nein zum Nein" fallen, denn es beinhaltet die Erkenntnis der *Grenzen* unserer Autorität und Verantwortung. Und umso schwerer machen wir uns dann die unvermeidlichen Sterbephasen. Zum Wesentlichen aber führt uns nur das Ja zu unserer Machtlosigkeit.

Im Laufe eines Lebens haben wir immer wieder die Gelegenheit zum Sterben, das heißt immer wieder von der Raupe zum Schmetterling zu werden. Der Wechsel der Formen, das Schreiten von einer Schwelle zur nächsten und unser Hineinwachsen in immer neue Zusammenhänge sind uns zumeist nicht bewusst, auch wenn wir über ein gutes Gedächtnis verfügen und glauben, uns an das Zurückliegende gut erinnern zu können. Ein großer Schmetterling erinnert sich jedoch nur an einen kleinen Schmetterling – und nicht an eine Raupe. Die „Raupe" ist nunmehr lediglich eine Information, das entsprechende Lebensgefühl ist nicht mehr reaktivierbar. Veränderungen der Form bringen diese Absolutheit und Unumkehrbarkeit mit sich. Auch unsere Gefühle und Gedanken verändern sich, und zwar auf eine Weise, als wären sie nie anders gewesen. Erkennen wir also die konkreten Ergebnisse unserer irdischen Bemühungen nicht als eine ständig wechselnde Hülle für tieferliegende, kollektive Prozesse des Menschenwesens an sich, können wir weder sterben noch leben.

Unsere Furcht vor dem Sterben kommt sicherlich auch daher, dass wir unseren Umgang mit dieser Seite unserer Existenz nur wenig kultiviert haben. Dennoch bleiben uns die Beobachtung und das Erleben des Sterbens nicht erspart, denn Verdrängung funktioniert auch hier nicht. Es sterben Menschen, die uns nahestehen, Projekte, die uns etwas bedeuten, Wünsche, die wir hatten, Gefühle, Interessen, Gewohnheiten, Umstände und Zustände und am Ende unseres Lebens schließlich wir selbst. Der Tod ist immer allgegenwärtig, und zwar *unabhängig* von kulturellen Strukturen und wechselnden Zivilisationen. Wie das Leben ist der Tod eine Gegebenheit. Die zehnte Energie bringt in ihrer Verbindung zum Skorpion dessen Anliegen in Zeit und Raum, sie macht also aus dem Archetyp „Tod" einen materiell und zeitlich erfahrbaren Prozess.

Was diesen Prozess für uns so schwierig macht, ist der Zustand, nicht die geringste Ahnung zu haben, wie und ob es überhaupt weitergehen wird. Wir sterben innerhalb der Zeit, sind zur Projektion unseres Bewusstseins in die zeitliche Dimension „Zukunft" also noch fähig, nur empfinden wir die Gegenwart als so ausweglos und absolut, dass uns die Zukunft wie ein Nichts, ein leerer Fleck oder eine irrtümliche Annahme erscheint. In Sterbesituationen hilft uns all unsere Erfahrung nicht weiter, denn keine Raupe kann sich einen Schmetterling vorstellen und in die Zukunft projizieren. So erleben wir dieses Gesicht Saturns zunächst ausschließlich als ein Beenden, dem wir letzten Endes nur zustimmen können.

Wenn Steinbock jedoch hier als Exekutive für Skorpion fungiert, können wir davon ausgehen, dass durch die unergründliche Tiefe dieses Prozesses etwas Kostbares für uns zu bergen ist. Und wenn das Sterben uns zum Wesentlichen führen kann, muss es ein Schatz sein, der zum menschlichen Wesen gehört. In echten Sterbephasen geht es nicht mehr um nur persönliche Belange, auch wenn diese intensiv und oft schmerzlich davon betroffen sind. Saturn als die Schwelle zwischen inneren und äußeren Planeten weist mit solchen Erfahrungen immer über sich und die bisher verstandene Welt hinaus.

Sein Verweis auf das unbekannte Niemandsland ist also offensichtlich auch etwas Wesentliches. So wie der Steinbock das Anliegen des Skorpions in die Sichtbarkeit bringt, so unterliegt er auch dem Anliegen der Fische. So wie das Sterben auf der einen Seite die Unterwelt und ihre Zugehörigkeit zum Leben erfahrbar macht, so verbindet es uns auf der anderen Seite mit dem Universum und der Einheit des Seins. Auch hier fungiert Saturn als Exekutive überpersönlicher Energien und kann Neptuns Welt für uns erfahrbar machen.

c. Kosmos

Paradoxerweise trägt die neptunische Energie zur Reifung Saturns und seiner Integration in das Ganze wesentlich bei. Denn wenn Pluto in unserem Bewusstsein die Dinge zum Tod führt, wird damit Raum für eine Dimension geschaffen, die wir uns willentlich nicht bewusst machen können. Sie ist uns schlicht nicht vorstellbar, daher erkennt unser Ich auch nicht ihr Fehlen.

Saturns Integrität und Strukturiertheit befähigt uns dazu, unser Erdenleben in einem immer komplexeren Umfang zu beherrschen. Dabei greifen wir auf Erfahrungen zurück, die uns das Gefühl von „das funktioniert so" vermitteln. In uns entsteht durch unsere Erfahrungen der Eindruck von Gesetzmäßigkeiten, die sich dann, nach deren Erkenntnis, auch für uns selbst nutzbar machen lassen. Letztlich fußen unsere Erfahrungen und die daraus abgeleiteten Gesetzmäßigkeiten jedoch auf kausalen und selektiven Verknüpfungen unseres Verstandes und sind kein Beweis, dass es tatsächlich (nur) „so funktioniert".

Im normalen Alltagsleben kommen wir in der von uns selbst geschaffenen Weltordnung mit diesen Gesetzmäßigkeiten auch durchaus zurecht. Ihre Anwendbarkeit verlässt uns jedoch, wenn wir Veränderungsprozessen ausgesetzt sind, die der Schöpfung selbst immanent sind. Dann ist selbst Saturn, selbst die innere oder äußere Autorität mit ihrem Latein am Ende. Die Schwelle zwischen Mensch und Kosmos offenbart auf oft beängstigende Weise die Unterschiede zwischen kosmischer Ordnung und dem, was wir davon begriffen haben.

Als Erdzeichen orientiert sich die zehnte Energie an der sinnlich wahrnehmbaren Ordnung. Wir erleben diese Ordnung als zyklische Dynamik und nehmen in unserem kurzen Erdenleben zuvorderst die Wiederkehr des Gleichen wahr, ob das die Jahreszeiten, der stete Wechsel zwischen Tag und Nacht oder die geordneten Funktionen unseres Körpers sind. Je mehr wir jedoch unseren Horizont ausdehnen, umso schwieriger wird es, die zyklische Wiederkehr des Gleichen zu erkennen, umso mehr offenbaren sich trotz aller Ähnlichkeiten also die Unterschiede. Dehnen wir unsere Wahrnehmung bis auf den Kosmos aus, so erkennen wir dort zwar geordnete Bewegung, jedoch niemals die identische Wiederholung des Gesamten. Durch die Entdeckungen der Physik des 20. Jahrhunderts ließen sich diese Beobachtungen auch im Mikrokosmos machen. Das brachte den wahrhaft saturnischen „Dinosaurier Wissenschaft" an die Grenzen seiner Erklärungsmodelle. Es führte letztendlich durch den für die orthodoxe Wissenschaft beängstigenden Kontakt mit dem „unbekannten Niemandsland" Spiritualität zur Erosion der traditionell rein materialistischen wissenschaftlichen Weltsicht und leitete einen generellen Paradigmenwechsel ein.

Dieser inzwischen globalisierte Prozess stellt uns auf die Schwelle zwischen Vertrautheit und Fremdheit, zwischen Alt und Neu oder zwischen Ordnung und Chaos. Das uns Bekannte reicht in diesem Falle nicht aus, die wahrgenommenen Phänomene „einzusortieren", um sie beherrschbar zu machen oder innerhalb dieser Phänomene unseren Platz zu bestimmen. Bei Begegnungen mit Neptun wird uns im wahrsten Sinne des Wortes der Boden entzogen. Alles, was uns den Eindruck von Stabilität, Dauer, Struktur und Kompetenz vermittelte, erweist sich nun als unfähig, mit der Situation fertig zu werden. Die innere oder äußere Begegnung mit der neptunischen Qualität stellt Grundlegendes in Frage, sie erweicht den Boden, auf dem wir gehen und den wir bisher selbstverständlich und völlig unbewusst als fest angenommen hatten.

In Wandlungssituationen zeigen sich unsere Erfahrungen und Kompetenzen als wirkungslos, was wir uns oft erst nach erschöpfend fruchtlosen „Reparaturphasen" eingestehen. Der Verlust des Gefühls der Wirksamkeit schafft jedoch Leere und somit die Möglichkeit zur Wahrnehmung des „Nicht", der Dimension der (noch) nicht gewählten Wege, die unser verwirklichtes „Sein" nicht unwirksam, sondern sozusagen konstitutiv umgeben. Aus dieser Dimension lösen sich Ahnungen und dringen in unser Bewusstsein ein. In Wandlungssituationen bleibt uns also nichts anderes übrig, als unsere Intuition ernst zu nehmen, auch wenn ihre Wirksamkeit das Gebäude unserer Gesetzmäßigkeiten zusammenbrechen lässt. Häufig finden wir in solchen Situationen keine Lösungen, weil eine bestimmte Lösung oder Erklärung nicht sein *darf*. Wir fürchten uns vor der Erkenntnis ihrer Wahrheit und Gültigkeit, davor, *dass* sie „funktioniert", denn das stellte all unsere Mühe und unser bisheriges Bewusstsein völlig in Frage. Im Zusammenhang mit Neptun lernt Saturn Verzweiflung, Demut und Humor.

Solche Situationen verlangen von uns nicht weniger als unsere Auflösung zu ertragen, als unsere Nichtigkeit und die Verkleinerung unseres Ichs angesichts der Erweiterung unseres Horizonts auszuhalten. Hier ist eine stabile Saturnfunktion zwar unabdingbar, aber nicht die Lösung. Mit ihr treten wir lediglich zurück aus unseren Ich-Ansprüchen und werden ein staunender Zeuge dessen, woran wir tatsächlich teilhaben. Unsere persönliche Leistungsfähigkeit und Zuständigkeit endet hier, alle saturnischen Fähigkeiten lassen uns im Stich – aber auch das ist eine Erfahrung, die uns zum Wesentlichen führt. Als bewusster Zeuge müssen wir lernen, wirken zu lassen und die Verflechtung der Dimension von Raum und Zeit mit dem sie umgebenden „Nicht" zu respektieren.

Das ist für unser heutiges Bewusstsein nicht einfach, denn unsere Entwicklung ging im Laufe vieler Jahrhunderte in die Richtung, uns selbst und der Welt jegliche Irrationalität, Subjektivität und Unberechenbarkeit auszutreiben. Demzufolge haben wir in der Regel verlernt, die irdische Dimension auch als ein Gleichnis zu betrachten, sie mit den Augen von Künstlern und Poeten wahrzunehmen und so auf eine zwar subjektive, aber tiefgehende Weise zu begreifen. Der Boden, der uns hier entzogen wird, ist die Beweisbarkeit, also die Möglichkeit, diese Wahrnehmungen an andere weiterzugeben mit der Maßgabe, dass sie „das Richtige" darstellen. Das ist Saturns Schicksal: In dem Moment, in dem diese Energie in uns stark und reif genug ist, um die Wahrnehmung kosmischer Größe und Geheimnisse zu ertragen, wird sie durch diese Wahrnehmung jedoch auf eine Weise verändert, die ihr die Autorität über andere verunmöglicht. Der Kosmos befindet sich im Ich, die eigene Struktur gleicht der Schöpfungsstruktur, das Allgemeine ist im Einzelnen – doch diese Wahrnehmungen sind weder beweisbar noch vermittelbar noch nachprüfbar noch beliebig wiederholbar.

Dem modernen Bewusstsein macht die Wahrnehmung von Neptuns Dimension auch deshalb solche Schwierigkeiten, weil sie ihm keine Führung ermöglicht. Sie bringt nicht die zuvor meist erhoffte endgültige Klarstellung von Richtig und Falsch, sondern hebt die allgemeine Gültigkeit der Polarität auf, indem sie deren eigentliche Lokalisation im Individuum offenbart. Dadurch wird uns das moralische Recht entzogen, über andere zu richten, ohne dass jedoch das Urteil an sich nichtig wird. In einer auf Hierarchie und der Herrschaft von Menschen *über* Menschen ausgerichteten Gesellschaft darf genau das nicht sein, denn es macht uns alle gleich und relativiert jegliche Kompetenz.

Jeder Herrschafts- oder Führungsanspruch über etwas anderes verhindert jedoch unsere Entwicklung zu einem sich seiner Ganzheit bewussten Wesen. Unsere Neigung, die Lösung von Problemen in der Außenwelt zu suchen, entzieht unserer Seele die zu ihrer Verwirklichung und inneren Reifung benötigte Energie des Steinbocks. Zwischen Mensch und Kosmos stehen die verschiedenen gesellschaftlichen Institutionen mit ihren Möglichkeiten zur Ausübung gesellschaftlicher Autorität. Die Beziehung des Steinbocks zu Skorpion und Fische zeigt jedoch, dass die zehnte Energie sich *archetypisch* immer wieder wandeln will. Pluto und Neptun sorgen für die zunehmende Machtlosigkeit und Subjektivierung unserer saturnischen Kraft. Wenn sich das lediglich unbewusst über die Außenwelt vollzieht, finden wir hier am Ende den senilen Greis, der machtlos geworden ist, weil ihn aufgrund seiner offensichtlichen Egozentrik niemand mehr ernst nimmt.

Indem wir unsere innere Autorität aufbauen, verlieren wir aufgrund der prinzipiellen Dynamik seelischer Entwicklung zwangsläufig das Interesse an der Ausübung äußerer Autorität. Das Aspektdreieck zwischen Steinbock, Skorpion und Fische symbolisiert diese Dynamik. Wir verlieren den Glauben an die Allgemeingültigkeit unserer Unterscheidungen und Urteile. Dadurch verschwindet der kompensatorische Antrieb, „es da draußen schon richten" zu wollen. In Begegnungen mit neptunischen Gefilden erkennen wir unsere Urteile und Unterscheidungen zwar als richtig, jedoch auch als ausschließlich für uns selbst zutreffend an. Und wir erkennen, dass jede einzelne Seele aus sich selbst heraus zu dieser Wahrnehmung fähig ist. Diese Erkenntnis führt durch eine massive Entlastung mitunter zu Gefühlen der Gnade und Erlösung und kann die Wahrnehmung der Perfektion der kosmischen Ordnung beinhalten. Sie löst jedoch zugleich unsere überlebte Saturnqualität auf und macht aus der an sich gesellschaftlich orientierten Energie zunehmend eine persönliche.

Umgekehrt dazu beginnen wir zugleich, uns immer weniger als ein persönlicher Mensch, sondern mehr und mehr als ein kosmischer Mensch zu fühlen, als ein Geschöpf des Universums. Hier entwickelt Saturn in uns eine Fähigkeit zum Gehorsam, die uns Würde gibt anstatt nimmt. In Bezug auf unser altes System kommt das unserem Tod gleich. Innerhalb eines neuen Bezugsrahmens stehen wir jedoch wieder auf. Da „Sein" und „Nicht" einander auch inhaltlich bedingen, geht es bei unserer Begegnung mit der „anderen Dimension" jedoch nicht prinzipiell um Spiritualität, wie die Beteiligung Neptuns nahelegen könnte. Saturn führt uns auch durch seine Unterlegenheit immer zu der Ganzheit unseres Wesens – und das heißt zunächst erst einmal mitten in die Angst.

d. Schuld und Schatten

Wenn Saturn zur Exekutive Neptuns wird, wird das, was uns zum Ganzen fehlt, durch ihn manifest. Er präsentiert uns durch konkrete Ereignisse unseren Schatten, denn er reagiert auf die transpersonalen

Kräfte von Skorpion und Fische immer pragmatisch. In der Jahreszeit des Steinbocks ist der Ballast des Vergangenen abgeworfen, da die Lebenskraft nicht mehr der Tendenz zu „Ver-Äußerungen“ folgt, sondern sich umgekehrt hat. Schattenintegration ist demnach eigentlich nichts anderes als von Veräußerungen abzusehen, also die Lebenskraft in sich zu konzentrieren und als dem eigenen Wesen zugehörig anzuerkennen. Wie der Verlauf der Jahreszeiten uns zeigt, hat auch diese Phase natürlicherweise einen Anspruch auf ihre Zeit. Im Verlauf der Jahreszeiten wissen wir, dass der Frühling wieder kommen wird. In Bezug auf uns selbst sind wir da jedoch selten so sicher.

Diesem Bild folgend werden wir durch die Integration von Ausgesondertem, von Schatten und Schuld, *leichter*. Reduziert auf das Wesentliche tragen wir keinen Schmuck, keine Früchte und kein undurchsichtiges Blätterwerk mehr, sondern sind in aller Deutlichkeit zu erkennen. Zumeist halten wir jedoch lieber an überlebten Vorstellungen und Idealen fest, weil wir mit dem Ultimatum, das der Tod bzw. die Wandlungsphase uns zu setzen scheint, nicht umgehen können und weil uns das Vertrauen fehlt, das Vergehen geschehen zu *lassen*. Lieber töten wir selbst, befangen in dem grausigen Irrtum, uns auf diese Weise Prozesse untertan machen zu können, die wir nicht verstehen. Saturn kann uns jedoch lehren, dass wir ständig sterben, um ständig zu leben. Seine Jahreszeit verdeutlicht uns zum einen die Signatur des Wesentlichen und zum anderen die gleichzeitige und nunmehr umgekehrte Anwesenheit der polaren Kräfte.

Leben wir die saturnische Energie ohne Respekt vor dem, was wir nicht verstehen, entstehen sowohl innen als auch außen lebens- und entwicklungsfeindliche Zustände. Psychologisch gesehen produzieren wir auf diese Weise unseren Schatten, jene seelischen Anteile, von denen wir aus welchem Grund auch immer glauben, sie nicht respektieren zu dürfen oder zu wollen. Dieses „Nicht“ ist meist verachtet und wirkt demzufolge auf das „Sein“ zurück – der Schatten übt also eine destruktive Wirkung aus. Archetypisch gesehen respektiert Saturn Neptuns Dimension, daher ist er willens, fähig und beauftragt, unseren Schatten zu manifestieren und uns jenseits unseres Willens Zustände und Begegnungen zu bescheren, die uns das Fehlende liefern.

Das Phänomen der Projektion ist die psychologische Entsprechung des Fische-Steinbock-Sextils. In diesem Falle wird der Respekt vor dem „Nicht" lediglich unbewusst ausgelebt und die dynamische Verbundenheit zwischen Bewusstsein und Schatten nicht erkannt. Statt bestimmte Eigenschaften bewusst selbst zu verkörpern, lassen wir sie unbewusst von anderen verkörpern – in der Hoffnung, auf diese Weise verhindern zu können, die abgelehnten Teile unseres Wesens mit unserer eigenen Lebenskraft zu füllen. Schattenbildung und Projektion kosten jedoch in Wahrheit eine enorme Kraft, da aus den abgelehnten Anteilen unseres Wesens auf diese Weise keine Kraft zurückfließen kann. Im Gegenteil werden wir immer kraftloser und abhängiger von der Lebenskraft jener, auf die wir unseren Schatten projizieren bzw. deren Projektionen wir tragen.

Zum Teil kommen auch unsere Schuldgefühle hierher, denn durch Projektion zehren wir im Grunde von einer Lebensenergie, die uns nicht zusteht. Das Phänomen der Projektion wird meist als ein persönlicher und von einer Person ausgehender Akt dargestellt, was jedoch nicht zutrifft. Projektion ist ein unterschwelliger Dialog, dessen Thema die Verschiebung seelischer Last ist. Wir verschieben unbewusst das, was uns als seelische Last erscheint, gern auf jene, die den Eindruck machen, als würde ihnen das, was uns schwerfällt, eben nicht schwer fallen.

In diesem Akt sind sich alle Beteiligten des Projektionsprozesses einig, nur fällt dem einen beispielsweise das Tun schwer und der anderen das Lassen. Die Gesamtsituation wird hierdurch zunächst entspannt, denn in stillschweigender Vereinbarung hilft man einander und stabilisiert das jeweilige System. Leben wir dieses saturnische Streben nach Struktur jedoch unabhängig von der individuellen Entwicklung der Beteiligten, erstarrt diese Aufteilung. Dann respektieren wir weder die der Struktur implizite Wandlung noch ihre Unterlegenheit gegenüber lebendigen Prozessen, sondern halten an unseren Rollen fest mit dem Ergebnis, dass uns der Projektionspartner zunehmend unerträglich wird – oder wir ihm.

Wenn innere und/oder äußere Strukturen sich wandeln, brechen die unterschwelligen „Projektionsverträge" auf, welche die ungewollten Lasten zunächst so praktisch „entsorgt" hatten. Im Ergebnis fühlt man sich voneinander im wahrsten Wortsinn belästigt. Halten wir an der

Projektion fest, weil wir uns nicht wandeln wollen, trägt an dem nun aufkommenden desolaten Zustand grundsätzlich der oder die andere die Schuld.

Abgesehen davon, dass uns die fixierte Projektion im Endeffekt mit der Welt entzweit, bleiben wir spirituell gesehen auf diese Weise der Schöpfung etwas von uns selbst schuldig. Denn es bedeutet, dass wir unsere Vorstellung vom Leben mehr lieben als das Leben selbst, und dass wir unsere Unfähigkeit, das irdische Leben zu lieben, auch auf unsere jeweiligen Götter projizieren. Das rechtfertigt dann „von höchster Stelle" unsere Lebensart, selbst wenn alle Ereignisse und sogenannten Zufälle unseres Lebens regelrecht nach einer tiefgreifenden Wandlung schreien und unsere geliebten Vorstellungen mehr und mehr Unheil anrichten.

Das Problem ist, dass wir Menschen den Sinn unserer Existenz innerhalb des Ganzen in der Regel nicht kennen – ein weit größeres Problem ist aber, dass wir deshalb nicht darauf vertrauen können, dass es ihn gibt und damit zu bizarren Umkehrschlüssen kommen. Da wir den Sinn des Ganzen nicht erkennen, halten wir die Schöpfung für weniger intelligent als uns selbst. Diesen fehlenden Respekt vor dem Unbekannten offenbaren wir sowohl im Großen als auch im Kleinen. Nachdem wir die Erde mittels unserer sogenannten Intelligenz halbwegs verwüstet haben und unseren Schatten und unsere Schuld nicht mehr so einfach übersehen können, beginnen wir langsam umzudenken und fangen an, von der Schöpfung zu lernen. Auch persönlich beginnen wir erst dann, unser Leben wesentlich zu verändern, wenn uns der persönliche „Supergau" droht. Erst dann fangen wir an, von den Instinkten unserer Seele und der Stimme in unserem Inneren zu lernen.

Was sich global abspielt ist also zugleich ein Spiegel dessen, wie wir mit uns selbst umgehen. Im Grunde glauben wir zu wissen, wie wir idealerweise geschaffen sein müssten, ohne dass wir uns überhaupt kennen. Wir erschaffen unseren Schatten und somit das, was wir persönlich unserer Seele schuldig bleiben wollen, weil wir uns nicht vorstellen können, dass das, was uns hat entstehen lassen, dazu intelligent genug ist und uns voll und ganz so gemeint haben könnte, wie wir sind. Was uns fehlt, ist Vertrauen. In einem Klima des Misstrauens unterminiert Neptun auf leichte Weise alles, was unserer Meinung nach dauern sollte.

In einem Klima des Vertrauens sind wir fähig, Schmuck, Früchte und Blätterwerk zur rechten Zeit loszulassen und Wirkungen zuzulassen, die uns nicht erklärbar sind.

Unserem nach Macht und Kontrolle strebenden Ich ist selten klar, dass das Erdelement es *anstrebt*, sich in Zyklen vollständig zu regenerieren. Der Energie des Steinbocks ist das Bewusstsein über diesen Prozess und das Vertrauen darin zutiefst inne. Dieses Vertrauen will angewendet werden. Wo immer die Energie des Steinbocks aus ihrer Beziehung zu den Fischen gelöst wird, wird sie rigide und lebensfeindlich, so dass der Untergang dessen, was sie hervorgebracht hat, erzwungen werden muss. In das Unsichtbare, Unbekannte zu vertrauen ist uns lediglich aus unserer kulturellen Prägung her fremd, nicht aus der archetypischen Struktur unserer Seele.

Die Wandlung Saturns ist nie beendet, sondern ein fortwährender Prozess. Das bedeutet zugleich, dass Schatten und Schuld weniger ein Versehen sind, sondern eher Pfänder, die wir dem Leben gegeben haben und deren Einlösung von Zeit zu Zeit ansteht. Der archetypische Tierkreis zeigt uns, dass die Qualität des Steinbocks stets dem Einfluss verwandelnder und übergeordneter Kräfte unterliegt und sie gleichzeitig zum Ausdruck bringt. Das führt zu der Erfahrung, dass transpersonale, unserem Willen nicht unterliegende Kräfte gerade dann sehr machtvoll in unser Leben eingreifen, wenn wir mal wieder einen Gipfel erklommen haben. Wir können uns dann über unsere Unterlegenheit ärgern und sie ohne Aussicht auf einen Sieg über die Schöpfung bekämpfen. Oder wir können es als zu unserem Wesen gehörend bejahen, in einem abenteuerlichen Rätsel zu existieren. Und erst dann wagen wir uns wirklich, unserem authentischen Wesen Ausdruck zu verleihen.

6. Nadelöhr: Steinbock zwischen Schütze und Wassermann

Die allem Lebenden zugrundeliegende Struktur hat archetypisch eine enge Verbindung zu den Energien der Transformation und Auflösung. Die vielbeschriebene Wandlung Saturns ist somit etwas, das dem ordnenden Prinzip des Steinbocks aufgrund seiner Position im Tierkreis innewohnt. Das bedeutet, dass die unsichtbaren Muster und geistigen Regeln, nach denen etwas geschieht, sich ändern können, wollen und müssen. Das bedeutet wiederum, dass sich auch sogenannte eherne Gesetze ändern können, dass selbst das dem Wandel unterliegt, von dem wir glauben, dass es ewig sei. In diesem Sinne gibt es keine endgültigen Lösungen und auch keine Ewigkeit – außer vielleicht jener, dass alles zu seiner Zeit wird und vergeht.

Die Veränderung grundlegender Strukturen ist kein Kinderspiel. Sie ist nicht etwas, das wir leichtfertig vornehmen können, so wie wir etwa eine andere Haarfarbe ausprobieren. In der Regel ist es eher so, dass wir sie nicht wollen, denn Strukturveränderungen haben weitreichende Konsequenzen, die wir *nicht mehr rückgängig* machen können, mit denen wir uns also als neue Struktur auseinandersetzen müssen. Ein Beispiel hierfür sind die Experimente in der Gentechnologie. Hier greift der Mensch in das ordnende Muster der Materie ein, ohne die Konsequenzen zu erkennen (Schütze unerlöst). Das bedeutet nicht, dass dort keine sind. Die, welche wir nicht kennen, kommen später als sogenannte, meist unangenehme, Überraschungen (Wassermann unerlöst) auf uns zu und bestimmen dann die Nöte der Gegenwart (Steinbock unerlöst).

Es ist jedoch auch der Steinbock-Anteil in unserer Seele, der solch massive Eingriffe fordert, und diese Erkenntnis kann uns etwas von den Gefühlen der Schuld, Zwanghaftigkeit und Angst nehmen, aus denen heraus wir nicht selten erst solche Dinge tun. Die Erkenntnis kann uns auch dazu befähigen, in der zunehmend ihre schädliche Seite offenbarenden Technologiegläubigkeit den Faktor der Projektion zu erkennen. Im Prinzip versuchen wir, das Geheimnis des Todes mittels wissenschaftlicher Forschung über die Außenwelt zu lösen. Es ist jedoch stets unser persönlicher Tod, der uns keine Ruhe lässt, und somit gehört dieses Thema eigentlich in unsere Innenwelt. Fasziniert von den äußeren Ereignissen können wir damit jedoch innerlich nicht Schritt halten. Auf diese Weise konfrontieren wir uns mit einer Technik, zu deren Anwendung wir erst noch heranreifen müssen. Und was auf dem Spiel steht, ist unsere Zukunft.

Die Position des Zeichens Steinbock zwischen Schütze und Wassermann kennzeichnet eine seiner undankbarsten aber auch effektivsten Aufgaben. Im Dienst des Lebens will er seinen Wandlungsauftrag vollziehen, kann das aber nur mit der *bewussten Zustimmung des Ich.* Stellt das Dreieck zwischen Steinbock, Skorpion und Fische noch eine Art „kosmische Abmachung" zur Wandlung dar, so zieht sich in der Folge Schütze-Steinbock-Wassermann die Schlinge quasi zu, wodurch das Individuum ein aktiver, bewusster und teilnehmender Zeuge dieses Prozesses wird. Die Janushaftigkeit des Steinbocks kommt zwischen seinen direkten

Nachbarn wohl am ehesten zum Ausdruck. Auf unserem Entwicklungsweg zum bewussten Menschen stellt er eine Schleuse dar, eine Prüfung, eine Wächterfunktion und eine streng beschneidende Energie.

Betrachten wir aktuelle gesellschaftliche Entwicklungen zugleich als Metapher für Prozesse, die sich in unserer Seele manifestieren wollen, müssen wir uns fragen, inwieweit wir es für uns persönlich zulassen können, dass sich die Strukturen, nach denen wir unser Leben ausrichten, grundlegend wandeln. Wandeln bedeutet, dass wir etwas sterben lassen können *ohne* zu wissen, ob etwas und wenn ja, wann und was wiederaufersteht – ohne also mit unserem Willen die Zukunft kontrollieren zu können. Inwieweit können wir das? Inwieweit können wir Vergangenes als solches erkennen und tatsächlich hinter uns lassen? Inwieweit können wir die Leere ertragen, welche notwendig ist, damit sich ein neuer Impuls bilden und entfalten kann? Inwieweit bestehen wir ihn – den Winter in unserer Seele?

a. Tunnel

Im Übergang von Schütze zu Steinbock finden wir die längste Nacht des Jahres, die Wintersonnenwende. Die dem Schützen zugeordneten Eigenschaften wie Toleranz, Verständnis, Optimismus und Weitsicht sind somit auch eine *Reaktion* auf das Erlebnis von zunehmender Dunkelheit. Im Schützen ist Advent in unserer Seele und wir lernen, an das Licht am Ende des Tunnels zu *glauben*. Im Steinbock passieren wir den Tunnel. Die Frage ist: Wozu muss es überhaupt einen Tunnel geben?

Wandlungen haben die Eigenschaft, dass sie nichts vom alten Zustand übrig lassen, außer dem Keim für neues Leben. Wenn wir in einer Phase stecken, die von Steinbock geprägt ist, wirkt im Hintergrund immer die Absicht, allem Alten und Überlebten ein Ende zu bereiten. Für unsere Schütze-Seite sind die nun auftretenden Verluste beschwerlich, und wenn wir nicht über genügend Weitsicht und Toleranz verfügen, zumindest an ein Licht am Ende des Tunnels zu glauben und den Prozess auszuhalten, kann ein erbitterter Kampf zwischen diesen beiden Energien entbrennen. Je mehr sich die Realität unseren Ansprüchen und Hoffnungen verweigert, umso fanatischer können wir dann in unseren Überzeugungen werden.

In seiner energetischen Ausrichtung bildet das Zeichen Steinbock vermeintlich einen Gegensatz zum Schützen. Schütze will mehr, Steinbock wenig, Schütze will Weite, Steinbock Enge, Schütze will Visionen, Steinbock Realität. Die Wandlung Saturns ist jedoch abhängig von der Wandlung unserer Überzeugungen. Wenn wir also zu mehr Autorität über unser Leben gelangen wollen, müssen wir Glaubenshaltungen aufgeben, die uns bewusst oder unbewusst davon abhalten. Tragischerweise haben diese Glaubenshaltungen jedoch meistens dazu geführt oder sind daraus entstanden, dass wir innerhalb eines bestimmten Kontextes erfolgreich waren.

Um heil durch den Tunnel zu kommen, müssen also unser bisheriger Erfolg und unsere Errungenschaften sowie deren Mechanismen hinter uns zurückbleiben. Das ist leichter gesagt als getan, denn unser Erfolg ist ein Ausdruck dafür, *dass unser Wille wirksam ist.* Wir müssen also nicht weniger hinter uns lassen als den Glauben an die Effektivität unseres Willens. Im Augenblick gehört er – bis auf eine winzige Kleinigkeit – zu unserer Vergangenheit.

Unsere Entwicklung zur Unabhängigkeit von äußeren Autoritäten, zur Bildung der eigenen Urteilskraft und zu einer selbstverantwortlichen Lebensführung verändert uns auf eine umfassende Weise. All unseren bisherigen Möglichkeiten wird ein dauerhaftes Ende gesetzt, und wir werden innerlich auf das absolut Notwendige begrenzt, um die Passage durch den Tunnel zu überstehen. Wie bei einer Geburt ist diese Phase nicht ungefährlich, erscheint uns manchmal lebensbedrohlich und presst uns auf die minimale Größe zusammen.

Das Wesentliche übersteht diese Phase. Wenn Saturn uns „in der Zange" hat, bleibt womöglich irgendwann nichts mehr übrig außer dem Willen, zu (über-)leben. Er scheint das Einzige zu sein, das wir in unsere Zukunft mitnehmen können. Er ist die Kleinigkeit, die saturnische Phasen übersteht, ja, mehr noch: Die Bewusstwerdung der Lebenskraft ist Ursprung und Ziel des Steinbocks. Ohne diesen Prozess würden wir nicht wahrnehmen können, dass mehr als unser bewusstes Ich in uns wirkt.

Indem Steinbock uns Möglichkeiten nimmt, Erfolge beschneidet, Überzeugungen verwehrt und unseren Gott zum Schweigen bringt, führt er uns vom Werden zum Sein. Wir werden als das (neu) geboren, was wir *sind* und erfahren unser Wesen als etwas, das auch jenseits raumzeitlicher oder polarer Dimensionen existiert. Diese neue Wahrnehmung ist Ergebnis einer Vergangenheit und Ausdruck ihrer Komprimierung. Durch die Enge, den Druck, die Dunkelheit und die Kargheit ist aus allem, was wir einst waren, etwas vollkommen Anderes entstanden. Wie ein Diamant einst ein Baum mit allen Möglichkeiten seiner Gattung war und zum Stein und zugleich Symbol wurde, wechseln auch wir durch die Begegnung mit Saturn unwiderruflich die Seinsform, der wir angehören.

Im Wandlungsprozess des Erwachsenwerdens lässt sich das noch am ehesten nachvollziehen. Auch hier wechseln wir unsere Seinsform auf eine unumkehrbare Weise. Zwar interpretieren wir diese Phasen in der Regel eher auf eine Weise, dass wir mehr werden (endlich erwachsen...), wir verlieren jedoch den Schutz der Unschuld und den Anspruch auf permanente Fürsorge. Mit Saturns Rückkehr auf seine Geburtskonstellation nach ca. 28 - 30 Jahren beginnen wir auch innerlich seinen Anspruch zu spüren, gepaart mit der Forderung des Verzichts auf unsere bisherigen Möglichkeiten – und sei es auch nur die Möglichkeit der Flucht. Von innen oder außen wird uns angetragen, ernst mit uns zu machen.

Indem unseren Möglichkeiten und Visionen Grenzen gesetzt werden, wird unser Wesen immer dichter. Das bedeutet jedoch auch, dass wir durch die Verwirklichung unserer selbst von den Möglichkeiten, die außerhalb unseres Wesens liegen, Abschied nehmen müssen. In der Regel ist uns am Anfang unseres Weges nicht bewusst, dass unsere tatsächlichen Möglichkeiten selten mit den angenommenen übereinstimmen. Im Prinzip wissen wir zu Beginn des Weges nicht, was wir wirklich wollen, sondern lediglich, was wir gern wollen würden. Die Unterscheidung findet in der Passage durch den Tunnel statt, denn Saturn kann nur jenem Form verleihen, das die Kraft des echten Willens in sich hat.

Durch die Konfrontation mit Verneinung und Ablehnung werden wir fähig, diese innere Wahrheit, den echten Willen zu erkennen. In Phasen sogenannten Misserfolges offenbart sich das Potenzielle, das Überflüssige, das Schütze so liebt. Das rein Potenzielle – in Form all der Möglichkeiten, die wirklich werden *könnten*, wenn die Bedingungen entsprechend *wären* – hat nicht die Kraft, die Passage durch den Tunnel, die „mageren Zeiten", zu überstehen. Ihm fehlt die Seelenenergie, jener entscheidende Funke Leben.

Was nicht wahrhaftig ist, dessen Manifestation will uns dann nicht gelingen, selbst wenn der Versuch dazu uns an den Rand der Erschöpfung bringt. Die Offenbarung und der Tod des Überflüssigen führen jedoch auch zur Offenbarung und der Geburt des Wesentlichen, welches sich durch den saturnischen Prozess aus der Fülle der Möglichkeiten herausschält, weil es *unbedingt* nach irdischer Verwirklichung strebt. Die Affinität des Steinbocks zum Streben nach gesellschaftlicher Anerkennung beruht zum großen Teil auf diesem Mechanismus: Was wirklich ist, soll offenbar werden.

Durch den konkreten oder symbolischen Akt der Reduktion und Verdichtung kann die Essenz des „Ausgangsmaterials" sichtbar werden. Sie ist unser innerster Kern, unser wahres Wesen, unser Selbst oder welche Bezeichnung auch immer Sie dieser Kraft in sich geben. Diese Essenz ist jedoch im Grunde immer Licht.

b. Stillstand und Gipfel

In seinem Dialog mit der Energie des Schützen fängt Steinbock nur das *Feuer* des Schützen ein, jene geistig-seelische Energie, mit der wir unseren Platz im Ganzen und daraus ableitend unsere Taten erklären. Letztendlich ist es nur unser Glaube, die geistige Kraft der Überzeugung, die den Tunnel betritt. Da unsere Überzeugungen unsere Lebenskraft organisieren, sind sie es auch, die einer Prüfung unterzogen werden. Den intuitiven Fähigkeiten der Schütze-Energie entspringt der Glaube an die Sinnhaftigkeit des Daseins, an die Wirksamkeit des menschlichen Willens, an Gott oder Göttin, an eine höhere Kraft oder Intelligenz, die mit uns verbunden ist. Diesen Glauben gilt es zu erkennen, zu definieren und zu bewerten, denn wenn sich unser Glaube nicht wandelt, kann sich auch unsere Realität nicht wandeln. Das Sextil zwischen Skorpion und Steinbock wird hier zu einem Prozess, in dem das Ich seine eigene Beteiligung erkennen und bewusst wahrnehmen kann.

An diesem Punkt stellt Saturn uns in Frage und lenkt unsere Aufmerksamkeit zugleich auf zwei Dinge: auf den Unterschied zwischen Glauben und Realität und auf deren Wechselwirkung miteinander.

Nichts kann sich ändern, wenn wir nicht zur Einsicht kommen, und in Bezug auf unsere Überzeugungen fragt Saturn: Wenn du dieses oder jenes glaubst – was tust oder lässt du *dann*? Was tust oder lässt du *damit*? Was tust oder lässt du *deswegen*? *Wozu* hast du deinen Glauben? Wozu befähigt er dich? Und seine ketzerischen Fragen stellt er meist erst zum Schluss: Woran hindert dich dein Gott, deine Göttin, deine Überzeugung? Was fehlt dir *wegen* ihnen? Warum verlässt du sich nicht?

Die Prüfung unserer Überzeugungen ist nicht einfach, denn sie machen aus uns mehr als die Summe der Teile. Unsere Überzeugungen machen uns groß, ihre Untersuchung macht uns erst einmal wieder klein. Auf unserem Weg zu einem selbstbestimmten Individuum kommen wir daran jedoch nicht vorbei. Gerade in den Misserfolgen, die uns unsere Realität beschert, können wir jene Vorstellungen von Zusammenhängen erkennen, die einer Wandlung bedürfen. Das ist ein erster Schritt zu innerer Integrität, ob er uns gelingt, hängt jedoch wesentlich davon ab, wie wir den größeren Zusammenhang definieren. Das gilt es zu prüfen, denn je mehr wir uns Eigenautorität unbewusst verweigern, umso richtender werden unsere Götter sein. Je richtender unsere Götter sind, umso belastender gestaltet sich unser Aufstieg zu unserem inneren Gipfel. Und die Lasten, die wir glauben, als Preis für den Aufstieg ertragen zu müssen, sind ein Indiz für die Qualität unserer jeweiligen Götter.

Steinbock ist nicht umsonst die Projektionsfläche für den Teufel. Die Energie des Steinbocks negiert den Glauben des Schützen, denn so lange er ungeprüft existiert, versuchen wir unbewusst auch, mit den Göttern zu handeln. Diese Götter sind in der Regel draußen, weit weg, sehr groß, und sie stellen Bedingungen. Es sind jedoch Bedingungen, die wir uns aus unseren eigenen Erfahrungen von Erfolg und Versagen gestrickt haben. Es sind Bedingungen, die wir uns durch unsere menschliche Erklärung der Welt und unserer und des Göttlichen Rolle darin selbst geschaffen haben.

Die Existenz äußerer Götter verhindert unser Weitergehen und unsere Entwicklung zu eigener Verantwortung. Ihre Existenz veranlasst uns, Veränderungen von ihnen zu erbitten anstatt sie selbst zu vollziehen. Ihre Existenz bewirkt, dass wir auf ihre Erlaubnis warten, so werden zu dürfen, wie wir sind, wobei die Definition dessen bei ihnen liegt.

Solange wir in dieser Einstellung verharren, geschieht konkret nichts. Die Last des Lebens liegt auf uns wie ein Stein. Alles steht auf bedrückende Weise still, denn diese Götter antworten nicht: „Das Hinterhältige an der Beziehung zu dir war, dass die Unmöglichkeit, dich zu erreichen, [...] zu *meinen* Lasten ging.“[32]

Ein äußerer Gott bleibt den Beweis immer schuldig. Dies ist eine der langwierigsten, schmerzhaftesten und deprimierendsten Lektionen, die uns Saturns Energie zufügen kann. Sein einziges Instrument, das er hierzu benötigt, ist die Zeit. Die Erfahrung, die uns bei diesem Prozess begleitet, ist der Stillstand. Nach dem Handel mit unseren jeweiligen Göttern warten wir auf Ereignisse. Erst voller Überzeugung, dann voller Hoffnung, dann voller Eifer (von dem andere selten verschont bleiben), dann voller Überheblichkeit, dann voller Neid, dann voller Eifersucht, dann voller Zorn und schließlich (endlich) voller Empörung. Im Sich-empören (emporheben) schließt sich in unserer Seele Schütze mit Wassermann kurz. Das archetypische Sextil wird aktiviert, und der Schalter hierzu war Saturn mit seinem ewigen und sturen Nein. Wie bei einer Glühbirne ist es auch in unserer Seele der Widerstand, der das Licht bewirkt.

Wenn Götter sterben, finden wir uns mit klarem Kopf und befreit von ihren Forderungen und Versprechungen auf einem Höhepunkt unseres Bewusstseins wieder. Erst durch das Wagnis, Götter und Überzeugungen in uns in Frage zu stellen, können sie sterben und den Blick auf die Realität freigeben. Erst dann können wir auf dem Gipfel die neue und überraschende Aussicht genießen. Wir können nicht eher unsere Menschenrechte in Anspruch nehmen, ehe der äußere Gott gestorben ist. Wenn sich die Realität lange genug ihrer Erklärung durch unsere Überzeugungen verweigert hat, beginnen wir schließlich, die Überzeugungen selbst anzugreifen. In den Augen religiöser Institutionen ist das mit Fegefeuer zu ahndendes „Teufelswerk“, und auch die westliche Ersatzreligion der Wissenschaft verfährt ähnlich unbarmherzig mit ihren Ketzern. Diese Verweigerung des Glaubens ist das Werk Saturns, denn erst durch Widerstand wird Prometheus auf den Plan gerufen.

32 Tilman Moser: Gottesvergiftung. Suhrkamp Taschenbuch, 1980, S. 27.

Doch das Wie erklärt noch nicht das Warum. Warum sind saturnische Prüfungen unseres Glaubens notwendig? Warum muss das, von dem wir überzeugt sind, erst sterben, bevor wir frei werden? Warum müssen wir erst zur Einsicht kommen, um ein selbstbestimmtes Individuum zu werden? Warum streben wir überhaupt nach der Dimension des Wassermanns? Die Antwort mag profan klingen: Weil wir Menschen sind. Sie ist jedoch nicht profan, denn die Freiheit unseres Geistes ist der Sprengsatz, der uns von Beginn unseres Lebens an zu Ungehorsam befähigt und unsere Entwicklung antreibt. Die geistige Freiheit ist notwendig, um zu überleben und um Mensch zu werden und zu bleiben. Jede Überzeugung bindet den Geist und enthält ihn somit der Evolution vor.

Geistige Freiheit offenbart, was die wirksame Realität in uns ist: *der* Lebenswille, von dem wir ein Teil sind und der *durch uns* innerhalb der Materie wirkt. Dieser Wille unterscheidet sich in seiner Qualität vollkommen von unserem persönlichen Willen, welchem wir im Handel mit unseren Göttern mehr Nachdruck verleihen wollten. Der Lebenswille beansprucht keine Macht, weil er Macht *ist.* Er stellt keine Bedingungen, weil er Bedingung *ist.* Und er braucht keine Versprechen, weil er dessen Einlösung ist. Das Selbst-Verständliche in uns hält der Verneinung immer stand. Wie alles Selbstverständliche ist es uns zunächst nicht bewusst. Es fällt uns gar nicht auf, eine individuelle Variation über das Leben zu sein.

Steinbock setzt uns unserer persönlichen Not aus, nämlich jenen Überzeugungen, mit denen wir uns selbst an der bewussten Teilhabe am Lebenswillen hindern. Sein Ziel ist es, uns auf die Spitze zu treiben, uns auf den Punkt zu verdichten, der wir wahrhaft sind. Um diesen Punkt zu erreichen, muss auch die letzte unserer äußeren Autoritäten „sterben", die letzte Möglichkeit für die Projektion von Strafe und Lohn. „Dann dachte ich, ich kann nicht glücklich sein, wenn mich Menschen an leitender Stelle in diesen Institutionen ablehnen, und es überfiel mich etwas von jenem alten Gefühl der Verworfenheit. Manchmal fürchte ich, du könntest mich soweit gebrochen haben, dass ich im Ernstfall [...] nicht fähig wäre, den absoluten Zorn oder die Ungnade des Mächtigen zu ertragen. Ich fürchte, du hast mich korrupt gemacht, weil ich auf deine Zustimmung und Gnade nicht verzichten konnte.“[33]

Durch das Verlassen der Götter wird in uns erst das *Bewusstsein* darüber geboren, wer und *was* wir sind, was es bedeutet, lebendig und ein einmaliger Mensch zu sein. Im individuellen Horoskop ist es häufig das Zeichen am MC, dessen Kernfunktion für unsere Seele wir nicht erkennen dürfen, da sie die Macht unserer Götter gefährdet. Gerade die Eigenschaften dieses Zeichens erweisen sich jedoch in Notsituationen als Anker und Gipfelkreuz zugleich.

Aus der Sicht des inneren Schützen bringen diese Qualitäten Not. Unsere Schütze-Seite lehnt Saturns Qualitäten zunächst ab, weil sie uns die Grenzen unseres persönlichen Willens aufzeigen. Der vierte Quadrant beinhaltet jedoch nicht umsonst kein Feuerzeichen. Aus der Sicht des Wassermanns in unserer Seele ist das Verneinen der Götter ein Akt der Befreiung von Ballast und Übergewicht. In diesem Sinne macht Saturn uns den Weg zum Aufstand frei. Doch es wäre nicht Saturn, wenn dieser Weg keine zwei Seiten hätte: Zwar verweigert uns die Realität in saturnischen Phasen die Bestätigung unserer Überzeugungen oder unseres Glaubens, sie zwingt uns aber auch zu der Beachtung ihrer Macht. Indem wir unsere Götter und Überzeugungen anzweifeln, sie prüfen, ihnen gegebenenfalls die Treue bestätigen oder sie verlassen, anerkennen wir zugleich die innerseelische Wirkungsmacht des Glaubensprinzips an sich. Und das ist der Schlüssel.

c. Noch einmal: Janus

Saturns Qualität tendiert dahin, dass wir uns bewusst erste Schritte in uranische Gefilde wagen. Die Abwendung von äußeren Göttern, übernommenen Überzeugungen oder sich höher stehend wähnenden Autoritäten birgt jedoch auch ein moralisches Risiko in sich. Daher kann unser Ich nur so viel Freiheit wahrnehmen, wie es reif dazu ist. Wenn sich aufgrund der archetypischen Dynamik Strukturen stets grundlegend wandeln wollen, muss es ein Ich geben, das als Zeuge und handelndes Element wirkt. Die archetypische Wandlungsdynamik

33 Tilman Moser: Gottesvergiftung, a.a.O., S. 45

wird durch das Dreieck Skorpion-Steinbock-Fische dargestellt. Die bewusste Bewältigung dieses Prozesses zeigt jedoch die Folge Schütze-Steinbock-Wassermann. Das bedeutet, dass der Mensch auch bei kollektiven Prozessen bewusst „mitgehen“ kann, indem er fähig ist, seine Überzeugungen in Frage zu stellen und reif genug ist, das Risiko des Neuen zu erkennen und zu tragen.

Das Interesse saturnischer Energie ist die Konsequenz, also auch die Konsequenz ihrer selbst. Und die Konsequenz einer inneren Haltung, die auf Eigenverantwortung und Eigenautorität beruht, ist letztlich die Freiheit des Individuums. Dass sich dieser Prozess hoch oben, am Dach des Tierkreises abspielt, verweist auf seine kollektive und gesellschaftliche Relevanz. Folglich ist es eher weise als ärgerlich, dass unser Weg zur Individualität Zeit benötigt und von Prüfungen begleitet wird.

Wann immer die Steinbock-Energie die Tür zum Wassermann freigibt, sind wir fähig, die *qualitativen* Aspekte von Raum und Zeit wahrzunehmen. Wir dürfen dann einen flüchtigen Blick darauf erhaschen, dass das, was wir schon zu kennen glauben, noch eine andere Seite hat, die *gleichzeitig* wirkt. Diese andere Seite ist subjektiv und drückt sich in unsichtbaren Rhythmen, Frequenzen und Mustern aus, die unerkannt als Wirkungen von Willkür, Zufall oder Gott erscheinen und die das *bewegende Element der Materie selbst* sind. Bei jedem Blick durch diese Tür kommen wir dem Geheimnis der Schöpfung ein Stückchen näher.

Früher erkannten wir beim Blick durch diese Tür beispielsweise, dass wir auf zwei Beinen laufen können, dass Männer das Leben zeugen, dass die Erde sich um die Sonne dreht, dass wir ein Unterbewusstsein haben, dass im Innersten des Atoms vor allem Leere ist usw.. Das sind heute keine wassermännischen Attribute mehr, sondern gesellschaftlich akzeptierte, saturnische Tatsachen. Der Inhalt des Wassermanns ist flüchtig und nicht unbedingt selbst uranisch. Selbst die digitale Technik – von ihrer Historie und Funktionsweise her dem Wassermann zuzurechnen – ist inzwischen gesellschaftliche Norm mit ganz saturnischen Konsequenzen geworden.

Uranisch bzw. prometheisch ist es immer nur, „den Göttern das Feuer zu stehlen“ und den Geheimnissen der Existenz mittels des eigenen Geistes näher zu kommen. Saturn verlangt für den Eintritt in diese

Dimension einen Preis – in unserer Zeit vielleicht am ehesten die Aufgabe der Anbetung des individuellen Willens und der Vorstellung einer Getrenntheit des Ichs von *kosmischen* Prozessen. Wie die Inhalte des Wassermanns wechseln, so wechselt auch der Preis. Kern des Preises ist es jedoch immer, den Glauben zu opfern, an dem das sich selbst überschätzende einzelne oder kollektive Ego mit der Absicht der Erhaltung seiner Macht festhält.

So wie wir nur sehen können, wenn wir die Augen öffnen und die entsprechenden Wellen in uns hineinlassen, so können wir uns einer neuen Dimension der Existenz nur dann bewusst werden, wenn wir unser Ich in ein wirksameres Größeres stellen. Für diesen Akt kennen wir die Begriffe Disziplin und Demut, und er will mit Respekt vor dem Unbekannten, um nicht zu sagen: mit Ehrfurcht vollzogen werden. Die Barrieren, die das Zeichen Steinbock vor den Zutritt zum vierten Quadranten legt, dienen in erster Linie unserem Schutz. Die geistige Lebensdynamik wird von weit intensiveren und stärkeren Kräften bewirkt, als wir es uns vor der Schwelle vorstellen können. Uranischen Dimensionen müssen wir uns reif bzw. bewusst nähern – sonst werden wir womöglich tatsächlich verrückt und verbrennen im irrationalen Feuer der widersprüchlichen Ereignisse, Erkenntnisse und Befindlichkeiten.

Wenn wir glauben, dass einzig unser Wille unser Leben steuert, kann uns eine geballte Ladung Uranus gehörig aus der Bahn werfen, denn wir haben dann den Eindruck, als ob uns unser inneres und äußeres Leben entgleitet. Mit der kausalen Interpretationsweise des Schützen versuchen wir dann, Situationen zu erklären (notfalls war es dann der Wille Gottes), die aus der Perspektive von Synchronizität und Analogie zwar einleuchtend sind, ansonsten jedoch chaotisch erscheinen. Für jede Annäherung an Schöpfungs- und Selbsterkenntnis verlangt Saturn einen Gott, eine Göttin, eine Überzeugung, eine scheinbar gesicherte Erkenntnis oder einen Glauben als Preis. Wenn wir berücksichtigen, dass uns selbst die teilweise Erkenntnis der Welt ungeheure Macht ermöglicht, ist der Preis dafür nicht zu hoch.

Uranische Freiheit kennt keine Götter, im Gegenteil: Der Menschengeist ist evolutionär darauf ausgerichtet, sie zu stürzen, wo immer sie sind. Damit entbindet uns die Energie des Wassermanns der Verantwortung für die *Bedingungen* der Schöpfung und offenbart uns unsere Geschöpflichkeit. Erst eine menschliche Integrität, die Autorität nicht mit Herrschaft von Geschöpfen über Geschöpfe verwechselt, erfüllt Saturns Bedingungen für den seelischen Sprung in diese andere Dimension. Vorher bleibt die Tür geschlossen, und unsere scheinbar uranischen Erlebnisse sind nur ein nervöses Echo auf eine irritierende Ebene des Seins.

Ein unreifes Ich leitet aus den persönlichen Zufällen ein allgemeines Regelwerk ab, macht aus der persönlich benötigten Nahrung allgemeine Rechte, aus der Dynamik der persönlichen Zufälle allgemeine Erklärungen und aus den persönlichen Hindernissen zur Konzentration auf das eigene Ziel allgemeine Pflichten. Ein solcher Umgang mit der Saturnqualität macht sich die innere Wassermannseite als einen Rebellen zum Feind, weil er ihr das Existenzrecht abspricht. Er hebt Menschliches auf den Himmelsthron, sperrt es damit letztendlich ein und provoziert auf diese Weise den eigenen dramatischen Sturz.

Ein reifes Ich wächst zu dem Bewusstsein heran, dass wir auch eine Qualität benötigen, die uns vor uns selbst schützt. Innerhalb eines vernetzten und von der Gesundheit seiner Teile abhängigen Systems muss die Vielfalt koordiniert werden, damit das Ganze in einem lebensfähigen Gleichgewicht bleibt. Das gilt sowohl für das System unseres Planeten als auch das System unserer Seele. Gleichgültig welcher Teil der Vielfalt eine Sonderbehandlung beanspruchen oder sich zum dauerhaften Maß der Dinge machen will – dies gefährdet früher oder später das Ziel des Ganzen. Dieses Ziel hat Saturn bei seinen regulierenden Maßnahmen stets im Blick.

Die Energie des Wassermanns entzieht sich dieser Regulierung nicht, sondern fördert sie durch stets ausschließlich auf die gegenwärtige Situation bezogene Wirkungen. Uranus ist flüchtig, seine Regeln ändern sich so häufig wie die Qualität des Moments. Um aber wirksam werden zu können, benötigt er eine beurteilte Zustandsbeschreibung, welche ihm nur Saturn liefern kann. Dabei hängt es von der Starrheit unserer Überzeugungen ab, ob Uranus zum Bombenleger wird oder nicht. Betonieren wir unsere Götter, kann der Wandlungsprozess nicht fortschreiten und Saturn seine Tür zur Individualität nicht öffnen. Dann wird sie früher oder später „aus heiterem Himmel“ gesprengt.

Begreifen wir hingegen die Verneinungen unserer Wachstums-, Größen- und Bedeutungsansprüche als eine Aufforderung Saturns, unsere geistige Haltung in Frage zu stellen, treten wir in den Reifungsprozess ein, der uns letztendlich zu individueller Freiheit befähigt. Saturns höchstes Gesetz lautet: So lange unsere angestrebte Freiheit dem Ganzen schadet, werden wir nicht ihr Nutznießer, sondern ihr Opfer – ob auf persönlicher oder kollektiver Ebene. Das gilt für alles, was uns die uranische Qualität bringt und im Lauf der Geschichte gebracht hat. Am kritischen Berührungspunkt zwischen Steinbock und Wassermann wartet auf uns das heikle Thema der Moral. Es kann jedoch ebensowenig umgangen werden wie die Wandlung des Bestehenden selbst.

Vor allem durch die Begegnung mit ethischen Fragestellungen befähigt Saturn uns, vom quantitativen zum qualitativen Menschen zu werden. Er verhilft uns zu dem Bewusstsein, dass Raum und Zeit stets augenblicklicher Ausdruck eines wirkenden Geistes sind, der mit unserer Seele in direkter Verbindung steht. Somit wandeln wir uns vom unbewussten Naturwesen zum bewussten Geistwesen. Die Seinsform, der wir angehören, heißt dann nicht mehr lediglich Ich, Frau, Mann, Mensch oder Erdling. Wir sind dann zugleich ein unvergleichliches und einheitliches, vergängliches und ewiges Symbol für das Leben, an dem wir teilhaben und das (auch) durch uns zum Ausdruck kommt. Wenn wir aufhören, unser Schicksal persönlich zu nehmen, kann uns diese Erkenntnis am tiefsten Punkt saturnischer Versagungen wie ein Blitz treffen und mit uns selbst versöhnen.

d. Licht

Die Schwelle zwischen Wassermann und Schütze ist keine einfache Position. Durch unser eigenes Verhalten wird hier mitentschieden, in welcher Qualität wir die transpersonalen Energien erfahren. Nimmt die Prüfung des Glaubens überhand, erstirbt schließlich jeglicher Optimismus und jegliche Motivation, weiterzuschreiten. Dann empfinden wir die uranische Energie als zwingend und störend, als destruktiv und anarchisch. Das Gleiche kann uns jedoch passieren, wenn wir unsere Überzeugungen für das Maß der Dinge und als über allem stehend betrachten, als unangreifbares, heiliges Wort. Es ist ein schmaler Grat, auf dem wir mit Saturn wandeln. Ignorieren wir jedoch generell die Existenz eines solchen Grates, erfahren wir unser Leben stets zwischen Hybris und Sturz und jenseits unserer eigenen Beteiligung daran.

Im Verlauf von lebendigen Prozessen kommen unweigerlich Momente, in dem die Energie des Steinbocks für das weitere Gelingen nicht mehr zuständig ist. Steinbock befähigt uns dazu, auf eine Art und Weise vorzugehen, deren Konsequenzen absehbar sind. Daraus resultiert unsere Fähigkeit, für uns geradezustehen und Verantwortung zu tragen. Aus diesem Grund baut die zehnte Energie auch alle Übertreibungen und Überheblichkeiten ab. Wenn das jedoch weitgehend vollzogen ist, ist es nötig, sich von der alten Form zu trennen und den Kokon zu verlassen. Saturn kann nicht trennen, er kann lediglich unterscheiden und zusammenhalten. Folglich muss hier ein Akt des Vertrauens geschehen, wie es das Sextil zu den Fischen ja bereits nahelegt. Steinbock regiert über die Formen und hat den Wandlungsimpuls in sich. Den individuellen Vollzug der Wandlung muss diese Energie jedoch dem Wassermann überlassen, denn er kann trennen und die Bindung an das Vergangene aufbrechen.

Die alte Herrschaft Saturns über das Zeichen Wassermann zeigt noch etwas von der Verbundenheit der beiden Energien. Alle Formen, die Saturn herausbildet, sind Zwischenformen innerhalb eines organischen Wachstums. So wie er stets strukturiert, bedarf es jedoch auch des steten Bruches, um die übergeordnete Form manifestieren zu können. Ansonsten säße er in seinem eigenen Prinzip wie in einem Gefängnis fest. Saturn ist das Samenkorn, Uranus jene Kraft, die es aufsprengt. Letztendlich entstehen hierdurch wieder Samenkörner, doch *das wissen wir in diesen Augenblicken nicht.*

Diese Unwissenheit ist mit ein Grund dafür, dass wir der Energie des Steinbocks ihre Qualität übelnehmen. Wir sehen so lange keinen Sinn in der Enge, der Dunkelheit und Kargheit, der schwierigen Situation an sich, bis wir sie überstanden haben. Erst nach der „Geburt" erkennen wir, dass die Passage durch den dunklen Tunnel notwendig war und uns einem neuen Sein zuführt, einer neuen Stufe auf dem Weg zu unserer individuellen Identität. Uns geht im wahrsten Sinne des Wortes ein Licht auf, wer und was wir wirklich sind. Erst im Wassermann löst sich die Projektion des „Bösen" auf Saturn, und damit auf die Welt und

Materie schlechthin, auf – und erst dann hört das sogenannte Böse auf, getrennt von uns zu existieren.

Das ist zwar erleichternd, kann zugleich jedoch auch beschämend, peinlich, demütigend oder einfach voller Komik sein, denn wir erkennen plötzlich unsere eigenen Irrtümer, Dummheiten und abstrusen Interpretationen. Aus diesem Grund scheut etwas in uns den „Wachwechsel", wehren wir uns gegen uranische Lösungen und halten an bestehenden Einstellungen fest. Lieber schimpfen wir mit unserem großen, stolzen Ich über die schreckliche Situation, anstatt unseren Führungsanspruch aufzugeben und uns dem Prozess hinzugeben. Mit dem Loslassen und der Übergabe der Zuständigkeit an „den Zufall" trennen wir uns zugleich von unserem alten Ich. Das neue Ich scheint kleiner, denn das Bewusstsein des Selbst ist gewachsen.

Ob wir jedoch die Abgabe der Führung an den Entwicklungsprozess wagen, hängt von unserem Glauben und unserer Einsicht in die Dynamik des Lebens ab. So lange wir glauben, dass ohne unsere Kontrolle das vermeintliche Chaos droht, erkennen wir nicht, dass wir uns in einem übergeordneten Prozess befinden. Dieser übergeordnete Prozess vermittelt uns jedoch nichts anderes, als dass es ab einem bestimmten Punkt nicht mehr in unserer Zuständigkeit, Kompetenz und Verantwortung steht, wann was geschieht. Hier geschieht Leben mit und durch uns, und uns bleibt nur das bewusste Vertrauen darin. Diesen bestimmten Punkt wahrzunehmen bedeutet, auf dem Grat balancieren zu können, auf dem Seil zu tanzen, bis unser Ziel, der neue Boden unter den Füßen, erreicht ist.

Die Enge will die Freiheit hervorbringen. Das ist die *archetypische Dynamik von Erneuerungsprozessen* und nichts, was wir verurteilen können. Hinter der Schwelle erkennen wir, dass unser altes Ich genau das jedoch getan hat, und zudem noch aus einer völlig verzerrten Perspektive. Im Wassermann findet die Rehabilitation der zehnten Energie statt. Von einer neuen Warte aus werden unsere Beurteilungen aufgehoben. Der von der kollektiven Seele ausgehende Impuls zur Wandlung der Form (Skorpion-Steinbock) findet seine Zustimmung und Mitwirkung durch den individuellen Geist (Steinbock-Wassermann). Das ist das Licht. Mag uns die Passage durch den Tunnel saturnischer Zustände auch als vernichtend und unsere Existenz verneinend erscheinen, so sind die

Phasen seelischer Enge und Dunkelheit doch vielmehr ein Symptom dafür, dass wir gerade geboren werden.

Saturn führt uns zur Ent-Bindung aus der Masse. Zwischen Skorpion und Wassermann besteht ein archetypisches Quadrat, das für spürbare Spannung in der stets gemeinsamen Präsenz der beiden Energien sorgt. Indem uns das Phänomen der Masse (Skorpion) seit der Entdeckung Plutos in Jahr 1930 zunächst vor allem in seinem destruktiven Aspekt zu Bewusstsein kam, wurde zugleich die Entwicklung zu Individualität und Wachheit provoziert. Dazu gehört, dass äußeren Autoritäten nicht mehr blind vertraut und die Zuständigkeit zugeschoben wird. Das abschreckende Beispiel des Dritten Reiches mit seinen bis in die Gegenwart wirkenden Folgen zeigt auf nachdrückliche Weise, dass die persönliche Entwicklung Saturns mit der daraus folgenden Fähigkeit zu Zivilcourage und Eigenverantwortung dringend notwendig ist, um die Anforderungen der Gegenwart sowie kommender Zeiten zu bestehen.

Es ist ein Kennzeichen des Menschseins, dass die Entbindung aus der Masse vor allem ein geistiger Prozess in unserem Bewusstsein ist. Das Licht, das wir ersehnen, ist die Klarheit in unserem Bewusstsein, die Über-Sicht über unser Sein. Was uns nach Jahrhunderten fortschreitender Entfremdung von der Natur an Instinktsicherheit fehlt, ist unser Bewusstsein fähig, wieder ans Licht zu heben. Dies ist jedoch keine Angelegenheit des Denkens, es liegt in unserer Seele und in jeder Zelle unseres Körpers begraben. Wie die Position des Steinbocks zu Beginn des vierten Quadranten zeigt, umfasst Bewusstsein mehr als Denken. Bewusstsein ist direkt an das Element der Erde gekoppelt und von überpolaren (Wassermann) und irrationalen (Fische) Faktoren bestimmt.

Daher verwundert es nicht, dass uns Saturn – die irdische Realität – auf unbarmherzige Weise die Konsequenzen und Grenzen unserer vergehenden Weltsicht aufzeigt, die auf dem Glaubenssatz der Trennung von Mensch und Natur beruht. Entsprechend dramatisch sind die Signale von jenseits der Schwelle, aus der Dimension, in die uns unsere Zeit entbinden will. Seit ca. der Mitte des letzten Jahrhunderts müssen wir wissenschaftliche Erkenntnisse verdauen, die beispielsweise von einer Interaktion zwischen Erkennendem und Erkanntem sprechen, davon, dass „...die Welt dazu [neigt], die Struktur des Blicks, der sich auf sie richtet, zu bestätigen und sich ihm entsprechend zu öffnen."[34] Physiker entdeckten Beweise dafür, dass „...es letztlich das Sonnenlicht [ist], das Ordnung schafft [...], dass das Licht bei seiner Ankunft auf der Erde nicht sofort in Wärme umgewandelt [...] wird, sondern Strukturen aufbaut und stabilisiert."[35] Zugleich wurde nachgewiesen, dass das DNS-Molekül „...die Fähigkeit hat, durch die Veränderungen seiner räumlichen Struktur Licht zu speichern und auch wieder abzugeben."[36]

Es ist längst nicht mehr nur eine Idee, ein psychologisches Symbol oder eine poetische Metapher. Die Hinwendung an die Materie hat ihre überraschende Botschaft für die, die hören können, offenbart: Wir sind Lichtwesen.

34 Richard Tarnas: Idee und Leidenschaft, Rogner & Bernhard bei Zweitausendeins Verlag, S. 511.

35 Marco Bischof: Biophotonen. Das Licht in unseren Zellen, Zweitausendeins Verlag, S. 180.

36 Marco Bischof: Biophotonen, S. 189.

7. In seinem Element: Steinbock im Erddreieck

Am Ende unserer Betrachtungen der zehnten Energie innerhalb des Tierkreises fehlt nun noch ihre Beziehung zu den Zeichen ihres eigenen Elements. Die Stellung des Steinbocks in Bezug zu den anderen beiden Erdzeichen Stier und Jungfrau kann uns etwas darüber mitteilen, was das Element der Materie für uns bedeutet, von uns verlangt und für uns bewirkt. Die Erdzeichen setzen unsere inneren Impulse in die Sichtbarkeit, in das konkrete Leben um, daher sind es meist diese Energien, mit denen wir ringen. Als erstes und kardinales Erdzeichen finden wir im Steinbock nun jene Energie, die uns etwas über das der Materie grundsätzlich innewohnende Prinzip vermitteln kann.

Alle Zeichen eines Elementes bilden zueinander einen Winkel von 120°. Trigone stehen für einen intensiven, harmonischen und die betreffenden Qualitäten fördernden Kraftstrom. Dieser Kraftstrom wirkt, ob wir uns dessen bewusst sind oder nicht. Im Falle von umlaufenden Trigonen kann daraus eine energiereiche Kreisbewegung entstehen, die einen Selbstlaufmechanismus entwickelt. Ob aus dieser Kreisbewegung eine Spirale der Entwicklung oder ein letztendlich ermüdender Kreislauf des Immergleichen entsteht, hängt davon ab, wie offen wir für verändernde Einflüsse sind.

Wie jedes andere Elemente-Dreieck besteht auch das Erddreieck aus einer dreiphasigen Variation über sein Thema. Es gibt immer ein kardinales, ein fixes und ein bewegliches Zeichen für jedes Element. Das Kardinalzeichen präsentiert das betreffende Element und hat aktionistische Qualität. Das fixe Zeichen bindet das betreffende Element und das veränderliche Zeichen modifiziert es. Das Kardinalzeichen stellt also sein Element zunächst erst einmal vor und sagt uns, womit wir es bei diesem Element überhaupt zu tun haben. Im archetypischen Tierkreis bildet Steinbock die Pforte zum Quadranten des Bewusstseins und steht auf der Basis von Stier und Jungfrau. Am Dach des archetypischen Tierkreises finden wir das Element Erde, jedoch ansässig in dem „jenseitigsten" der vier Quadranten.

Jenes Zeichen also, das uns sagt, womit wir es auf der Erde überhaupt zu tun haben, finden wir erst zu Beginn des letzten Quadranten. Das mag umso irritierender sein, als dass wir es gewohnt sind, im Widder den Anfang zu sehen und somit den Steinbock meist an das Ende der Erdelemente setzen. Sein Charakter als Endpunkt und Grenze mag diese Sichtweise noch unterstreichen. Die Position des kardinalen Erdzeichens Steinbock im archetypischen Tierkreis deckt jedoch schon eine Ursache für unsere Schwierigkeiten mit diesem Prinzip auf und wirft zugleich ein erhellendes Licht auf unser Erbe aus dem Fischezeitalter.

a. Die verbotene Frucht

„Nenne das Runde rund und das Eckige eckig" (Adrienne Rich). Dieser Satz beschreibt treffend die Essenz saturnischer Qualität. Wir können ihn weiterführen und sagen: Nenne das Helle hell und das Dunkle dunkel, das Harte hart und das Weiche weich, das Gute gut und das Böse böse – oder, um ein biblisches Wort sinngemäß zu bemühen: Sei heiß oder kalt, aber nicht lau.

Saturnische Klarheit hat etwas mit Diagnose zu tun, und das diesem Wort zugrunde liegende griechische Verb bedeutet „durch und durch erkennen, beurteilen“[37]. Zum Urteil gehört Bewusstsein, und zum Bewusstsein die Polarität – eben jener Seins-Zustand, an dem wir durch unsere Geburt auf der Erde teilnehmen. Unser Dasein in der Polarität befähigt uns zur Erkenntnis von Gut und Böse, und jeder Mensch, der geboren wird, hat in den Apfel gebissen, den Eva, das Leben, ihm reicht.

Die Begriffe Bewusstsein, Erde, Polarität und Urteil gehören alle zur Analogie des Steinbocks und beschreiben im Grunde das Wesentliche seiner Qualität. Die zehnte Energie befähigt uns zur Erkenntnis der Pole, wozu auch die Pole „Gut und Böse“ gehören. Würden wir die Pole nicht erkennen, wären wir nicht in der Lage, auf diesem Planeten zu überleben und uns mit ihm auszutauschen. Erde-Sein *erfordert* das Erkennen der Pole, und das lernen wir im Laufe unserer Entwicklung mehr oder weniger mühsam.

Eine weitaus interessantere Überlegung entsteht jedoch aus der Frage, warum die Bibel vom göttlichen Verbot der Erkenntnis von Gut und Böse berichtet und warum der Ungehorsam der Menschen sie aus dem Paradies vertrieben hat. Das abendländische Denken ist über Jahrhunderte vom Christentum geprägt worden, und somit möchte ich unsere Probleme mit dem Steinbock-Zeichen im Zusammenhang mit dem biblischen Sündenfall etwas näher betrachten.

Was ist so bedrohlich daran, das Gute gut und das Böse böse nennen zu können? Es wird schnell übersehen, dass es bei dem biblischen Verbot nicht um die *Erschaffung*, sondern lediglich um die *Erkenntnis* von Gut und Böse, um die Erkenntnis der Pole geht.

Der Sündenfall im katholischen Glauben ist ähnlich verschrien wie die Energie von Steinbock/Saturn in der Astrologie. Das bedeutet, dass in unserer Seele ein Mythos wirkt, der uns vermittelt, dass es schlecht ist, Gut und Böse oder genereller die Polarität zu erkennen. Durch dieses Vor-Urteil ist also die Energie des Steinbocks – welche uns dazu befähigt, zu ur-teilen – schlecht. Das erinnert an den Rückfall Saturns auf sich selbst, wie es im ersten Teil dieses Buches anhand des Kronos-Mythos dargestellt wurde. Von seinen Eltern wird Kronos prophezeit,

37 Vgl. Duden Bd. 7, Das Herkunftswörterbuch. Eine Etymologie der deutschen Sprache, 1963.

dass das, was er getan hat, auch ihm selbst widerfährt. Jene Energie, die das Urteil bringt, fällt ihm auch zum Opfer, wenn man so will. Jede Energie wirkt auch auf sich selbst zurück und wird auf sich selbst angewendet. Sobald wir urteilen können, wirkt diese Fähigkeit nach außen, also über das Andere, und nach innen – über uns selbst.

Um zu der Steinbock-Energie in unserer Seele vordringen zu können, müssen wir also erst einmal das ererbte Vor-Urteil über unsere Urteilsfähigkeit wahrnehmen. Grundsätzlich bedeutet das, uns zu vergeben oder es einfach nicht mehr als schlecht oder als ein bedauerliches spirituelles Versehen anzusehen, *dass* wir inkarniert sind und auf der Erde Spuren hinterlassen, indem wir beispielsweise ihre Früchte – andere Lebewesen, ob Pflanzen oder Tiere – essen müssen, um schlichtweg zu überleben. Das christliche Taufritual setzt zwar genau hier an, wird aber in der Regel in einem Alter vollzogen, in dem wir es nicht als einen bewussten geistig-seelischen Prozess mit individuellem Sinn erleben. In Kern sagt es aber, dass wir für die Grundbedingungen der physischen Existenz nichts können, da wir sie nicht gemacht haben, sondern *Geschöpfe* sind. Abgesehen davon, dass uns das von dem Gefühl existenzieller Schuld erlösen könnte, würden wir die Erde auch nicht mehr so grausam behandeln (die uns das ja schließlich eingebrockt hat...). Das Gefühl der Schlechtigkeit *aufgrund* der eigenen materiellen Existenz geht in einer patriarchalisch geprägten Weltsicht jedoch zunächst mit der Steinbock-Energie einher und ist der Preis, den wir für unsere Eigenständigkeit zu zahlen haben.

Unsere Haltung gegenüber dem Urteil ist durch den weltanschaulichen Wandel ebenso im Sinne eines Urteils über das Urteil verändert worden. Das Urteil über das Urteil macht aus der Zwei eine Vier und legt uns damit „ein Kreuz“ auf. Die Zwei ist Symbol für die Teilung und Polarität, die Vier wurde zum Symbol für das irdische Dasein: vier Himmelsrichtungen, vier Jahreszeiten etc.. Interessanterweise wurde das Jahr früher lediglich durch die Winter- und Sommersonnenwende zweigeteilt. Beides waren rituell ausgezeichnete Tage, die das Mysterium von Leben und Tod darstellten. Das Fischezeitalter hingegen stand im Geist der Transzendierung der Materie. Selbstauflösung, die Hingabe an etwas „Höheres“ sowie die Sehnsucht nach der einen, vereinenden Macht prägten die kollektive Entwicklung der westlichen Welt. Vom

Fischezeitalter übernehmen wir Heutigen eine tiefsitzende Abneigung gegen alles, was dem Einenden entgegensteht, selbst wenn diese Haltung aufgrund ihrer unbewussten Intensität mittlerweile deutlich ihre schädlichen Wirkungen zeigt (Kriminalität, Drogen und andere Süchte, Dogmatismus durch die Schaffung von Ersatzgöttern, Realitätsverlust durch virtuelle Welten, Täuschungen, Korruption, Weltvergiftung etc.).

Hätten wir einen Menschen vor uns, der uns verbieten würde, Gut und Böse zu erkennen, würden wir uns das erstens nicht bieten lassen (wie Adam und Eva auch nicht) und würden zweitens irgendwann fragen: Warum will er das nicht? Wieso hat er ein Interesse daran, dass wir das Gute und vor allem das Böse nicht erkennen? Wer verbietet denn da? Was hat er zu verbergen? Das Böse etwa?

Wenn wir diese Fragen aber dem betreffenden Gott stellen, führen sie unweigerlich zum Sturz des Gottes, das heißt zum Ende seiner Vorherrschaft in unserem Bewusstsein. Jeder Gott hat etwas „Böses“ zu verbergen, und sein Böses ist gemeinhin das Verteufelte – und somit unbewusst wirkende – seines Vorgängers. Das Verbot, ihn in Frage zu stellen (was wir mit der Fähigkeit zur Erkenntnis von Gut und Böse könnten), gepaart mit dem Zorn, der Rachsucht, der patriarchalen Ordnung und dem umfassenden Anspruch des alttestamentarischen Gottes erinnert eher an die Schattenseiten Jupiters: Überheblichkeit, Ignoranz, Eifersucht, Besserwisserei, Selbstüberschätzung bis zum Größenwahn, bedrohliche Verheißungen und eine Art großzügige Ungenauigkeit den eigenen Fehlern und den Schattenseiten seines Tuns gegenüber.

Im Grunde geht es bei diesen Überlegungen jedoch nicht um Menschen oder einen alleinigen Gott, sondern um die Wirkung seelischer Archetypen, um die vielen Götter in uns, von denen wir uns je nach Ära Erlösung oder Sinngebung erhoffen. Als das Fischezeitalter begann, war Jupiter sein Herrscher und führte somit die überwiegende Zeit der Fische-Ära Regie im Bewusstsein der Menschen. Neptun wurde erst 1846 entdeckt, und interessanterweise ist in seinem Entdeckungshoroskop Jupiter – verborgen oder abgelöst – an der Spitze des 12. Hauses zu finden[38]. Wir stehen also eher mit dem Erbe eines Jupiter-Übergewichts

38 23. September 1846, 23:20 LMT, Berlin, Placidus-Häuser.

mit Neptun-Schleier als mit spirituellen Einheitserfahrungen am Ende des Fische-Zeitalters, und unsere innere Saturn-Energie hat vor allem erst einmal damit zu kämpfen.

Was denken wir über die Existenz von Gut und Böse, über die Polarität? Bejahen wir sie, gestehen wir ihr ein Existenzrecht und einen Sinn zu? Ist unser Bewusstsein willens und klar genug, das Runde rund und das Eckige eckig nennen zu können? Die Esoterikwelle – der zu oft eine scheintolerante Realitätsflucht folgte und die einen Guru- und Wellness-Jahrmarkt hervorgebracht hat –, die stete Aufforderung zur „Überwindung“ der Polarität – begleitet vom Angebot diverser Methoden zur Ignoranz der Unterschiede –, die Misshandlung der Erde und die Missachtung der Bedingungen unserer Existenz – gepaart mit Größen-, Jugendlichkeits- und Wachstumswahn –, all dies erzählt immer noch die Geschichte von Kronos' Verbannung durch Zeus in den Tartaros. Nun allerdings mit kirchlichem Segen und der Androhung von Heulen und Zähneknirschen, falls wir ihn da herausholen wollen.

Wenn wir bisher geglaubt haben, die Herrschaftsverhältnisse der antiken Götterwelt seien in unserer Seele passé, so fällt uns dieser Irrtum spätestens dann auf, wenn wir versuchen, die Energie Saturns seelisch zu integrieren. Jupiters Herrschaft ist durch die Vergöttlichung und Abstraktion des männlichen *Prinzips* lediglich verschleiert worden, was jedoch nichts daran ändert, dass Prometheus (Wassermann) *Zeus* das Feuer stiehlt. Die eifersüchtige Allgegenwart des über allem thronenden Gottvaters macht es uns nun durch seine Ungreifbarkeit ähnlich schwer, eigenverantwortlich und erwachsen zu werden, wie der verschlingende Aspekt der großen Mutter. Aufgrund unseres weltanschaulichen Erbes ist uns die saturnische Energie, der schmale Weg zum Licht, die Geburt ins Bewusstsein und die Entbindung aus der Masse immer noch verboten.

Das hat Folgen, die sich gerade in unserer Zeitenwende offenbaren. Mittlerweile stürzen sich die Menschen unter dem Zeitgeist-Label „Individualität“ freiwillig in die Vermassung. Laut Robert Bly gleicht der Zustand westlicher Gesellschaften eher Heranwachsenden (Schütze) und nicht Erwachsenen (Steinbock). „In gewisser Hinsicht sagen wir in dieser Kultur zu allem ja, nur nicht zum erwachsenen Menschen. Zu ihm sagen wir oft nein“, schreibt er am Ende seiner kritischen Analyse

Die kindliche Gesellschaft: „Viele plagen Sorgen und Furcht angesichts der jüngsten Entwicklungen, doch wir wissen auch, dass die heutigen Ereignisse nur die Fortsetzung einer allgemeinen Nivellierung sind, die mit der Französischen Revolution begonnen hat.“[39]

Sein bereits 1997 erschienenes Buch beschreibt scharfsichtig das verwirrende Durcheinander von geistig-seelischen Haltungen, mit denen wir Heutigen zum größten Teil immer noch aufwachsen: eine unbewusste Mischung aus Jupiter und Neptun (grenzenlose Jugend), eine auf Uranus gerichtete Erlösungs- oder Untergangshoffnung (die Zukunft wird besser/schlechter) und eine überhebliche oder verzweifelte Ablehnung Saturns (no rules - fun! oder die Vermarktung esoterischer Disziplinen im Weichspülformat). Saturns Frucht ist uns unbewusst immer noch verboten, was ihn jedoch nicht daran hindert, in unserer Seele zu existieren und Verkörperung zu fordern.

Dieser neuerliche Exkurs in die unser Denken prägenden Mythen soll aufzeigen, welche tatsächlichen Hindernisse vor dem vermeintlichen Hindernis stehen. Wenn Saturn in unserem Leben und in unserer Seele spürbar wird, so will er bewusst gelebt werden. Wir wissen jedoch oft nicht, was diese Energie in uns will, und obwohl wir uns auf die Suche nach einer Antwort machen und uns alle Mühe geben, manifestiert er sich schließlich doch auf unbewusste Weise über die Außenwelt oder Somatisierungen. Hier bremst uns die zehnte Energie dann auf unangenehme Weise aus. Sie blockiert, verhindert, beengt oder beendet. In jedem Fall gibt sie den Weg zum Licht nicht frei.

In der Regel suchen wir an der falschen Stelle nach Saturn und versuchen, ihm „nach Jupiter- oder Fische-Art“ gerecht zu werden. Wir fürchten uns vor der Vertreibung aus dem Paradies – wir müssen aber im Tartaros suchen, in unserer Unterwelt der verbotenen Gelüste. Dort unten wissen wir, dass es weder gut noch böse, sondern *notwendig* ist, „Gut und Böse“, Ja und Nein, Anfang und Ende erkennen zu können. Dort unten sind wir auch bereit, die schwere Bürde der Moral auf uns zu nehmen, auch wenn sie (heute) altmodisch scheint.

39 Robert Bly: Die kindliche Gesellschaft. Über die Weigerung, erwachsen zu werden, Kindler Verlag 1997, S. 303f. Die Französische Revolution ist eine zeitliche Analogie zur Uranus-Entdeckung.

Aufgrund unseres seelischen Erbes ist in uns allen die typisch joviale Schattenseite, unliebsame Dinge durch Ignoranz oder Versprechungen zum Verschwinden bringen zu wollen, sehr mächtig. Bleibt die Erkenntnis von Gut und Böse aus, so verschwinden aber nicht Gut und Böse selbst, *sondern nur unser Bewusstsein darüber*. Die Energie des Steinbocks versinkt in unserem Unbewussten, was ihre Wirkung jedoch nicht aufhebt, sondern eher verzerrt und verstärkt. Die einen bilden sich kein Urteil mehr und halten sich daher für besonders tolerant, verständnisvoll, weltoffen oder mitfühlend. Unbewusst halten sich deshalb jedoch nicht einmal mehr einfach nur für gut, sondern für die *besseren* Menschen (Schütze).

Die andern bilden sich kein Urteil mehr und empfinden nur noch Gleichgültigkeit, Hilflosigkeit, Sinnlosigkeit, Machtlosigkeit und andere „-losigkeiten" (Fische). Sie halten sich deshalb unbewusst oft nicht nur einfach für böse bzw. schlecht, sondern für die *schlechteren* Menschen, was jedoch schnell in eine Haltung umkippen kann, dass sie eigentlich nur Opfer der sogenannten Besseren sind und damit die „richtigeren" Besseren (weil Leidenden) sind. Sie sind die zu Rettenden, während die Erstgenannten die Retter sind. Und unbewusst hält sich jeder für *berechtigter* (zu was auch immer) als den anderen. Die Jupiter/Fische-Qualität ist unübersehbar – die paarige Existenz der Widersprüche und Pole aber ebenfalls.

Das Böse oder Schlechte ist durch solche Haltungen jedoch automatisch außen lokalisiert, und wir tun dann nach allen Kräften unser Bestes, um die Welt, sprich: die Menschen, zu verbessern – jede/r mit einem Verhalten, von dem sie oder er glaubt, dass es dazu führt. Das Verbot der Erkenntnis von Gut und Böse bewirkt, dass wir uns mit der Außenwelt in einen endlosen Kampf für das Richtige und gegen das Falsche verstricken, was immer das aus unserer Sicht sein mag. Außerdem bewirkt es, dass wir daran glauben, dass Gut und Böse voneinander getrennt sind und dass es etwas gibt, das tatsächlich nur gut bzw. nur böse ist.

Das Verbot der Erkenntnis von Gut *und* Böse, Schwarz *und* Weiß, Oben *und* Unten etc. führt zum unbewussten und zwanghaften Erleben von Gut *oder* Böse, Schwarz *oder* Weiß, Oben *oder* Unten. Wir trennen das Unterschiedene und dividieren die Welt immer wieder durch zwei. Die ordnende Kraft Saturns ist dadurch jedoch außen und kann uns nicht mehr als Wegführer in unserer eigenen Seele dienen. Das Ergebnis hiervon ist aber nicht Reifung, sondern nackte Angst in einem zersplitterten und bösartigen Universum.

Im mythologischen Teil ist mehrfach auf die Doppelseitigkeit Saturns als charakteristischem Merkmal der zehnten Energie hingewiesen worden. Ob es Kronos mit der Mondsichel in der Hand ist, ob es die Schlange ist, ob es der Januskopf ist oder Juno, die Göttin der Pforte – all diesen Bildern ist gemeinsam, dass sie als Symbole für die Gegensatzpaare dienen. Die ursprüngliche Qualität des Steinbocks wird auch durch seine alte Bezeichnung „Ziegenfisch“ noch deutlich dargestellt. Das entsprechende Symbol dafür zeigt einen Ziegenbock mit einem Fischschwanz. Durch das Verbot, Gut und Böse zu erkennen, können wir vor allem die *Paare* nicht mehr erkennen und zerreißen, was zusammengehört.

Die Position des kardinalen Erdzeichens an der Höhe des archetypischen Tierkreises symbolisiert die prinzipielle Qualität des irdischen Daseins: Alles hat zwei Seiten, alles hat ein Ende und einen Anfang. Gegensätze existieren und beeinflussen sich wechselseitig im Verlauf der Zeit. Diese Prämisse der Materie will uns die Energie des Steinbocks zu Bewusstsein bringen, denn sie stellt den einzelnen Menschen in eine eigenverantwortliche Beziehung zur Welt. Hierfür allerdings vertreibt uns der Große Vater aus seinem Paradies und jagt uns in den Tartaros. Hierfür verlassen wir und uns die Götter.

b. Separatio

Das Prinzip der Paarigkeit als bestimmende Qualität unserer Existenz findet seinen manifesten Ausdruck in der Natur, wie sie uns beispielsweise das System des Planeten Erde präsentiert. Als zweites, dem Steinbock folgendes Erdzeichen finden wir im archetypischen Tierkreis das Zeichen Stier, dessen Herrscherin die Venus ist. Das Natürliche symbolisiert somit die harmonische Beziehung der Gegensätze, und die Natur ist insofern gerecht, als dass sie ein stetes Gleichgewicht zwischen Gegensätzen schafft.

Indem der Mensch über die vorgefundene Polarität ein Urteil bildet und die Pole getrennt bewertet, zerstört er jedoch das Gleichgewicht. Das Unterschiedene zu teilen ist zwar ein Schritt fort von der ursprünglichen Energie Saturns, jedoch zugleich – da alles paarig ist – auch ein Schritt auf ihn zu.

Die Trennung der Pole beschreibt der alchemistische Prozess als Separatio. Zur Symbolik der Separatio gehören Schwerter, Schneiden und Messer aller Art (Kronos' Mondsichel, die Sense des Todes), so dass Vermengtes voneinander geschieden und separat geläutert werden konnte. Als schärfstes Werkzeug der Separatio galt der Logos bzw. der Verstand. Die Separatio hatte durch fortwährende Unterscheidung und Reinigung letztlich das Erreichen des Unteilbaren zum Ziel, das In-dividuum. Das Individuum ist ein sich seines Selbst, seiner Vollständigkeit bewusstes Wesen und ist dadurch fähig zur Erkenntnis seiner Wechselbeziehung mit der Welt.

Die Ausführungen des amerikanischen Psychotherapeuten und Jungianers Edward F. Edinger beschreiben prägnant das *Empfinden*, das uns bei dem Prozess der Bewusstwerdung begleitet: „[...] aber das Werden des Bewusstseins reißt die Gegensätze auseinander und ist, so die Mythen, ein Verbrechen. [...] Mit anderen Worten, die Trennung der Gegensätze ist das Urverbrechen, und Gerechtigkeit kann nur durch Versöhnung entstehen. Dies wird durch den Tod, oder vielleicht, im anderen Falle, durch Individuation erreicht.“[40]

Dieses „Verbrechen“ (gegen Gott), dessen wir uns alle – bewusst oder unbewusst – aufgrund unserer Existenz schuldig fühlen, ist die Trennung vom Anderen oder die Tatsache, ein Ur-Teil geworden zu sein. Das bedeutet, dass wir uns für jeden Akt der Bewusstwerdung noch schuldiger fühlen, denn er führt uns immer mehr von der ursprünglichen Verbundenheit fort in die (Gott-)Verlassenheit. Verständlicherweise fürchten wir uns davor, denn wir haben in der Regel keine Ahnung, was uns dort erwartet. Wenn wir dem Unbewussten Bewusstheit abringen, schrumpfen unsere alten Götter. Wir gewinnen zwar an Bewusstsein, verlieren aber die Gegenwart des Numinosen und die Welt wird zunächst entzaubert.

Wir können Bewusstwerdung und Erwachsenwerden gleichsetzen, denn beides ist ein Prozess fortschreitender Trennung. Unsere erste

40 Edward F. Edinger: Der Weg der Seele. Der psychotherapeutische Prozess im Spiegel der Alchemie, Kösel Verlag, 1990, S. 247.

eigenständige Begegnung mit der Polarität ist unser erster Atemzug, bei dem ein „draußen“ (Luft) auf ein „drinnen“ (Schleimhaut) trifft und eine wechselseitige Veränderung beginnt. Später beginnt sich die emotionale und physische Verbundenheit mit der Mutter aufzulösen, und noch später beginnt die intellektuelle Separierung von den Anderen (Jungfrau). Hier schwingen wir das scharfe Schwert der Trennung im Dienste der Reinigung von Geist und Seele. In der Jungfrau erreicht die Energie des Steinbocks ihren Gipfel. Das Erdendasein zwingt uns diesen Prozess auf, ob wir wollen oder nicht. Saturn als Prinzip der Polarität verlangt von uns auf allen Ebenen, das eine vom anderen zu unterscheiden und treibt uns dadurch in die Einsamkeit.

Wenn wir uns dagegen wehren, ändert das nichts an der Wirksamkeit und Absicht der zehnten Energie. So hart es klingen mag, aber es ist die Wahl unseres Ichs, wie die von Edinger beschriebene Versöhnung geschieht: durch den Tod oder durch Individuation. Dabei schließt Individuation den (symbolischen) Tod mit ein, denn sie ist ein Weg, auf dem wir sterben lernen müssen.

Die *Trennung* der Gegensätze ist ein Akt des Bewusstseins und entspricht der Verurteilung der Polarität an sich. Die Trennung ist aber keine Tatsache – wie uns beispielsweise unsere physische, seelische und geistige Verwobenheit mit der „Welt da draußen“ tagtäglich zeigt –, sondern eher eine Einstellung. Ob wir in unserem Bewusstsein die Gegensätze trennen oder als mit einem „und“ verbunden wahrnehmen, entscheidet über unser Existenzgefühl: Im ersten Fall fühlen wir uns schuldig *oder* unschuldig, im zweiten schuldig *und* unschuldig. Im ersten Fall erschaffen wir Schatten, im zweiten integrieren wir ihn in unsere eigene Psyche.

Was den Kontakt mit Saturn unangenehm macht, ist zumeist die *Illusion* der Trennung. Trennung findet nur in unserem Bewusstsein statt und wird durch nichts anderes bewiesen. Wäre uns das voll und ganz klar, hätten wir keine Probleme, jene Urteile zu fällen, die uns körperlich und seelisch im Gleichgewicht halten. Im Prinzip ist dies das Ziel saturnischer Energie, denn sie fließt in den Stier und von dort in die Jungfrau. In der Jungfrau findet das Prinzip der Zweiseitigkeit durch den physischen Ausdruck der individuellen Seele seine Erfüllung und führt zu Fruchtbarkeit und Reinheit. Hierher kommt die Assoziation der Jungfrau mit Unschuld. Die hochdifferenzierte und rein verkörperte Seele sagt quasi: „So bin ich wahrhaftig geschaffen, ich kann nichts dafür." Dies befähigt das Individuum im zweiten Venuszeichen Waage zur Beziehung mit der Außenwelt und zur Begegnung mit dem Fehlenden, dem wirklich Anderen, das „von mir unterschieden und nicht so ist wie ich".

Das Jungfrau-Zeichen hat die Fische als Gegenpol, und das bedeutet, dass dort, wo Separation ist, die Illusion auch nicht weit ist. Sie ist ebenso nah wie andere Fische-Entsprechungen: Vertrauen, Erlösung, Sehnsucht und Vereinigung[41]. Der äußerste Schritt fort von der ursprünglichen Steinbock-Energie bringt uns zugleich wiederum in seine Nähe. In diesem Kontext ist das Ziel aller Arbeit (Jungfrau) die Wechselbeziehung mit der Welt (Folgezeichen Waage). Deren Einflüsse erweitern unser Bewusstsein und erfordern letztendlich wiederum dessen Korrektur (Trigon Steinbock).

Da die Gegensätze de facto nicht getrennt sind, hat auch unser ererbtes Vor-Urteil über die Steinbock-Energie eine fatale (schicksalhafte) Wirkung. Der Gegenpol zur Polarität ist die Einheit, wir könnten sie nicht einmal denken, wenn wir nicht in einer polaren Welt existieren würden. Zweiseitigkeit und Einheit sind ebenso verbunden wie alle anderen Pole. Beurteilen wir die Polarität als schlecht, wehren wir uns innerlich gegen ihr Erleben und versagen uns damit selbst das Erleben von Einheit. Mit anderen Worten: Wo kein Urteil ist, ist auch keine Gnade. Wenn der Mensch sich nicht separiert, findet er auch keinen Weg zu seiner inneren Ganzheit, seinem Selbst, seinem göttlichen Kern und seiner Beziehung zu einem umfassenderen Sein. In dieser Dynamik liegt das luziferische Element des Steinbocks.

Die Alchemie war vordergründig der Versuch, aus Blei Gold zu machen. Ihre esoterische Seite spricht jedoch von einem Einweihungsweg wie auch das System des Tarot oder der Astrologie. Der Weg der Einweihung oder die mythische Heldenreise beschreiben die menschliche Entwicklung vom unbewussten Kind zum bewussten Menschen, zur Selbst- und Gotterkenntnis. In der Symbolik der Alchemie zeigt die potentielle

41 Zum besseren Verständnis des Jungfrau-Prinzips im Sinne von Arbeit als unserem alchemistischen Lebenswerk s. auch Ursula Strauß: Das sechste Haus. Arbeit und Beruf aus astrologischer Sicht. Books on Demand, Überarbeitete Neuausgabe Okt. 2013.

Einheit von Blei und Gold noch am deutlichsten den dunklen und lichten Aspekt Saturns im Sinne seiner zum Licht führenden Funktion.

In allen drei Systemen finden wir jedoch die zehnte Energie als zum Anfang gehörig: In der Alchemie ist es das Ausgangsmaterial Blei, welches wegen seiner Dichte und Schwere zum Steinbock gehört. Die Große Arkana des Tarot beginnt zwar mit dem Narren, verweist auf dessen Karte durch das Bild der schneebedeckten Berge jedoch auf die Verbindung zur Saturn-Karte des Eremiten. Im Crowley-Tarot spricht der gehörnte Narr eine noch deutlichere Sprache, während Crowley den Eremiten der Jungfrau zuordnet. In der Astrologie ist Steinbock das erste Erdzeichen. All diese Gemeinsamkeiten sagen: Wenn es um die Bewusstwerdung geht, fängt es hier an.

Demnach ist die Erde jener Ort, an dem wir das Opus vollbringen können, das große Werk unseres Lebens. Dieses Opus besteht darin, die Gegensätze bewusst zu vereinigen. Um das tun zu können, müssen wir sie jedoch erkennen und voneinander unterscheiden können. Jedes Aufscheinen der zehnten Energie, jedes Hindernis, jede Geduldsprobe; jede Mühsal in unserem Leben ist eine Erinnerung daran und eine Aufforderung dazu. In der konkreten Erfahrung unseres Lebens heißt diese Aufforderung immer erst: Unterscheide! Scheide das, was du machst, denkst, fühlst, womit du dich umgibst, worauf du zielst etc. in gut und böse, in richtig und falsch, in deines und anderes, in seine zwei Seiten. Finde dein Urteil und handle danach.

Das führt zwangsläufig zur Stierqualität, zur Abgrenzung vom Anderen und zur Ansammlung des Eigenen. Das Bewusstsein erhält Gewicht, wir sagen: Das ist meins. In der Jungfrau fließt auch die Welt der Gefühle mit ein, wir identifizieren uns. Dadurch wird das, was wir als „meins“ bezeichnen, beseelt, und Seele und konkreter Ausdruck werden eins – wir sagen: Das bin ich. Durch die Gegenwart der Gefühle wird der konkrete Ausdruck jedoch auch veränderlich, instabil und vom Identitätsgefühl des Individuums bestimmt. Hier sind Urteile und Differenzierungen höchst subjektiv, wenn auch für das Subjekt höchst passend. Die Separatio ist erreicht, der größte Abstand zum anderen, den wir ertragen können – und die größte Nähe zu dem, was uns von uns selbst bewusst ist.

In diesen Zustand haben uns unsere eigenen Urteile geführt, und er ist auch im erlösten Zustand alles andere als „behaglich und sauber", denn er treibt und verändert *im Detail.* In der Regel haben wir jedoch – da „böse" und „falsch" ja auch einem Urteil unterliegen – die so benannten Gefühle, Gedanken, Bedürfnisse, Umstände etc. mehr oder weniger gründlich aus unserem Leben und unserer Wahrnehmung von uns selbst entfernt. Doch Saturn hält weiterhin zusammen, was zusammengehört und liefert uns das Fehlende (wozu ihn Venus, die Hüterin des Gleichgewichts, beauftragt) über die Außenwelt.

So lange wir nicht erkennen können, dass zur Gegebenheit unserer irdischen Existenz miteinander verbundene Pole gehören, führt uns dieser Weg geradewegs in die Hölle der Neurose (Jungfrau), denn dann zementieren wir unseren Konflikt mit der Welt. Indem unsere Eitelkeit und unser Stolz regieren, kann die Energie der Jungfrau nicht verändernd wirken, denn dann klären wir nicht, wer wir sind, sondern basteln uns eine schein-heilige Vorstellung davon. Bildlich gesprochen fließt auf diese Weise die Energie im Erddreieck unverändert im Kreis. Unser Lebensgefühl ist dann dem eines Hamsters ähnlich, der unentwegt im Rad läuft. Wenn wir jedoch erkennen können, dass die Pole miteinander verbunden sind, führt unser Weg geradewegs in den fruchtbaren Zustand der Jungfrau: die Krise.

Am Gipfel der Separatio kann sich unser ererbtes Vorurteil aufheben, denn ebenso wie Gut und Böse nicht getrennt sind, sind es auch Trennung und Verbundenheit nicht. Dies zu erkennen, erfordert jedoch einige Anstrengung und so Jungfrau-typische Eigenschaften wie Fleiß, Bescheidenheit, Selbstkritik, Dienen, Genauigkeit, Sorgfalt, Übung und wache Beobachtung. Es ist der Weg von der Jungfrau zum Steinbock, und somit ein Akt des Aufstiegs, der Erhöhung und des Neubeginns. Dieser Weg "wider die Schwerkraft" führt durch den dritten Quadranten und die Elemente Luft, Wasser und Feuer. Das heißt, man kann im konkret Sichtbaren nichts mehr tun. Erst in solchen Momenten, wo wir konkret und außen nichts mehr tun können, was helfen würde oder Frucht trägt, wagen wir uns, unsere selbstgeschaffene Hölle zu erkennen, um die Krise des Wachstums zu erleben.

c. Umkehr und Aufstieg

In Kapitel 5 wurde der „freundschaftliche" Verbund des Zeichens Steinbock mit den Energien von Skorpion und Fische dargestellt. Die von Skorpion initiierte Wandlung wird durch Steinbock in einen Alterungsprozess, einen Prozess von Sterben und Tod umgesetzt, welcher in Fische in der Auflösung des Bestehenden mündet. Im Fluß der Energie durch das Erddreieck können wir diesen Prozess von Sterben und Tod beobachten. Hierbei dürfen wir jedoch nicht aus dem Blick verlieren, dass unter Saturns Regie jedes Ding zwei Seiten hat und es immer um ein einfaches Wechselspiel zwischen zwei Polen geht. Die andere Seite des Todes ist immer das Leben.

Steinbock ist eine Kraft, die das Ich aufbaut und abbaut. Das geschieht stets in einem lebendigen Dialog mit der das Ich umgebenden Welt. Die zehnte Energie befähigt uns zwar zur Polarisierung von Ich und Welt und kann uns somit das Gefühl geben, dass die Welt beherrschbar, steuerbar und unserer Macht verfügbar ist. Sie steht jedoch weder auf der Seite des Ichs noch auf der Seite der Welt, sondern als archetypische Kraft im Auftrag der Erde und in Beziehung zum Ganzen. Polarität ist eine Angelegenheit der *irdischen* Dimension, zu der wir Menschen mit den für unsere Spezies typischen Eigenschaften den Zugang finden.

Seinen manifesten Ausdruck findet das zum Beispiel in der Kreislaufumstellung des menschlichen Körpers nach der Geburt. Bereits während der Schwangerschaft sind das Blut der Mutter und des Kindes zwar unvermischt, das kindliche Blut ist jedoch venös/arterielles Mischblut, da die beiden Herzhälften nicht voneinander getrennt sind. Die Polarität ist bereits hier potentiell vorhanden und in der größeren Einheit aufgehoben.

Nach der Geburt schließt sich im kindlichen Herzen das *foramen ovale* in der Herzscheidewand, was zur physischen Unterscheidung von „gutem" = arteriellem und „bösem" = venösem Blut führt. Die vormals potentiell vorhandene Polarität findet nun ihren manifesten Ausdruck *im* Individuum, ist jedoch durch den physischen (Atem-) Dialog ebenfalls wieder in einer größeren Einheit aufgehoben.

Interessant ist hierbei auch, dass eine unzureichende oder fehlende Schließung der Herzscheidewand lebensbedrohliche Folgen hat. Eine Verweigerung der Separatio gefährdet uns also ebenso wie ihre Übertreibung.

Alles Leben auf der Erde findet einen für seine Spezies typischen Zugang zur irdischen Dimension, und zwar auf eine jeweils eigene Weise, die uns zumeist verschlossen und nur beobachtbar bleibt. Wir können daher davon ausgehen, dass der Gipfel der menschlich-individuellen Separatio überschritten wird, wenn die Polarisierung von Ich und Welt beginnt, das Leben *an sich* zu gefährden. In diesem Moment verschiebt sich der Schwerpunkt saturnischer Energie darauf, das Ich, das Kleine, das Detail zugunsten des Ganzen abzubauen, da dieses Ich, dieses Kleine oder dieses Detail sich für größer, wichtiger oder bedeutsamer hält, als es im Kontext des Gesamten tatsächlich ist. Das Kreisen im eigenen Mikrokosmos beginnt, schädlich zu werden und ist dem Überleben des Ganzen nicht mehr dienlich.

Diese Dynamik des Steinbocks können wir sowohl in unserer eigenen Psyche beobachten als auch als regulierendes Prinzip der irdischen Dimension schlechthin. Saturns Doppelköpfigkeit fördert und blockiert die Umsetzung unseres Willens, und es gehört mit zur Kunst des Lebens, herauszufinden und zu spüren, wann was wo und wie notwendig ist. Die Erkenntnis der Gegensätze ist das zentrale Instrument des Steinbocks, und er bedient sich auch der Polarität, um uns dorthin zu führen.

So wie es eine horizontale Erlebnisebene gibt, so gibt es auch eine vertikale. Die horizontale Ebene wird polarisiert in Ich und Welt, die vertikale in Vergangenheit und Zukunft. Im Schnittpunkt dieser zwei Achsen findet das Leben statt. Die gemeinsame Existenz von Raum und Zeit führt dazu, dass alle Polarisierungen vergänglich sind, und ein in das Ganze eingebundener Saturn kann damit gut leben. Der Zyklus Saturns bestimmt unsere „gewöhnlichen" – weil allgemein-menschlichen – Wachstumskrisen. In solchen Phasen behindert die saturnische Energie das neurotisch überspezialisierte Ich – zu dessen Aufbau sie jedoch gleichzeitig beigetragen hat – aus dem einfachen Grunde, weil dessen Zeit vorbei ist und seine unveränderte Existenz schädlich zu werden beginnt. Eine einstmals notwendige Unterscheidung hat sich überlebt, sie muss geprüft und verworfen oder verändert werden.

Diese Dynamik impliziert den Faktor der Entwicklung durch die Erde. So lange unsere Wachstumskrisen lediglich unser physisches Wachstum betreffen, ist die Prüfung und Veränderung von Unterscheidungen relativ leicht und unserem willentlichen Zugriff ohnehin entzogen. Steinbock ist jedoch ein Archetyp, der Erde *und* Bewusstsein repräsentiert. Somit verlangt er von uns eine Entwicklung gemäß unserer Art – ob als Lebewesen, Mensch, Individuum oder anderes. Im Krisenzeichen Jungfrau haben wir zur Diagnose unserer Art das komplizierteste Raster verwendet und sehr fein gesiebt. Damit haben wir das einfachste Raster aus dem Blick verloren. Das heißt, dass wir durch unsere Ichbildung das Bewusstsein über eine wesentliche Beschaffenheit unserer selbst verloren haben. Das Verlorene gehört aber zu unserer lebendigen Struktur und muss nun – da es an der Zeit ist –-als *zu uns gehörig* bewusst gemacht werden und leben dürfen.

Da Ich und Welt zwar unterschieden, aber nicht getrennt sind und unsere innere Steinbock-Energie die Pole zusammenhält, finden wir das Verlorene zwangsläufig in der uns umgebenden Welt. Wir erleben Saturn dann als die Kraft, die uns unseren Schatten präsentiert. Es wurde bereits mehrfach über Saturns Beziehung zum Schatten gesprochen und erläutert, dass wir in Situationen von Blockade und Stillstand nur weiterkommen, indem wir unseren Schatten integrieren, also unsere Projektionen erkennen und zurücknehmen. Diesen Schatten wirft jedoch unser Ich und nicht unser Selbst, und diese Unterscheidung ist fundamental.

Der Aufstieg von Jungfrau zu Steinbock führt über den Quadranten der Begegnung und Partnerschaft. Wir können also davon ausgehen, dass wir immer dann unserem Schatten begegnen, wenn wir intellektuell oder emotional angesprochen werden – ob unangenehm oder angenehm. Das von C. G. Jung geprägte Wort „Schatten“ ist zwar zutreffend, aber auch abschreckend, denn es suggeriert Dunkelheit und Bedrohung und fixiert unsere Beschäftigung mit dem Schatten auf die Angst unseres Ichs vor ihm. In Phasen der Umkehr wird indes jener Teil unserer Seele, der sich nach dem Schatten sehnt, immer mächtiger. Und dieser Teil sehnt sich eigentlich nach dem Licht und will geboren werden.

Erst wenn das aktuelle Ich sich überlebt hat, geht Saturns Energie vom Aufbau des Ich zu dessen Abbau über. Daher hat unser Schatten vor allem eine erlösende Funktion, denn die Integration einst verurteilter Seelenanteile in unser Selbstbild erlöst uns von unserer Neurose und kann den Zustand beenden, in dem wir uns salopp gesagt „selbst auf die Nerven gehen". Da unser Schatten polar zu unserem höchst subjektiv und kompliziert gewordenen Ich steht, ist sein Muster immer einfach, seine Qualität immer reduzierend, strukturierend und konzentrierend. Die Wirkung unseres Schattens zu sehen, also das gemeinsame Thema, das unseren verschiedenen Erfahrungen mit der Außenwelt zugrunde liegt, zu erkennen, fordert Geduld und Ausdauer von uns. Doch je klarer wir die Außenwelt sehen, umso besser gelingt uns die Erkenntnis unseres Selbst und unserer *Verwandtschaft* mit der Welt. Wie sonst sollen wir zu dem da draußen sagen *wollen*: Das bin ich?

Im archetypischen Tierkreis führt ein Trigon von der Jungfrau zum Steinbock. Das bedeutet, dass unsere Seele nach der Differenzierung auf einer erhöhten und umfassenderen Stufe geklärt werden *will* und dass uns daraus Kraft und Bewusstheit zufließen. Zu unserem patriarchalen Seelenerbe gehört jedoch auch ein tyrannisches Ego (welches man astrologisch am ehesten einer Überschätzung der Mars-Energie zuordnen kann, aber auch Facetten des tyrannischen Uranus zeigt), welches diesen Prozess weder will, noch die Wahrnehmung der Sehnsucht danach zulassen kann, noch der Dynamik der Seele einen Sinn zuspricht. Erst wenn dieses Ego müde, ausgelaugt und erschöpft ist und nichts mehr tun kann, öffnen wir uns unserer neuen Welt. Und aufgrund seiner traditionellen kollektiven Überschätzung kann es mitunter recht lange dauern, bis wir in unserer individuellen Entwicklung an diesen Punkt kommen und unser „burnout-Syndrom" zugeben.

Eine der größten Hürden bei der Selbsterkennung im Spiegel der Außenwelt ist die Tatsache, dass durch die Integration des Schattens die äußere Welt nicht beherrschbarer wird. Auch in der astrologischen Literatur gibt es mitunter einen Tenor, der meint: Integriere Saturn und du hast die Welt im Griff. Dabei ändert sich im Grunde lediglich die Lokalisation dessen, was wir zuvor in der Außenwelt diagnostiziert haben. Wir finden es innen wieder und haben zugleich keine Grundlage mehr für „das Andere" und unseren Herrschaftsanspruch darüber.

In diesem Sinne reduziert Saturn die Macht des Ichs und lenkt seine Wirkungsbefugnis von außen nach innen um. Hier ist die wahre

Dimension, in der wir etwas verändern müssen. Saturnische Phasen oder stark von Saturn berührte Themen unseres Horoskops konfrontieren uns unerbittlich mit der Tatsache, dass wir immer nur die uns bewusste Innenwelt „im Griff" haben, und das ist – verglichen mit unserem individuellen und menschlichen Potential – verschwindend wenig. Alles andere hat eher uns im Griff und demonstriert unserem Ich seine Machtlosigkeit über unsere lebendige Seele.

In den Zyklen und Reifungsrhythmen durch die Transite Saturns wird und vergeht *kontinuerlich* unsere Vorstellung von uns selbst. Die Energie des Steinbocks strukturiert unsere Entwicklung in der Zeit auf eine Weise, dass wir hierzu stets eines äußeren Anstoßes bedürfen. Wir können jedoch zumeist erst im Rückblick erkennen, dass diese äußeren, oft unangenehmen Anstöße wesentlich dazu beigetragen haben, unserem Leben die Form zu verleihen, die uns passt. In der Retrospektive können wir dabei auch die Folgerichtigkeit und ideale Passform jener Anstöße erkennen, was folgern lässt, dass die Energie Saturns auf ein bestimmtes Ziel gerichtet ist, dessen wir uns nicht bewusst sind.

Philosophische oder wissenschaftliche Theorien von Idealen, höchsten geistigen Formen, welche erfüllt werden wollen, oder Energiefeldern, die das, was wird, bereits im energetischen Raum darstellen, gehören alle in die Nähe der Steinbock-Energie. In uns Menschen wirkt dieser Archetyp durch eine geistige Form oder ein energetisches Feld des „idealen Menschen", welche uns praktisch zu sich hin ziehen, als unser Potential gelten und durch uns erfüllt werden wollen. Alle – auch missbräuchliche – Aufforderungen zu Leistung, Beschränkung, Anstrengung, Klarheit etc. greifen auf diesen in unserer Seele existierenden Archetyp des idealen Menschen und auf seine anziehende Kraft, die er auf uns ausübt, zurück.

Der Akt wider die Schwerkraft, den das Trigon von Jungfrau zu Steinbock symbolisiert, wird von dem Sog gefördert, der jedem Potential innewohnt. Wenn auch unserem Ich unsere ideale Form nicht bekannt ist, scheint sie es unserer inneren Saturnkraft jedoch zu sein. Sie will realisieren, was wir potentiell bereits sind, und die Ereignisse oder Befindlichkeiten, die sie auslöst, sind nie willkürlich oder unsinnig, sondern immer auf unser höchstes Ziel, die Geburt des bewussten Individuums, gerichtet.

So individuell wie dieses Ziel ist, so kollektiv ist es auch. Die Unkenntnis über die Unteilbarkeit unserer Geistseele schwindet zunehmend mit einer Haltung, die man am besten als „empirisches Leben" bezeichnen kann. Indem wir mit uns selbst experimentieren, das Leben im Selbstversuch wagen und am eigenen Leib erfahren, dass jede unserer Eigenschaften im *Mitwirken* sinnvoll ist, kann die Energie der Jungfrau verändernd wirken. So stiehlt Prometheus den Göttern das Feuer und bringt es uns, wann immer es nötig ist. Auf diese Weise können wir innerlich aufsteigen und nach und nach unsere Form, unser Schicksal, unser energetisches Feld, unser Potential oder unsere Bestimmung erfüllen. Eben uns selbst auf der Erde wirklich werden lassen, worüber der Steinbock in uns so ausdauernd wacht.

d. Mit dem Teufel tanzen

Die Empirie eines separierenden Geistes hat mittlerweile wissenschaftliche Erkenntnisse über die Materie hervorgebracht, die zugleich Aufschluss über das darin wirkende Bewusstsein geben. Das war zwar nicht die Absicht der altehrwürdigen, trockenen und zumeist von Männern betriebenen Wissenschaften, aber auch sie haben ihren Schatten. Somit liegt es an uns selbst, ob wir diesen Schatten und damit die Spiritualität der Materie erkennen wollen. Zugleich erkennen wir damit jedoch die Steinbock-Energie in ihrer reinsten Form, sehen den Erdgeist Saturn an seinem Werk, sehen Janus, Kronos, Pan, dem Teufel, der Schlange oder der Göttin Uno dabei zu, wie sie gestalten und der Seele ein materielles Kleid geben.

Der Prozess der Weitergabe des menschlichen Lebens illustriert den Ablauf und die Intention unseres zyklischen Wachstums derart genau, dass er als Metapher für den Prozess der Bewusstwerdung und für Absicht, Weg und Ziel unseres Erdendaseins gelten kann. In dem, was mit der Entstehung unseres Lebens und unserem Eintritt in die Welt geschieht, ist im Prinzip alles enthalten, was uns erwartet und was wir wissen müssen. Es ist ein unendliches Spiel, ein Tanz der Gegensätze, bei dem immer „das da draußen" nach innen genommen wird – nicht, um zu einem Brei zu werden, sondern um Wachstum durch Unterscheidung und Differenzierung zu bewirken.

Die ewige Frage von Henne und Ei beiseite lassend – beginnen wir mit dem Ei, das sich dem Spermium öffnet, um es alsbald in seine Bestandteile zu zerlegen und um teilungs- und wachstumsfähig zu werden. Etwas Abgeschlossenes, in sich Ruhendes und potentiell Lebensfähiges öffnet sich „dem anderen", in diesem Beispiel dem Schatten schlechthin. Andersherum stürzt sich das Spermium begierig auf (oder in) seinen Schatten, und der Sog der „höheren Form", in diesem Fall neues Leben, wird hierbei deutlicher nachvollziehbar. Auf dieser Ur-Ebene ist die Vereinigung mit dem Schatten also nun vollzogen und es entsteht ein neuer Mensch.

Allen geistig-seelischen Prozessen der Integration von bisher Fremdem folgt eine Zeit der Schwangerschaft – eine Zeit, in der man höchstens spürt oder ahnt, dass irgendetwas geschehen ist und sich auf der Erdoberfläche, im Bewusstsein, im konkreten Leben, wenig bis gar nichts tut. Die Verschmelzung der Pole geschieht im Dunkeln. Auch im Verlauf der Jahreszeiten beginnt die Wiedergeburt der Sonne – der Neubeginn des Lebens –, wenn auf der Oberfläche alles Leben erstorben zu sein scheint.

Durch die Verschmelzung der Pole verschwindet jedoch nicht die Polarität an sich, im Gegenteil: Das neue Leben entwickelt sich nach demselben Prinzip. Während in der befruchteten Eizelle das väterliche und mütterliche Erbgut aufeinander zustreben, um sich zu vermischen, entwickeln sich aus dem Mittelstück des Spermiums die Zentral- oder Polkörperchen, welche auseinanderstreben, um der teilungswilligen Urzelle quasi eine Orientierung zu bieten. Die Polkörper „ziehen", und ihre das Wachstum anregende Attraktivität kann ebenfalls mit dem Sog der „höheren Form" verglichen werden. Neben dem Erbgut sind sie die zentrale Mitgift des Männlichen und eine Analogie für den historisch vom Männlichen ausgehenden Impuls, sich aus der verschlingenden Einheit mit der Großen Mutter zu lösen (oder für Adams „schändliche" Tat, das Paradies verlassen zu wollen).

Auch später wird es unsere geistig-individuelle Distanzierung vom mütterlich Umschließenden im weitesten Sinne sein, die uns zur Erkenntnis der Pole, zu Reifung und Bewusstwerdung verhilft. Zudem können wir in dieser Dynamik erkennen, dass der Schatten der neu entstandenen Einheit als das Prinzip der Polarisierung wiederum integriert ist und die Entwicklung des neuen Lebens wiederum vorantreibt. Die Verinnerlichung des „entzweienden" Impulses ist bereits bei unserer Zeugung der prometheische Akt, der auf einer völlig anderen Ebene die Unterschiede vereinigt und daraus etwas Neues macht.

Nichts geht ohne das Andere, jede Aktion ist zugleich Reaktion, lautet die Botschaft des Erdgeistes. Die weiter oben bereits ausgeführte innere Autonomie des embryonalen Kreislaufs im Gegensatz zur offensichtlichen Einheit des Embryos mit der Mutter führt dieses Prinzip nur weiter fort. Die Realität der materiellen Existenz ist eine dauernde und vernetzte Interaktion der Pole und von klarer Eindeutigkeit weit entfernt. Diese Tatsache mag einst zur patriarchalen Verurteilung des materiellen Prinzips schlechthin geführt haben, denn es war genau diese vermeintliche Uneindeutigkeit, die dem sich entwickelnden individuellen Bewusstsein im Wege stand. Die generelle Verurteilung der Materie führte jedoch zu dem Glauben an die getrennte Existenz. Demzufolge sind wir heute kollektiv nicht nur am Ende des Fischezeitalters, sondern auch am Ende des Patriarchats und auf dem Gipfel der Separatio angelangt (Jungfrau als Schattenzeichen der Fische).

Die Physis des Embryos unterscheidet zwar zwischen sich und der Mutter, jedoch ist das unterscheidende Organ selbst, die Plazenta, noch „außen". Die Plazenta ist ein Organ, das sich aus der Grenzumhüllung (!) des befruchteten Eis entwickelt und dessen Wachstum erst vom werdenden Kind initiiert wird. Mit der Geburt nehmen wir dieses Organ quasi mit, denn die Mutter braucht es nicht. Seine äußere Funktion erlischt dadurch, und die Unterscheidung der Pole wird durch den Schluss der Herzscheidewand nun „verinnerlicht". War im Mutterleib die Unterscheidung unser Schatten (Plazenta, Mischblut), so ist er durch unsere Geburt integriert und das Prinzip der Polarität in uns selbst manifest geworden. Entsprechend sind wir nun auch selbst im Licht und ent-bunden. Im Schatten ist nun wiederum die Einheit, das umhüllende Prinzip, welches wir in der Regel zunächst durch die Mutter erfahren.

Was physisch so wunderbar funktioniert und unser Leben entstehen lässt, bereitet uns allerdings mit zunehmender Verfeinerung der Erlebensebene einige Schwierigkeiten. So wie es in der medizinischen Forschung immer noch unklar ist, was letztendlich die „Vertreibung aus dem Paradies“ resp. die Geburtswehen auslöst, so ist es auch in unserer anschließenden Entwicklung immer ein nicht-kausaler, von der Zeitqualität abhängiger und unberechenbarer prometheischer Impuls, der uns veranlasst, auf eine andere Ebene zu springen.

Die Entwicklung der eigenen Psyche, des eigenen Verstandes und Bewusstseins entsprechen ebenso der Integration des Schattens und der Rücknahme von Projektionen auf unsere Eltern, Geschwister, Nachbarn, Freunde, Feinde, Lehrer oder Politiker, auf die uns umgebende Natur, auf die Götter oder andere Außerirdische und auf die Welt schlechthin. Da wir Menschen sind, reicht es uns nicht, das rein physisch zu tun (also beispielsweise unseren Nachbarn zu verschlingen). Unser Mittel zur Entwicklung ist unser Geist, ist jener folgenreiche Entschluss der Evolution, der Gehirnentwicklung Vorrang vor der physischen Ausreifung im Mutterleib zu geben und uns somit zu beauftragen, das Prinzip der Materie zu transzendieren.

Das Prinzip des Steinbocks liefert hier lediglich die Bedingungen der Materie, die wir Menschen mit Geist und Seele durchdringen wollen: Es gibt Gegensätze und die hängen immer zusammen. Wachstum funktioniert nur durch Hereinnahme des Gegensatzes. Nun gibt es wiederum Gegensätze und die hängen immer zusammen. Und so weiter....

Erleben wir das rein physisch, ist es der unerträgliche Zustand eines automatisierten Lebens, das sich nicht entwickelt, gepaart mit der Unfähigkeit, in einer sich stets verändernden Welt zu leben und zu überleben. Hier erstarren letztendlich Geist und Seele des Menschen bei dem Versuch, einen Evolutionsschritt rückgängig machen zu wollen. Wir fürchten uns, die ambivalente Gabe des Prometheus zu ergreifen und geistig „zu springen“, also etwas bzw. uns selbst neu zu erfinden und über ein gegebenes Ja/Nein-Dilemma hinauszuwachsen. Denn machen wir uns nichts vor: Am Ende unseres Lebens ist es immer die Hereinnahme des Todes, die auf uns wartet. Das Bewusstsein darüber ist der Preis für menschliches Leben. Saturn bringt uns etwas über die Folgerichtigkeit und Konsequenz des Lebens bei. Die Konsequenz des Lebens ist der Tod.

Doch wenn wir Saturn zuhören, fragt er uns: Wann hast du je erlebt, dass die Hereinnahme von etwas ein Ende war, *ohne zugleich ein Anfang zu sein*? Die Antwort ist: nie. Doch unser Glaube an Trennung führt zu der Illusion ihres Erlebens und macht uns zumeist blind für Anfänge. Dieser Glaube hat jedoch mehr von einem Wahn unseres Egos an sich und beschert uns die (seine) Angst vor dem Tod. In Wahrheit jedoch haben wir viel eher Angst vor dem unbekannten Anfang, vor dem ständigen Schülersein in der Schule des Werdens und Vergehens.

Ein Schlüssel zu Saturn liegt in der Unterscheidung ohne Verurteilung. Erst dann sind wir auch willens und fähig, uns auf konstruktive Weise im Spiegel der Außenwelt zu erkennen. Das heißt, dass wir erst dann wirklich erkennen können, wie wir die Umstände unseres Lebens durch unser eigenes Verhalten verursachen. Achten wir das, was uns begegnet, mit seinen Licht- und Schattenseiten, achten wir dasselbe auch in unserem Inneren und es kann dadurch zu seinem rechtmäßigen Platz in unserem Bewusstsein gelangen. Was geachtet wird, ist ent-schuldigt und muss nicht verdrängt werden. Das wiederum verändert uns selbst und demzufolge auch unsere Welt.

Im Prinzip ist dies das einzige, was wir bei der Begegnung mit Saturn tatsächlich tun können, um seine Energie zu einem konstruktiven und lebensfördernden Wirkfaktor in unserer eigenen Seele werden zu lassen. Das ist jedoch schon schwierig genug, denn auf diese Weise verlagern wir schrittweise das Erleben der Polarität und die daraus resultierende Gegensatzspannung in uns selbst hinein. Das Leben zu meistern bedeutet, diese innere Spannung ertragen zu können und aus ihr heraus den befreienden Impuls zuzulassen: das Dritte, das neue Eine einer höheren Ebene, welches sich jedoch auch früher oder später nach seinem mit ihm entstandenen Schatten sehnt.

Auf diese Weise wird der Dialog des Bewusstseins mit der Welt immer umfassender. Indem wir uns zunächst distanzieren und unser Ich entwickeln, haben wir zugleich die Basis zur Integration des Anderen geschaffen, nämlich die Konturierung des Schattens und unsere Sehnsucht nach ihm. Ein starkes Ich zeichnet sich nicht dadurch aus, dass es unbesiegbar ist, sondern es erweist seine Meisterschaft in der Fähigkeit, bewusst sterben und neu geboren werden zu können.

So macht die Energie des Steinbocks uns groß und klein zugleich, fördert unser Leben und Sterben, unsere Macht und Ohnmacht, bis wir in der Lage sind, uns mit ihr zu versöhnen. Das bedeutet nichts weniger als mit dem Teufel zu tanzen, als jene Energie, die uns innerlich immer wieder entzweit, bewusst zu lieben – und zwar nicht in der Hoffnung, dass sie dann damit aufhört, sondern in dem Wissen, dass ihr unsere Liebe zusteht. Anders kommen wir nicht ans Licht.

Saturn ist Frage und Antwort zugleich. So lange wir unserer Sucht nach Eindeutigkeit verfallen sind, kommt er uns jedoch stets in seiner dunkelsten Form entgegen. Erst wenn wir den Teufel umarmen, kann er sich und uns wandeln. Wenn wir begreifen, dass das Erdenleben ein Abenteuer unseres Bewusstseins ist, wollen und können wir den einzigen Weg zu dessen unerhörter Freiheit nicht missen, sei er auch noch so schmal. Diesen Weg zu gehen bedeutet, die Flucht zu beenden.

Teil III: Wegweiser zum Licht: Die Steinbock-Energie im individuellen Horoskop

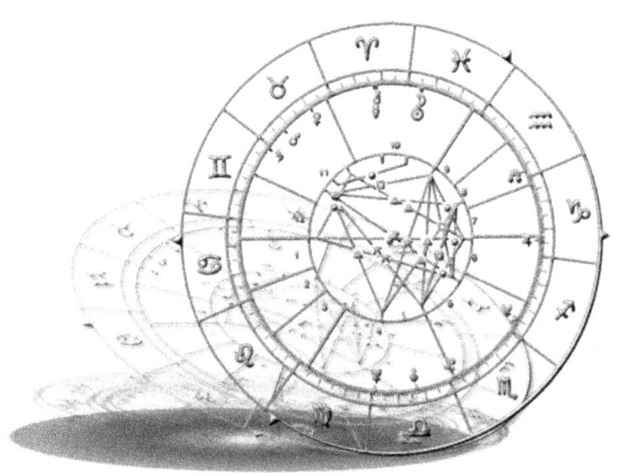

Die Attraktivität der zehnten Energie besteht bei aller spürbaren Mühe aufgrund ihrer eigentlichen Funktion, die uns zum Erleben individueller Freiheit führen will. Im Prinzip ist jedes Zeichen des Tierkreises aufgrund seiner weiterführenden Funktion attraktiv, jedoch besteht bei keiner Energie eine so massive gesellschaftliche Blockade, weiterzuschreiten, wie bei der Energie des Steinbocks. Das führt dazu, dass wir sie in der Regel auf eine Weise empfinden, als würde sie lediglich um ihrer selbst willen existieren und hätte nicht einen Ausgang zum Ziel. Natürlich ist unsere Welt dann begrenzt, eng und ziemlich gnadenlos, denn dann hat alles seinen Preis, gibt es kein Licht ohne Schatten und keinen Ausbruch aus einer uhrwerkgleichen Abrechnung des Lebens.

Elemente wie Zufall, Wunder oder Heilung haben in einer Weltsicht, die bei Saturn aufhört, keinen Platz. Das liegt jedoch nicht in der Qualität der saturnischen Energie selbst begründet, sondern fußt darauf, dass in unserem Unbewussten immer noch eine Anweisung besteht, die uns verbietet, uns auf eigene Verantwortung Saturn zu nähern, d.h. eigene Urteile zu fällen, selbst die Autorität über das eigene Leben zu werden und zu wachsen, indem man die Verantwortung für sich selbst auf sich nimmt.

Saturn als eine *persönliche* Energie zu betrachten, ist traditionell unüblich, und die innere Autorität des Menschen ist demzufolge kollektiv verdrängt. Wenn Saturn wirken darf, dann meist lediglich über veräußerte Instanzen und Institutionen. Das führt jedoch dazu, dass im persönlichen Leben Saturn umso massiver wiederkehrt, je rigider er verdrängt wurde. Zwar hat jeder Mensch in seinem Horoskop nur einen Saturn, jedoch verhalten sich die meisten auf eine Weise, als würde in ihrem Horoskop in jedem Haus und in jedem Zeichen Saturn stehen. Wollen wir uns dann auf den Weg zum Licht, zu Individualität und Freiheit machen, wissen wir natürlicherweise nicht, wo wir anfangen sollen und zersplittern uns in alle Richtungen. Selbst wenn wir – als astrologisch geschulte Menschen – dort ansetzen, wo Saturn tatsächlich steht, ist unser Empfinden meist ein anderes oder spiegelt die individuelle Konstellation nicht die umfassende Präsenz Saturns in unserem *Gefühl* wider.

Die übliche Interpretation Saturns (und auch Jupiters) als Gesellschaftsplaneten hat in der Astrologie selbst durch die Entdeckung weiterer Energien jenseits von Saturn bisher noch keine wesentliche Veränderung erfahren. Wir stehen damit jedoch in der Horoskopinterpretation vor einer Zunahme von über uns herrschenden Energien und haben eigentlich auf die durch die Entdeckung des Planeten Uranus im Jahr 1781 eingeleitete Veränderung des Weltbildes noch wenig reagiert. Wenn wir die Wirkweise der transpersonalen Energien von Uranus, Neptun und Pluto (und mittlerweile auch darüber hinaus) jedoch beobachten, scheint es erforderlich zu werden, Jupiter und Saturn mehr und mehr in die Sphäre des persönlichen Wirkungskreises zu rücken.

Äußere Autorität (Saturn) und Mäzenentum (Jupiter) sind zwar existierende Fakten, verlieren in einer Welt, in welcher der einzelne Mensch zunehmend selbstbestimmt seinen Sinn im Leben finden muss, jedoch mehr und mehr von ihrem gesellschaftsprägenden Gewicht. Das Gesicht einer förderlichen, global verbundenen Gesellschaft wird in Zukunft zunehmend von Individuen geprägt sein, welche Saturn und Jupiter integriert haben und Weltanschauung und Urteilskraft aus der Auseinandersetzung mit sich selbst beziehen. Dies ist eine natürliche Reaktion auf die Präsenz der Wassermann-Qualität und eine nicht zu unterschätzende Grundlage für die Veränderungen, die auf uns zukommen.

Nach all den Ausführungen der vorangegangenen Kapitel wollen wir uns hier nun auf die wesentliche Funktion der Steinbock-Energie beschränken, die sich aus ihrer Position und Folge im Tierkreis ableitet. Die Steinbock-Energie selbst verkörpert das grundlegende Prinzip der Erde und hält das Unterschiedene zusammen. Sie findet ihre Erfüllung im nachfolgenden Zeichen Wassermann, denn wird seine Qualität nicht erreicht und erlebt, ist die Funktion der zehnten Energie sinnlos. Jede Passage ist sinnlos ohne anschließende Geburt und Abnabelung.

Die Verteufelung des Steinbocks führt jedoch zunächst zu dem Verhalten, dass wir vor allem an jener Stelle, wo Saturn im individuellen Horoskop steht, ausdauernd und erfolglos nach dem sogenannten Richtigen suchen. Der kollektiven Haltung folgend versuchen wir zunächst, die mehrdeutige Qualität des entsprechenden Zeichens zu verurteilen und seine verschiedenen Facetten voneinander zu trennen. Das Gute soll dann ins Töpfchen, das Schlechte ins Kröpfchen... Wir begegnen auf diese Weise der betreffenden Qualität entweder moralisierend oder ignorieren sie häufig auch ganz.

Ein solches Verhalten kann nicht funktionieren, denn es widerspricht der ursprünglichen Qualität des Steinbocks und ruft schließlich ganz irdische Konsequenzen herbei. Wo Saturn steht oder berührt, besteht Dichte und Verbundenheit. Trennungen bringen hier lediglich den Schatten und das unbewusste Ausleben der Verbundenheit hervor – aber darüber wurde bereits genug gesagt. So lange jedoch Saturn im Tartaros steckt, tut es das Zeichen, in dem er steht, ebenfalls – und dessen Herrscher, seine Aspekte und letztlich unser gesamtes Horoskop. Um also den Weg zum Licht zu finden, müssen wir in den Tartaros und in der schummerigen Unterwelt nach den Spuren unserer ursprünglichen Saturnkraft suchen. Zunächst tritt sie uns verboten und demzufolge verzerrt entgegen. Können wir uns ihr jedoch öffnen und anerkennen, dass alle Facetten eines Prinzips zusammengehören und einander bedürfen, werden wir zum einen zu einem bewussten und disziplinierten Umgang mit der Qualität befähigt, in der Saturn steht. Zum anderen erlangen wir dann gerade hier den für Saturn so typischen weisen Humor.

Die Qualität, welche Saturn im persönlichen Horoskop besetzt, ist wegweisend für unsere individuelle Entwicklung. Sie ist ein Symbol für den Geburtskanal, durch den wir uns wohl oder übel hindurchzwängen müssen, um eigenständig zu werden. In seiner natürlichen, uns gemäßen Form bereitet uns das auch sehr viel Genugtuung und übt die betreffende Energie eine hohe Anziehungskraft auf uns aus. Nur sind wir leider zunächst unentwegt und ausweglos damit beschäftigt, ihre vermeintlich richtige Ausdrucksweise zu finden. Das sind jedoch Ablenkungsmanöver eines kollektiven Geistes in uns, der uns daran hindern will, die Götter zu stürzen. Lösungen finden wir erst, wenn wir die Facetten der entsprechenden Energie zwar unterscheiden, sie aber nicht voneinander trennen, sondern die Qualität einfach nur als das erkennen, was sie ist.

1. Ganz oder gar nicht: Saturn in den Zeichen

♄ Saturn im Widder ♈

Mit dieser Konstellation sind wir verzweifelt auf der Suche nach dem sogenannten richtigen Ziel, nach der richtigen Entscheidung, dem richtigen Ansatz, der richtigen Tat. Wir spalten zunächst die Qualität des Widders in gute und schlechte Facetten und versuchen, diese voneinander zu trennen. Somit entzieht sich das, was wir für schlecht halten und an uns nicht zulassen, dem Zugriff unseres Bewusstseins, unserer Disziplin und unserer Klarheit und wirkt mehr oder weniger selbständig. Es ist mit dieser Stellung Saturns zunächst schwer zu respektieren, dass mit Entscheidungen, Zielen oder Anfängen immer auch der Schmerz einhergeht, dass hier Aggression notwendig ist und dass wir dazu den Mut brauchen, zu unseren Motiven zu stehen.

Unterliegt beispielsweise das Ego einer generellen Verurteilung, können wir keine Ziele haben und auch keinen Mut, diese zu verwirklichen. Verurteilen wir die Aggression schlechthin, mangelt es uns an Tatkraft und können wir uns nicht entscheiden. Meiden wir den Schmerz, können wir uns nicht durchsetzen, und verurteilen wir generell die Triebe, fehlt es uns an Stoßkraft und Energie. Das eine ist ohne das andere nicht zu haben, mit Saturn in diesem Zeichen versuchen wir jedoch oft zu siegen ohne zu kämpfen, Held oder Heldin zu sein ohne Schmerz, uns durchzusetzen ohne Entscheidungen zu fällen oder ohne persönliche Motivation etwas zu beginnen. Jene Widder-Facetten, welche wir als schlecht beurteilen, fehlen uns schließlich bei der Durchsetzung unserer Ziele und kommen uns in der Unterwelt oder im Schatten der Außenwelt als Zorn, Angriff, Gewalt oder Streit entgegen.

Es führt kein Weg daran vorbei: Zumindest in unserem Bewusstsein wollen all diese Seiten als zusammengehörig erkannt und respektiert werden. Erst dann können wir auch bewusst mit ihnen umgehen und ihre uns gemäße Form entwickeln. Alle Versuche, hier „korrekt" zu sein, müssen scheitern, damit wir ans Licht kommen. Jede Geburt tut weh – bei jeder Geburt fließt Blut und sind enorme Stoßkräfte am Werk, bei jeder Geburt müssen wir um unser Überleben kämpfen und wollen mit unserem Willen siegreich sein. Wie wir mit diesen Metaphern umgehen, ist unsere Entscheidung. Saturn im Widder sagt uns jedoch, dass wir *durchdringen wollen müssen*, um ein freier Mensch zu werden.

♄ Saturn im Stier ♉

Bei dieser Position Saturns versuchen wir zunächst, gute Werte von schlechten Werten zu trennen, oder anders: das Wertvolle und das Wertlose ein- für allemal klar zu definieren. Wir beurteilen die Erscheinungen der Erde, sind auf der chronischen Suche nach dem richtigen Platz, nach gültigen Grenzen, nach festem Boden. Wir glauben, dass Wohlstand ohne Ballast möglich ist, Wichtigkeit ohne Schwere und Besitz ohne Unbeweglichkeit. Die Suche nach dem richtigen Schutz kann uns die Ruhe rauben und es fällt uns meist schwer zu respektieren, dass Sicherheit mit Einfachheit einhergeht.

Die sinnliche Beziehung zur Erde und der bewusste Einzug in unseren Körper sind für uns hier die Tür zum Licht der Individualität. Unterliegt jedoch beispielsweise generell der Besitz einer Verurteilung, können wir uns noch nicht einmal selbst haben und sind nicht fähig, die zu unserem Schutz notwendigen Grenzen zu ziehen. Ebenso überschreiten wir dann die Grenzen, die andere ziehen und beziehen unter Umständen einen Teil unserer Sicherheit aus einer Art widerrechtlicher Aneignung. Das, was real uns gehört, ist immer einfach und schlicht. Ist die Einfachheit verurteilt, halten wir uns selbst für wertlos. Sind wir der Meinung, dass Grenzen nicht sein sollten, verachten wir die irdische Dimension schlechthin. Schenken wir dem Gewicht einer Sache keine Aufmerksamkeit, fehlt uns die Basis für unser Leben.

Hier gilt es, das Prinzip Erde auch tatsächlich zu verkörpern. Wenn wir es uns erlauben, die dynamische Wechselbeziehung der Pole „am eigenen Leib" zu erfahren bzw. ihre physische Ausformung sinnlich zu erleben, werden alle Urteile relativ. In unserem Bewusstsein will respektiert werden, dass Ansammlung ohne Grenzen, Haben ohne

Fundament, Wert ohne Sinnlichkeit und Stabilität ohne Genuß nicht möglich sind. Der bewusste Einzug in unseren Körper, seine Inbesitznahme und der wache Gebrauch unserer physischen Sinne mögen uns vielleicht ängstigen, sind jedoch Vorbedingung für unsere Freiheit als Mensch auf dieser Erde.

♄ Saturn im Zwilling ♊

Mit dieser Konstellation ist die Vielfalt die Tür zum Licht. Wir sind jedoch zunächst vermutlich auf der erfolglosen Suche nach dem sogenannten richtigen Gebrauch unseres Verstandes und trennen die Unverbindlichkeit vom Wissen. Dass unser Verstand ein Trickster ist, können wir ebensowenig akzeptieren wie die Flatterhaftigkeit der Informationen oder Verzettelungen beim Lernen. Der Zweck der Zwillinge-Energie ist Bewegung, Auffältelung, Verzweigung und Durchleitung mentaler Energien. Da wir im Denken lediglich üben, verwerfen wir auch entsprechend schnell, und damit ist eigentlich nichts Konkretes geschehen. Mit Saturn im Zwilling wollen wir jedoch möglicherweise das Rad neu erfinden und verweigern uns der Imitation – mit dem Ergebnis, dass wir nichts lernen, weil wir meinen, alles schon wissen zu müssen.

Das Wissen ist ein zweckorientiertes Instrument, unser Verstand ein Werkzeug, das weggelegt werden kann, wenn es nicht benötigt wird. Das schnelle Handeln und Vermitteln des Luftzeichens schafft oberflächliche Kontakte. Unterliegt jedoch beispielsweise die Oberflächlichkeit schlechthin einer Verurteilung, können wir auch nicht lernen. Halten wir die Neugier für schlecht, bleiben wir unbeweglich, verachten wir unsere Intelligenz, werden wir zu Kopien. Ist die Logik verurteilt, verstummen wir mit der Zeit, und vermeiden wir es, uns selbst darzustellen, fehlt uns der frische Wind im Kopf. Ohne Disput entsteht jedoch erst recht kein Wissen.

Erst wenn wir uns die Leichtigkeit erlauben, die mit den Zwillingen einhergeht, löst sich auch die Blockade in unserem Denken. Richtiges Wissen gibt es letztendlich nicht, aber einen nüchternen Umgang damit. Jeder Gedanke, jede Information und jede Mitteilung sind Boten, die nichts mehr wollen, als etwas miteinander in Kontakt zu bringen. Alles andere belastet unsere Neugier und behindert die Entwicklung unserer Intelligenz. Der bewusste Umgang mit dem Denken erfordert jedoch, dass wir den Götterboten in uns so respektieren, wie er ist: unverbindlich, diebisch, trickreich, wendig und für die Nachricht, die er bringt, nicht verantwortlich zu machen. Wenn wir beweglich dem eigenen Interesse folgen, werden wir ins Licht geboren, während wir darüber nachdenken. Die Vielfalt der Anregungen ist notwendig, denn eine schnelle Zeichnung kann uns frei machen oder ein Wort die Tür zur Individualität aufstoßen.

♄ Saturn im Krebs ♋

Steht Saturn im Krebs, streben wir vom Prinzip der Berührbarkeit zunächst nur jene Facetten an, die wir für gut halten. Diese Konstellation wird von den verschiedenen Geschlechtern in der Regel recht unterschiedlich erlebt. Die klassische Rollenaufteilung nach Geschlecht hat einen Ursprung in der kollektiven Aufspaltung des Krebs-Prinzips. Kennzeichnend für alle Geschlechter ist jedoch die Suche nach der sogenannten richtigen Identität, die einmal über die Distanz und ein anderes Mal über die Identifikation mit der Mutter bzw. Herkunft versucht werden kann. Dass Identität immer mit Nähe, Beeindruckbarkeit und Formbarkeit einhergeht, führt dazu, dass unser Ursprung irgendwo im Dunkel verschwindet. Dies zeigt, dass unsere Seele aus einem letztlich unbekannten Schoß geboren wurde, und es fällt uns schwer, unser ewiges Kindsein zu respektieren.

Sich lebendig *fühlen* und Bedürftigkeit gehören jedoch zusammen, ebenso wie Empfänglichkeit und Verletzlichkeit nicht zu trennen sind. Fragen wir danach, wer wir sind, enden wir immer bei der Natur, und der bewusste Umgang mit dem zyklischen Wechsel unserer Seele öffnet uns den Weg zum Licht. In der Depression haben wir dieses innere Gezeitenmeer zubetoniert, und sie ist deswegen so unerträglich, weil wir die Tür zu unserer Freiheit damit ebenfalls versiegelt haben. Zumeist wollen wir uns zwar spüren, jedoch ohne Irrationalität, ohne Dunkelheit, ohne durchtränkt zu werden oder ohne Ahnenstimmen. Wir bieten unserer Seele ein Gefäß an, ohne sie zu kennen.

Ursprünglichkeit bedeutet auch Wildheit, und wir spalten das Krebs-Prinzip zunächst in eine gute, zivilisierte und gezähmte und in eine schlechte, unzivilisierte und wilde Seite. Ebenso spalten wir dann die Natur, unsere eigenen Eltern und Vorfahren, das Mütterliche und unsere eigene Seele. Das Sanfte und das Wilde gehören ebenso zusammen wie das Verletzliche und das Verschlingende. Wir suchen die "richtige" Heimat in Form des nährenden Schlaraffenlandes und übersehen gern die Schwarzmondphase. Indem wir uns dessen bewusst werden, Natur zu sein, können wir kindlich anstatt kindisch werden und uns zutraulich dem Tor zum Licht nähern. Jede künstliche Regulation unserer Empfindungen führt zur Zangengeburt. Die Achtung des Irrationalen wirft Licht in unsere Seele und weist uns den natürlichen Weg zu uns selbst.

♄ Saturn im Löwen ♌

Die Verurteilung von bestimmten Facetten der Schöpfungskraft führt zu einer unentwegten und erfolglosen Suche nach dem „richtigen" Leben. Bei dieser Stellung Saturns wird zumeist versucht, Produktivität von Eitelkeit, Führung von Geltungsdrang oder Zentrierung von Aufmerksamkeit zu trennen. Um schöpferisch leben zu können, müssen wir uns selbst zum König oder zur Königin unseres Lebens machen und uns dessen bewusst sein, dass unser Wille darüber bestimmt, wie wir unser Schicksal erleben. Diese Verpflichtung auf die eigene Handlungskraft führt zu dem Bewusstsein, dass ein kreatives Leben ohne Selbstbezogenheit nicht funktioniert, und dass jenes Licht am hellsten strahlt, welches aus der eigenen Mitte heraus scheint. Möglicherweise scheuen wir das Licht, weil es durch den nächstbesten, helleren Stern so leicht zu überbieten ist. Konkurrenz geht mit Kreativität immer einher, und zum Löwen gehört eben das Brüllen.

Die Fortpflanzung unserer selbst durch das Erschaffen geistiger oder leiblicher Kinder ist auch ein Ausdruck unserer Selbstachtung. Durch unsere Schöpfungen wollen wir ein Reich begründen, wir wollen nicht ohne Nachkommenschaft eines Tages von diesem Planeten verschwinden. Doch vielmehr ist es auch die Lust, das Spiel mit der Lebenskraft zum eigenen Vergnügen, was uns schöpferisch und aktiv werden lässt. Versagen wir uns das Bewusstsein darüber, haben weder wir noch andere Spaß an dem, was wir hervorbringen und unser Reich geht unter, bevor es entstanden ist. Mit Saturn im Löwen können wir in ein Licht geboren werden, das uns zentriert und dadurch vom Vergleich erlöst.

Sonne kann wärmen und versengen, Wachstum bewirken und austrocknen, Leben spenden und töten. Ebenso können unsere Schöpfungen wirken, und dieses Bewusstsein kann uns zu einem realistischen Umgang mit unserer Strahlkraft verhelfen. Jedes Feuer verbrennt etwas, daran führt kein Weg vorbei. Jeder eigenwillige Akt verwandelt die Lebensenergie und gibt sie in neuer Form weiter. Sie will hervorgebracht werden, selbst wenn wir dadurch Schatten werfen. In uns ist Lebenskraft im Überfluß. Das bewusste Spiel damit macht uns zu freien und schöpferischen Menschen, die den Weg des Herzens gehen.

♄ Saturn in der Jungfrau ♍

Hier können wir wahrhaft neurotisch werden auf der Suche nach korrekten Umständen, und vermutlich könnte die Aussage, dass der Teufel im Detail steckt, auch von uns stammen. Die Jungfrau will jedoch der individuellen Seele ein Kleid geben und die Früchte der Verkörperung ernten. Somit gibt es keine Ernte ohne Genauigkeit und keine Umsicht ohne Kritikbewusstsein. Saturn in der Jungfrau kann uns jedoch auf die chronische und erfolglose Suche nach dem „richtigen Fehler" schicken, nach jenem winzigen Detail eben, das zur Perfektion des Ganzen noch zu fehlen scheint. Wie bei kaum einer anderen Konstellation besteht hier die Gefahr, dass wir das Prozessbewusstsein verlieren und in Sterilität erstarren.

Reinheit erfordert Fleiß und Unschuld die Fähigkeit zur Selbstkritik. Der Dienst an unserer Seele ist ein unauffälliger und bescheidener Akt, welcher in unserer Innenwelt vollzogen wird und den niemand anderes verstehen kann. Je näher wir uns selbst kommen, umso merkwürdiger erscheinen wir anderen. Unsere Gesundheit fußt auf der Fähigkeit zur steten Selbstverjüngung, doch die ist nicht zu verkaufen, sondern lediglich darstellbar – und absolut subjektiv. Innere Ernte und Kurzsichtigkeit gehen also miteinander einher und sind kein Fehler. Wir können nie wissen, ob unser persönlicher Entwicklungsschritt noch für irgendjemand anderen eine Bedeutung hat. Ihn deshalb jedoch gar nicht erst zu vollziehen, macht uns unfruchtbar.

Meiden wir die Erkenntnis unserer Kleinheit, entgeht uns auch unsere innere Ordnung. Lehnen wir die Veränderung unserer selbst ab, werden wir ältlich und übersehen den Jungbrunnen in unserer eigenen Seele. Ein rein persönliches Leben kann gesellschaftlich wirksame Früchte tragen – doch weder wissen wir das noch können wir es absehen, ohne von uns selbst abzusehen. Der Weg des kleinen Kreises mag uns furchtbar eng erscheinen, doch wir können auf ihm in die Gesetze der Erde eingeweiht werden und lernen, ihr mit der Kraft unserer Seele zu dienen. Saturn will uns hier in das milde Licht der Klugheit entbinden. Wir werden frei, indem wir den Kreis unserer Wirksamkeit erkennen und er uns genügt.

♄ Saturn in der Waage ♎

Liebe ist eine wechselhafte Angelegenheit und in ihrem Verlauf immer abhängig von der anderen Seite. Wir sind hier zunächst der festen Ansicht, auf einer von beiden Seiten vor Anker gehen zu müssen. Je starrer wir diesem Ansinnen folgen, umso mehr gleichen unsere Beziehungen dem Bild von Fels und Brandung. Die sogenannte richtige Beziehung, der „richtige“ Vertrag oder die „richtige“ Vereinbarung sind Gegenstand unserer chronischen Verzweiflung am Du. Zu erkennen, dass wir Ruf und Echo zugleich sind – und unser Gegenüber ebenfalls –, stellt hohe Anforderungen an unsere Fähigkeit zur Abstraktion. Eine lebendige Beziehung ist jedoch nicht zu haben ohne Sachlichkeit, denn ihre Basis ist – bei aller Liebe – der Austausch.

Ist das verurteilt, verlieren unsere Begegnungen an Leichtigkeit und Freude, an Genuss und erotischer Spannung. Wir öffnen uns jedoch nur dann dem anderen, wenn es uns ein sinnliches Erlebnis verspricht, wenn das Fremde uns auf-regt und in eine Bewegung bringt, die wir allein nicht vermögen. Das, was wir als schön empfinden ist das, was uns in Harmonie ergänzt. Somit ist jede Schönheit vergänglich und bezieht ihre Attraktivität aus unserem aktuell bestehenden Mangel. Gestatten wir uns den Luxus der Wahl nicht, gibt es keinen Grund, sich auf die Welt einzulassen.

Die Begegnung mit der Welt erfordert Feingefühl und den Sinn für Ästhetik. Wir müssen taktieren und strategisch vorgehen können. Unsere persönliche Attraktivität bestimmt darüber, wie wir angeregt werden. Schenken wir der Oberfläche keine Aufmerksamkeit, können wir auch keine bewussten Signale entsenden. Die neutrale Kühle des Waage-Prinzips kann uns als ein schmaler und kalter Pfad erscheinen, vor allem, wenn wir kollektiv-romantischen Idealen anhängen. Echter Friede ist jedoch ein Ergebnis klarer Beziehungen. Saturn will uns hier in die geistige Form der Liebe entbinden und uns dazu befähigen, die Wechselbeziehung der Pole als ein harmonisches Spiel zu erkennen. Uns selbst und das Andere aus freiem Willen zu achten, ist ein erster Schritt zum Licht.

♄ Saturn im Skorpion ♏

Bindungen haben die Eigenschaft, dass sie uns zwingend verwandeln und auf Ebenen unserer Seele wirken, die sich unserer Macht entziehen. Vermutlich sind wir deshalb mit dieser Saturnkonstellation häufig auf der chronischen und erfolglosen Suche nach Dominanz. Wir stellen uns zumeist eine sogenannte richtige Form der Macht vor und meinen damit, dass sie dann nicht stirbt, keine Opfer fordert, keine Unterschiede aufhebt und keine Eigendynamik entwickelt. All das gehört jedoch dazu, wenn uns etwas vormals Anderes geistig und seelisch ergreift und zu unserem eigenen wird. Wir sind davon fasziniert, uns selbst zu opfern, wenn wir hierdurch an der magischen Macht teilhaben können, die durch Verschmelzung entsteht.

Der Versuch, sich kollektiven Einflüssen zu entziehen, führt zu ihrer zwingenden Wirkung. Wenn wir es verurteilen, ein Massenwesen zu sein, entgeht uns der bildliche und formende Urgrund der Menschenseele. Saturn führt uns hier direkt in die Unterwelt der Menschen schlechthin und offenbart uns schonungslos, dass alles auf alle gleichermaßen wirkt. Was wir uns antun, tun wir auch anderen an, was wir anderen antun, tun wir auch uns an – und das nicht nur als esoterische Hypothese, sondern als konkreter Fakt. Die Symbiose der Pole führt unsere Urteile ad absurdum.

Vielleicht scheuen wir uns vor diesem Bewusstsein, um unsere Quälerei zu rechtfertigen. Skorpion zu ent-schuldigen bedeutet jedoch auch zu lernen, den Tod nicht zu fürchten. Je mehr wir es ablehnen, vorprogrammierte Wesen zu sein, umso mehr zwingen uns die Bedingungen unserer Existenz in die Knie. Das Bewusstsein über unseren Vernichtungswillen zu erlangen, führt uns durch einen wahrhaft radioaktiven Seelenbereich. Mit dieser Saturnstellung kommen wir mit Versuchen nicht davon, zum Licht führt nur ein Stirb- und

Werdeprozess und die Häutung in ein neues Leben. Möglicherweise ziehen wir jedoch den physischen Tod vor. Und sei es aus Trotz.

♄ Saturn im Schützen ♐

Die Suche nach der sogenannten richtigen Überzeugung, Weltanschauung oder Religion kann uns bei dieser Konstellation schnell übersehen lassen, dass jeder Erfahrung von Sinnhaftigkeit die Großzügigkeit zugehört. Verstehen wir etwas, überstrahlt das Feuer der Erkenntnis konkrete Fragen und entbehrt somit niemals einer gewissen Arroganz. Optimismus entsteht aus der Hoffnung und ist nicht beweisbar. Saturn im Schützen sucht jedoch zunächst chronisch und erfolglos nach Erklärungen, die nicht revidiert werden müssen. Jedoch hebt jede Lehre, die sich der Veränderung entzieht, irgendwann in den Bereich des Unverständlichen oder des reinen Glaubens ab, sei es die Wissenschaft, die Religion, die Philosophie oder das Streben nach Wachstum.

Die Hinwendung zum Höheren oder die Erweiterung von Grenzen sind eine Angelegenheit unserer Seele und haben stets den Verlust des Bodenkontakts im Gepäck. Fehlt uns das Bewusstsein darüber, stürzen wir mitunter aus großer Höhe schmerzlich ab. Fürchten wir den Sturz, fürchten wir jedoch auch die Höhe. Die Weitsicht des Schützen ist nicht zu haben, ohne dass wir den Veränderungen durch die Perspektive unterliegen. Die reale Erfahrung einer Überzeugung ist immer anders als ihre Theorie – von weitem ist halt nicht alles zu erkennen. Es liegt in der Natur der Götter begründet, dass sie mit der Zeit fallen. Somit ist es nicht nur unsinnig, den „richtigen" Glauben anzustreben, sondern auch verzehrend und austrocknend. Verurteilen wir jedoch den Glauben schlechthin, können begeisterte Führer in unserer Seele mitunter verheerende Brände anstiften – oder Neid und Eifersucht uns innerlich versengen.

Saturns Weg zum Licht ist hier die Offenbarung von Weite und Zusammenhängen, die das reine Denken übersteigen und einen bewussten Schritt in den Glauben verlangen. Mehrung bedarf genau dieses Aktes, sonst geschieht lediglich Veränderung auf im besten Fall gleichem Niveau. Toleranz braucht das Unverstandene, Entfaltung die Überzeugung von der eigenen Bedeutung. Der Schritt in das „Wir" mag uns schwer erscheinen, die Gemeinsamkeit lässt uns jedoch das Prinzip der zusätzlichen Kraft erfahren. Hierdurch sehen wir die Notwendigkeit ein, wir selbst zu werden, um aus freien Stücken beitragen zu können, was wir tatsächlich sind.

♄ Saturn im Steinbock ♑

Ist die saturnische Energie generell verurteilt, finden wir hier die Spaltung der Welt quasi in Reinkultur. Prinzipiell und grundsätzlich sind wir hier zunächst auf der Suche nach dem Guten ohne das Böse, nach dem Richtigen ohne das Falsche, nach Klarheit ohne Anstrengung oder nach Aufstieg ohne Disziplin. Da wir keinen Preis zahlen wollen, zahlen wir ihn letztendlich chronisch, aber ohne etwas dafür zu erhalten. Auf der Suche nach der sogenannten richtigen Leistung, dem „richtigen" Urteil oder der „richtigen" Auszeichnung strengen wir uns an bis zur Erschöpfung oder bis wir als weltabgewandter und resignierter Misanthrop erstarrt sind. Möglicherweise verurteilen wir Regeln prinzipiell, ohne zu erkennen, dass ohne Gesetzmäßigkeiten keine Form entsteht.

Erkennen wir weder das Ja im Nein noch das Nein im Ja, sprechen wir stets der Hälfte der Welt das Existenzrecht ab – und auch der Hälfte unserer Seele, sei es der schuldigen oder der unschuldigen. Somit bleiben wir von äußeren Autoritäten beherrschbar und scheuen die mit Verantwortung und Selbstbestimmung einhergehende Härte. Urteil und Fehler gehören ebenso zusammen wie Kompetenz und Erfahrung, Integrität und Öffentlichkeit oder Verallgemeinerung und Struktur. Scheuen wir es, Fehler zu machen, bleiben wir inkompetent, verweigern wir uns unserem Schicksal, formt es uns umso rigider. Wir können erst dann die Ordnung der Dinge erkennen, wenn wir unterscheiden, ohne zu verurteilen. Verneinen wir die Bedingungen unserer Existenz schlechthin, bleiben wir stets ein Kind an der Seite einer symbolischen oder realen Elternfigur.

Saturn verlangt hier von uns die wache und klare Wahrnehmung dessen, was ist – und unserer eigenen Verantwortung an seiner Beschaffenheit. Wenn wir es achten können, in einer Dimension zu existieren, in der alles Folgen hat und Folge ist, hören wir auf, die irdischen Gesetzmäßigkeiten zu verurteilen und können bewusst *mit* ihnen leben. Unsere Freiheit entsteht hier dadurch, dass wir uns den Gesetzen des Lebens unterstellen. Dadurch entlasten wir uns jener Schulden, die nicht unsere sind und gewinnen die Selbstbeherrschung, die aus der Konzentration auf die eigene Verantwortung entsteht. Diese Verantwortung zu erkennen ist unser vielleicht mühsamer, aber lohnenswerter Pfad zum Licht.

♄ Saturn im Wassermann ♒

Mit dieser Konstellation finden wir die Verurteilung des Wassermann-Prinzips vor und sind damit persönlich mit der kollektiven Haltung belastet. Zugleich werden wir ganz direkt aufgefordert, den Weg zum Licht zu beschreiten und die Irritationen der Freiheit nicht zu scheuen. Zunächst aber suchen wir in der Regel nach Neuerungen ohne Zusammenbrüche, nach Freiheit ohne Überraschungen oder nach Originalität ohne Randposition. Dass wir springen müssen, um eine andere Dimension der Welt zu erfahren, kann uns ebenso unverständlich vorkommen wie die Tatsache, dass Zufälle Zuständigkeiten aufheben. Ebenso mag es uns nervös machen, dass neue Ideen mit den üblichen Ideologien brechen.

Individualität und Herausragen gehen miteinander einher. Das ist ein Kennzeichen dafür, dass es eher selten ist, dass ein Mensch seine Zeitqualität umfassend verkörpert. Die Brüche mit der Vergangenheit tun weh, und bei jeder Geburt in die persönliche Freiheit gibt es in Momenten der Abnabelung einen schneidenden Schmerz. Zudem weht uns der rauhe Wind des Andersseins entgegen, trifft uns der Spott der anderen, aber oft auch die Komik des Universums wie ein Blitz. Zu den Rebellen und Neuerern zu gehören, ist für uns und für andere irritierend. Scheuen wir Phasen der Anarchie in unserer Seele, können wir die Kapsel um sie herum nicht sprengen. Beharren wir auf nachvollziehbaren Schritten, fällt uns nichts ein, was uns befreien könnte.

Zum Individuum geboren zu werden bedeutet, radikale Veränderungen zulassen zu können. „Richtige“ Freiheit gibt es nicht, ihr wichtigstes Merkmal ist es, in eine fremde und offene Welt katapultiert zu werden, in der alles gleichbedeutend ist, weil es noch keine Erfahrungen gibt. Hier ist alles, was wir tun, ein Risiko, ein Experiment mit ungewissem Ausgang. Ohne Abenteuerlust kann uns die Geburt ins Licht jedoch nicht gelingen. Wir selbst sind Teil der Expedition Leben, wir sind Vesuch, Irrtum und insbesondere das daraus entstehende „Mehr". Saturn befähigt uns hier, der Inspiration die Führung zu überlassen und die Transpiration ihrer konkreten Umsetzung nicht zu scheuen. Wir werden frei, indem wir uns bewusst dem Pulsschlag der Weltseele anschließen.

♄ Saturn in den Fischen ♓

Die Spaltung der Fische-Energie in sogenannte richtige und falsche Facetten hat die Sucht als Konsequenz. Dabei werden wir in der Regel nach dem süchtig, was uns als „gute" Auslebensform des Fische-Prinzips erscheint, weil wir hierdurch vor dessen abgelehnten Seiten fliehen. So können wir auf die chronisch erfolglose Suche nach Heilung geraten ohne realisieren zu wollen, dass damit Auflösung, Schwäche und Loslassen einhergehen. Allein schon die Heilung zu *wollen*, kann nicht funktionieren, denn in Neptuns Dimension gibt es kein wollendes Ich. Schrankenlosigkeit und Einheit haben auch Konsequenzen wie beispielsweise die Ansteckung des Helfers am Leid, die „Infektion" durch ein Kunstwerk oder durch Musik, die Undefinierbarkeit von Ursache und Wirkung oder die mit der Gleichheit einhergehende Gleichgültigkeit.

Sind die Fische verurteilt, neigen wir hier zu Romantisierungen oder süßlichem Mitgefühl und erwachen mitunter recht hart aus unserem Wahn. Saturn vermittelt uns mit dieser Stellung, dass Spiritualität mit unwiderruflicher Auflösung einhergeht, dass Ganzheit ohne Unmoral nicht zu haben ist, dass Wahrheit immer subjektiv ist und dass die Phantasie der Urquell aller Dinge ist. Lehnen wir das Chaos und die Nebel ab, kommt nichts zur Vollendung, verachten wir das Irrationale, erliegen wir stets den Täuschungen des Spiegels und sehen alles verkehrt herum. Wie dem auch sei, der Hingabe können wir hier nicht entgehen, und mitunter ist sie die einzige Möglichkeit, unserer Nichtigkeit in einem endlosen Universum zu begegnen. Das Einheitserleben hat auch zur Folge, dass angesichts der Unendlichkeit die Bedeutung dessen, was wir so mühsam aufgebaut haben, gen Null geht.

Jedoch ist gerade das für uns Saturns Tür zur individuellen Freiheit. Wenn alles eins ist, gibt es keinen Grund und keine Möglichkeit, uns zu verstecken. Wollen wir Erlösung ohne aufzugeben, betrügen und täuschen wir uns und andere. Sind wir uns unserer Schwäche bewusst, sind wir stark genug für die Heilung. Etwas *unterlassen* zu können, erfordert Vertrauen. Indem wir uns selbst vergessen, werden wir geboren, wenn wir uns dann auch weniger als Ich, sondern eher als Sein empfinden. Wir können auf diese Weise etwas Formlosem Form verleihen – in dem steten Bewusstsein, ein Kanal zu sein für unergründliche Kräfte.

Nach diesen Ausführungen können wir generell sagen, dass Saturn die Qualität des Zeichens, in dem er steht, konzentrieren und verdichten will. Hierzu ist es jedoch – wie beschrieben – notwendig, die Licht- und Schattenseiten einer Qualität in das eigene Bewusstsein zu heben, denn sonst fehlt es uns an Substanz. Die Auseinandersetzung mit der betreffenden Qualität ist häufig von Angst begleitet und dem Gefühl, etwas Verbotenes zu tun. Zudem ist sie meist ein Thema, das uns unser Leben lang begleitet, und es ist selbstredend, dass wir schon allein dadurch auf diesem Gebiet Kompetenz und innere Autorität erlangen.

Im Laufe der Zeit wird uns mehr und mehr das Wesentliche der betreffenden Qualität bewusst und wir können erkennen, dass die Trennung der verschiedenen Facetten nur aufgrund eines Denkens funktionieren konnte, das dem Wesentlichen und dessen verbindender Wirkung keine Aufmerksamkeit schenkt. Zu Beginn unserer Auseinandersetzung mit dem von Saturn besetzten Zeichen führen wir zumeist einen Kampf gegen Elternfiguren, die Gesellschaft oder generell gegen konventionelle Haltungen bezüglich der entsprechenden Energie. Obgleich die Suche nach dem sogenannten Richtigen im Ergebnis erfolglos bleibt, so ist sie doch wichtig, denn sie aktiviert unsere innere Saturn-Energie und somit zugleich ihre Hinausführung über sich selbst. Man kann sagen, dass die Suche nach dem Richtigen nicht tatsächlich das Richtige zum Ziel hat, sondern eher die Befreiung davon. Sie deshalb jedoch gar nicht erst zu beginnen, führt zu nichts.

Individuelle Freiheit ist auch ein Ergebnis von Leistung. Unsere Seele will diesem Zustand *entgegenreifen*, denn sonst hätte er mehr zerstörerische als befreiende Aspekte. Die Aneignung dessen, was vormals den Göttern vorbehalten war – und nichts anderes ist der prometheische Akt der Befreiung des menschlichen Individuums –, bedarf einer inneren Unerschütterlichkeit, jedoch vor allem der Bereitschaft, die Konsequenzen des eigenen Tuns ohne Umschweife zu erkennen und auf sich zu nehmen. Durch seine zyklische Wirkweise steuert Saturn diesen Prozess, und was uns häufig als zu langsam erscheint, ist in Wahrheit ein Schutz vor Überlastung. Erst wenn im Laufe unserer individuellen Entwicklung Brüche konstruktiv sind, geschehen sie.

2. Der Übergang von Steinbock zu Wassermann: Die Sollbruchstelle im Horoskop

Im persönlichen Horoskop gibt es viele Krisenpunkte, welche jedoch nicht alle etwas mit dem von Saturn gelenkten Reifungsprozess zu tun haben. Das sechste Haus beispielsweise ist quasi eine Dauerkrise, da wir hier unsere persönliche Evolution in Form der Einpassung in die Welt in kleinen und stetigen Schritten zu bewältigen haben. Die Position und Herrschaft des Planeten Uranus haben ebenfalls Krisencharakter, jedoch suchen wir seine Entsprechungen eher aus dem Grunde, weil wir uns hier durch unseren Einfallsreichtum besonders hervortun oder selbst befreien können. Brüche im Zuge unseres persönlichen Entwicklungsprozesses finden wir im Horoskop eher an jener Stelle lokalisiert, an der sich der Übergang vom Zeichen Steinbock zum Zeichen Wassermann befindet.

Der in der Überschrift verwendete Begriff „Sollbruchstelle" ist der Technik entlehnt und bezeichnet einen absichtlichen „Materialdefekt". So gibt es beispielsweise bei Laternenmasten an einer bestimmten Stelle einen schwächeren Punkt im Material. Fährt nun zum Beispiel ein Auto gegen den Mast, so bricht er an diesem Punkt, um damit auf eine vorbestimmte und die sicherste Art und Weise zu fallen. Durch den Bruch an dieser Stelle wird dem Druck von vornherein ein Ausweg geboten, um so wenig Schaden wie möglich anzurichten. Diese

Einrichtung ist recht sinnvoll und vor allem erstaunlich einsichtig, da Brüche und Unfälle halt passieren.

Bei der Betrachtung von Horoskopen und den dazugehörigen Lebensläufen kann man eine ähnliche Einrichtung beobachten, weshalb der Begriff der Sollbruchstelle naheliegt. Dass wir hin und wieder fallen, scheitern oder mit dem Alten brechen, gehört zu unserer Entwicklung dazu. Dahinter steckt jedoch keine bösartige Attacke eines feindseligen Schicksals, sondern Phasen im Leben, welche notwendigerweise durchlebt werden müssen, damit wir reife und eigenverantwortliche Menschen werden, die es wagen, sich selbst zu leben. Um „flügge" zu werden, müssen wir die Schale des Eis aufbrechen oder den Kokon sprengen, und es gibt einen Lebensbereich, in dem wir speziell dazu aufgefordert werden. Im individuellen Horoskop finden wir diesen Bereich durch das Haus symbolisiert, in dem der Übergang von Steinbock zu Wassermann steht.

Hier erleben wir vor allem das saturnische „Müssen" in seiner doppelten Bedeutung, also sowohl im Sinne des Folgen-Müssens als auch des Ausbrechen-Müssens. Zunächst müssen wir in diesem Lebensbereich notwendigerweise gehorchen, in welcher Form auch immer. Wir tun es jedoch stets mit dem Gefühl, gezwungen, dressiert oder verformt zu werden. Trotzdem – wir gehorchen, wenn auch mit Groll oder einem verbissenen Gefühl von „warte, bis ich groß bin, dann zeig ich's dir!". Entsprechend unserer jeweiligen Größe „zeigen wir es ihnen" dann, zunächst aber mehr innerhalb des vorgegebenen Rahmens. Schließlich kippt der Prozess in ein „Sich-befreien-müssen" um. Das bedeutet, dass ab einem gewissen Punkt Folgsamkeit oder konventionelle Leistung uns nicht mehr befriedigen, keine Erfolge mehr bringen und wir nervös werden.

Saturn ist der Situation entsprechend hier soweit integriert, dass wir einen eigenverantwortlichen und selbstbestimmten Schritt wagen können und müssten – doch ist an diesem Punkt die Gefahr groß, zu somatisieren oder sogenannte Schicksalsschläge hervorzurufen, falls wir uns die Freiheit *von und zu etwas* nicht gestatten. Saturns Schwellencharakter sowie seine traditionelle Herrschaft über Steinbock *und* Wassermann kommen im Haus der Sollbruchstelle deutlich zum Ausdruck, denn es ist immer ein prometheischer Akt, Saturn zu integrieren und selbst zu entwickeln.

Das Haus der Sollbruchstelle befindet sich während unseres Lebens in einer langsamen, ernsthaften und unaufhörlichen Bewegung, die immer Überraschungen hervorbringen will. In der Regel streben wir jedoch gerade in dem betreffenden Lebensbereich zunächst Dauerhaftigkeit an, weil wir das Ungewisse fürchten und mit Experimenten noch wenig Erfahrung haben. Mehr als bei allen anderen von Saturn berührten Themen unseres Horoskops können wir hier jedoch die zehnte Energie zu ihrer Reife bringen und sie in unser seelisches Gefüge integrieren. Wenn wir das Lebensthema des Reifungsprozesses suchen, finden wir es in dem Zeichen, in dem Saturn steht. Suchen wir jedoch die konkrete Bühne, auf der wir Saturns Thema bearbeiten, finden wir sie im Haus der Sollbruchstelle.

Es hat sich gezeigt, dass bei der Identifikation des Hauses das äquale Häusersystem am hilfreichsten ist. Hierbei handelt es sich um die Einteilung des Horoskopkreises in gleich große Häuser von jeweils 30°, vom Aszendenten aus gerechnet. Die Himmelsmitte fällt bei dieser Häuserberechnung nicht unbedingt mit der Spitze des zehnten Hauses zusammen, sondern befindet sich in der Regel im achten bis elften Haus. Die äquale Häuserberechnung ist an sich schon etwas sehr Saturnisches, denn sie ordnet die Entwicklungsmuster des Aszendenten eher prinzipiell als lokal-individuell. Außer bei Aszendentenstellungen auf 30°/0° eines Zeichen ist somit jedem Aszendenten seine archetypische „Bruchstelle“ vorgegeben.

Das Haus der Sollbruchstelle hat Ähnlichkeit mit einem tatsächlichen Haus, das ständig renoviert wird. Mitunter kann das Gefühl entstehen, dass die Modernisierungsmaßnahmen nicht abreißen, dass wir hier einfach nicht zur Ruhe kommen, obwohl wir glauben, nichts mehr zu wollen als genau dies. Es ist jedoch sinnvoller, dieses Haus immer als ein Phasenhaus zu betrachten, als einen Lebensbereich, in dem wir zwar ordnen, strukturieren, manifestieren und ruhen, in dem die so erlangte Ruhe jedoch nie allzu lange anhält. Immer wieder gibt es etwas Neues, Irritierendes oder Überraschendes, das uns aus der Ruhe reißt und dem wir uns widmen müssen. Aus der Sicht unserer Seele *wollen* wir uns dem widmen, jedoch nicht mit der Absicht, dadurch zu endgültiger Ruhe zu kommen, sondern einfach um unsere Urteilskraft und Unterscheidungsfähigkeit, unsere Selbstverantwortlichkeit und Integrität zu *schulen.*

Ebenso ist es sinnvoll, das nachfolgende, vom Wassermann beherrschte Haus im Gedächtnis zu behalten, denn für dessen Themen bildet die Sollbruchstelle die Basis. Irgendwo wollen wir alle wie Prometheus den Göttern das Feuer stehlen, wollen wir uns hervortun, die Chance zur Einzigartigkeit ergreifen und unserem Selbst entsprechend leben. In den uranischen Bereichen unseres Horoskops sind wir rebellisch, empört, risikobereit und immer irgendwie anders als „die Anderen". Die hier winkende Befreiung unserer Individualität bedeutet aber auch Einzelgängertum und kann zu Gefühlen der Isolation, Überlegenheit und Entkoppelung vom Ganzen führen. Die Kraft, Reife, Unerschrockenheit und Disziplin für den Prozess der Selbstbefreiung erlangen wir in dem Lebensbereich, der durch den Übergang von Steinbock zu Wassermann angezeigt wird.

Übergang in Haus 1 – Aszendent Steinbock

Befindet sich die Sollbruchstelle im ersten Haus und liegt somit ein Steinbock-Aszendent vor, betrifft das Folgen- und Sich-befreien-müssen ganz konkret den eigenen Körper. Dadurch sind wir hier zugleich aufgefordert, die Verbundenheit von Körper und Bewusstsein wahrzunehmen, denn ebenso eingesperrt und eingefahren wie unser Bewusstsein ist es unser Körper auch. Häufig werden hier die geschlechtlichen Rollenmodelle als eine Art Gefängnis empfunden. Die kollektive Haltung, wie (und dass!) man sich als Mann oder Frau ganz physisch zu verhalten hat, führt zu dem Gefühl, in einem Körper sein zu *müssen.* Das Vitale, Animalische, Triebhafte und Kraftvolle der physischen Existenz wird in der Regel rigide verurteilt und durch einen automatisierten Umgang mit dem eigenen Körper ersetzt. Erst später folgen diesem Muster auch die eigenen Motive, Ziele und Durchsetzungsformen.

Der Impuls, sich den eigenen Körper tatsächlich anzueignen, in Besitz zu nehmen (Haus 2/Wassermann), bricht jedoch immer wieder durch und kann uns den unmoralischen und nackten Spaß an der eigenen Existenz bringen. Im Prinzip sind wir fähig, die hohe Vibration der Materie am eigenen Leib zu spüren und sie blitzschnell umzusetzen – nur brauchen wir dafür unsere eigene Erlaubnis. Folgen wir hier nicht unserem Einfallsreichtum und machen nicht das, was wir für richtig halten, zum Maßstab für unsere Ziele – brechen wir also nicht mit der Dressur –, wird unser Körper schließlich Ausdruck des Irrtums der Dauerhaftigkeit. Er versteinert, verstockt, verkrampft oder vertrocknet.

Letztlich hat hier ein Bruch mit allen Regeln, die uns den freien Umgang mit unserer eigenen Physis untersagen, zu erfolgen. Im gleichen Zuge müssen wir fähig werden, eigenverantwortlich mit unserem Körper umzugehen, d.h. von einer Haltung Abstand zu nehmen, welche die Fürsorge für ihn anderen überlässt. In einer Art „experimentellen Inkarnation" müssen wir offen sein für den Ausdruck von Schwingungen, Einfällen oder neuen Entdeckungen *durch* unsere körperliche Existenz. Vor allem das rhythmische Pulsieren als Antriebskraft der Materie kann durch uns einen konkreten Ausdruck finden. Unsere eigenen Irrtümer und Erfahrungen können die Grenzen der kollektiven Haltung offenlegen und am Aufbau eines neuen Verständnisses über den Zusammenhang von Körper und Bewusstsein mitwirken.

Übergang in Haus 2 – Aszendent Schütze

Befindet sich die Sollbruchstelle im zweiten Haus und liegt somit ein Schütze-Aszendent vor, tritt bei unserem Reifungsprozess die Frage des Territoriums in den Vordergrund. Zugleich sind wir dazu aufgefordert, die Verbindung zwischen dem Ort, an dem wir uns niederlassen, und unserem Bewusstsein zu erkennen. Da wir zunächst kollektiven Wertvorstellungen folgen müssen, schlägt auch unser Bewusstsein auf kargem Grund seine Wurzeln und bringt – wenn überhaupt – nur zäh und mühsam neue Früchte hervor. Wir haben zumeist das Gefühl, an einem Platz ausharren zu müssen, der uns von anderen zugewiesen wurde und in unserem Empfinden jedoch einer Zelle im Hochsicherheitstrakt eines Gefängnisses gleicht.

Letztlich klammert sich unser Bewusstsein an den Fels der Tradition und Rechtschaffenheit, an Werte, die überaltert sind und einer gründlichen Prüfung bedürfen. Zwar gibt uns dieses Festhalten zunächst das Gefühl von Sicherheit, jedoch ist der Impuls, auszubrechen, auszuwandern, die Zelte abzubrechen und an einem anderen Ort neu anzufangen, zuverlässiger als die alten Werte. So lange wir jedoch den logischen, zweckorientierten und kühlen Verstand oder unsere eigene Intelligenz für verrückt erklären (Haus 3/Wassermann), kleben wir an alten Plätzen, ohne neue und inspirierende Plätze erkennen zu können. Wir warten meist stets auf den Beweis unserer Richtigkeit an diesem Ort. Letztendlich müssen wir selbst uns aber die eigenverantwortliche Erlaubnis geben, zu gehen oder zu bleiben bzw. das zu bewahren, was uns wertvoll erscheint. Hierzu ist es jedoch notwendig, in unserem Bewusstsein mit überkommenen Werten brechen zu können und zu erkennen, dass es unsere eigenen Wertvorstellungen sind, die uns an den jeweiligen Platz binden.

Die Suche nach dem „endgültigen" Platz kann durch Mangelerscheinungen oder physische Verhärtungen verschiedener Art somatisiert werden, die uns mitunter auch physische Brüche bescheren. Eine Art ernsthafte Vagabundenmentalität, die einen Platz mit dem Bewusstsein in Anspruch nimmt, dass auch er nicht der letzte sein wird, schafft die Voraussetzungen für einen offenen Geist. Die Qualität des Ortes korrespondiert mit unserem Selbstwertgefühl und entscheidet mit darüber, ob wir uns frei äußern oder nicht. Es obliegt daher unserer bewussten Wahl, wo, wie tief und wie lange wir Wurzeln schlagen.

Übergang in Haus 3 – Aszendent Skorpion

Befindet sich die Sollbruchstelle im dritten Haus und liegt somit ein Skorpion-Aszendent vor, müssen wir zunächst dem üblichen Denken folgen. Zugleich haben wir jedoch das Gefühl, auf das Kleine, Oberflächliche oder die „offizielle Lehrmeinung" festgenagelt zu werden, ohne dass unsere Einfälle und Ideen von irgendjemandem ernst genommen werden. So lernen wir, zu denken, was man denkt und zu sagen, was man sagt, unterliegen der Kontrolle der Alltäglichkeiten und dem Urteil über unseren Verstand. Der Druck, sich aus dem automatisierten Denken zu befreien, kann von uns eventuell lediglich als eine vage Angst vor Irresein oder Außenseitertum wahrgenommen werden. Zudem ist unser eigenes Kommunikationsverhalten dann von Brüchen, von hoher Ablenkbarkeit oder von schwindelerregender Schnelligkeit geprägt.

Bei dieser Hausposition ist die Gefahr besonders groß, an eingefahrenen Wegen festzuhalten – sei es in unserem Bewusstsein, im konkreten Alltag oder durch Somatisierung. Der Irrtum der Dauerhaftigkeit kann zu einem reaktionsschwachen Nervensystem, zu Gefäßverhärtungen oder zu eingleisigen Wahrnehmungen und Vorurteilen führen. Das stete Lernen hingegen kann uns frei machen, jedoch bedarf es dazu unserer eigenen Erlaubnis und der Rebellion gegen konventionelle Denkweisen. Indem wir die Meisterung unseres eigenen Verstandes anstreben, können wir die Verbundenheit von Information und Bewusstsein erkennen. Wir sind, was wir denken, und dieser Zusammenhang eröffnet uns den Weg dazu, die Individualität unserer eigenen Seele zu spüren. Dadurch erlangen wir vor allem die Befreiung von den Definitionen unserer Familie (Haus 4/Wassermann) und zugleich den Auftrag zur eigenverantwortlichen Definition unserer Natur.

So lange wir dem Irrtum eines unerschütterlichen und dauerhaften Wissens unterliegen, ist unser gesamter Kontakt mit der Welt fremdbestimmt. Sind wir jedoch zu Denkexperimenten und ungewöhnlichen Darstellungen unserer selbst bereit, wird zugleich der Umgang mit unserem Verstand geschult. Dies wiederum befähigt uns zu eigenverantwortlichen Aussagen und befreit uns davon, uns der Not gehorchend ständig von uns selbst distanzieren zu müssen. Indem wir mit überkommenen Lehren brechen, überwinden wir zugleich die Zersplitterung in unserem Innersten.

Übergang in Haus 4 – Aszendent Waage

Befindet sich die Sollbruchstelle im vierten Haus und liegt somit ein Waage-Aszendent vor, müssen wir zunächst dem Klima unserer

Herkunft folgen. Uns wird vorgegeben, welche Bedürfnisse man haben muss bzw. darf, und um den Schutz des Nests nicht zu verlieren, übernehmen wir diese Beurteilungen, ohne auf andersartige Bedürfnisse zu achten. Zugleich fühlen wir uns jedoch wie ein Kuckucksei: fremd im eigenen Nest und stets mit der Frage beschäftigt, wer hier „sonderbar" ist – die anderen oder wir selbst. Der Druck, sich zu befreien, hat den Bruch mit Familie und Kindheit im Gepäck und kommt einem schmerzhaften Schnitt an unseren Wurzeln gleich. Die Suche nach einem dauerhaften Hafen blockiert jedoch unsere Fähigkeit, mit dem Leben auf eine erfinderische Weise umzugehen und ihm schöpferisch zu begegnen.

Wir sind hier dazu herausgefordert, uns dessen bewusst zu werden, wer bzw. was wir im Innersten tatsächlich sind. Damit brechen wir zugleich mit den üblichen Vorstellungen von Heimat, Identität und Seele und erkennen die Verbundenheit von Bewusstsein und Zuhause sein. Es kann sich sehr befreiend auf uns auswirken, das Leben und seine/unsere Schöpfungskraft als ein Experiment zu betrachten. So lange wir uns jedoch davor fürchten, unsere Andersartigkeit zu präsentieren, kann sich in unserem Inneren ein Stein bemerkbar machen – ob er uns nun auf der Seele liegt, sich in den inneren Organen somatisiert oder wir uns fühlen, als läge er uns im Magen. Der Stein entspricht dem Anklammern an erstarrte Gewohnheiten, denn gerade auf diesem Gebiet sind wir zu ständigen Modernisierungen und der Übernahme von Eigenverantwortung für unsere authentischen Bedürfnisse aufgerufen.

Dabei kommt der Schritt aus der Geborgenheit des Altvertrauten immer wieder einem Sprung gleich, und möglicherweise gestatten wir unserem Bewusstsein die Sprünge nicht, die unsere Seele machen will. Jedes Versiegen der eigenen Kreativität und Lebensfreude ist ein Alarmsignal (Haus 5/Wassermann). Der Spaß am Leben vergeht uns immer dann, wenn wir aus Gewohnheit am Kleinsein festhalten. Somit ist der Bruch mit unserer Herkunft stets auch ein Bruch mit unserem Gefühl von uns selbst – und mit der kuscheligen Nische, die wir uns gerade geschaffen haben.

Übergang in Haus 5 – Aszendent Jungfrau

Befindet sich die Sollbruchstelle im fünften Haus und liegt somit ein Jungfrau-Aszendent vor, müssen wir in unserem Selbstausdruck zunächst dem folgen, was uns vorgeschrieben wird. Wir drücken damit Konventionen aus, werden mitunter zur Personifikation des „Man" und erfahren die Schöpfungskraft auf diese Weise lediglich passiv: Wir werden das, was „man" aus uns macht. Da wir hier am Zentralpunkt der Existenz getroffen werden, hat der Befreiungsdruck mitunter recht dramatische Folgen. So lange wir im Rahmen vorgeschriebener Regeln handeln, agieren wir kompetent, werden wir jedoch zu eigenverantwortlichem Handeln aufgerufen, geraten wir stets in Experimentierphasen mit dem Leben selbst.

Da der Bereich des fünften Hauses uns unser Publikum beschert, sind wir bei der Befreiung unserer Handlungs- und Schöpfungskraft nicht nur zum Bruch mit unseren alten Bewunderern aufgerufen, sondern vor allem auch zur Trennung von unserem alten Ich. Der Anspruch, ein spielerisches und schöpferisches Leben zu führen, führt uns irgendwann zu Bewusstsein, wo wir uns – meist aus Eitelkeit – der Norm beugen und zu einer Art Maschine für automatisierte Prozesse werden. Der Dienst an unserer individuellen Seele (Haus 6/Wassermann) wird jedoch auf diese Weise blockiert. Die Verbundenheit von Schöpfertum und Bewusstsein führt uns letztlich dazu, uns stets von unseren Schöpfungen zu trennen, sobald sie Form angenommen haben, denn dann stellen sie für uns etwas Vergangenes dar. Der Irrtum der Dauerhaftigkeit kann uns dazu verleiten, die Konzentration auf etwas aufrecht zu erhalten, das schon lange vorbei ist.

Sobald wir uns bewusst als Schöpfer unseres eigenen Lebens begreifen, brechen wir mit überkommenen Möglichkeiten, Geltung zu erlangen und Macht auszuüben. Im Experiment zu leben lässt uns dann zwar mitunter herausragen, garantiert jedoch nicht den Applaus. Somatisiert sich dieses Thema, können wir ein nervöses Herz bekommen, eine Körperregulation, die verrücktspielt oder wir sind verstopft. Indem wir lernen, in eigener Verantwortung zu handeln, wird die Freude am Erschaffen und nicht die Bewunderung durch andere der Maßstab.

Mit den Ansprüchen unseres eigenen Egos zu brechen, bewahrt uns davor, aus der Konserve zu leben.

Übergang in Haus 6 – Aszendent Löwe

Befindet sich die Sollbruchstelle im sechsten Haus und liegt somit ein Löwe-Aszendent vor, müssen wir zunächst den konventionellen Ansichten über Arbeit und Dienstbarkeit folgen. Insbesondere beruflich üben hierarchische Systeme eine hohe Anziehungskraft auf uns aus, da hier Arbeit und Lohn dauerhaft und strukturiert erscheinen. Jedoch verlässt uns in solchen Systemen nie ein gewisser Groll, denn der innere Befreiungsdruck lässt sich durch ein fleißiges Emporkommen nicht befriedigen. Möglicherweise versuchen wir halbherzig, ihm durch besondere Leistungen innerhalb von Institutionen zu entkommen, was paradoxerweise dazu führen kann, dass mit jedem Erfolg der Widerwillen größer wird. Somatisieren wir das Thema, können wir Allergien entwickeln oder leiden unter nervösen Verdauungsproblemen, Neurosen oder Neuralgien.

Mit dieser Konstellation sind wir aufgefordert, die Verbundenheit von Entwicklung und Bewusstsein zu erkennen. Arbeit und Alltag stagnieren oder entwickeln sich in dem Maße mühsam, in welchem wir keine Korrekturen an unserer bewussten Haltung vornehmen. Unterliegen wir dem Irrtum der Dauerhaftigkeit, entgeht uns die befreiende Erfahrung der Selbstkritik. Im Laufe unserer Entwicklung wird immer wieder der Bruch mit dem notwendig, was wir für unsere Dienstpflicht halten. Dabei geht es darum, Experimente, die Beruf oder Alltag betreffen, auf eine kluge Weise in den Ablauf unseres Lebens zu integrieren, und mitunter ist es manchmal die klügste Weise, wenn alles ein wenig durcheinander gerät. Lassen wir uns nicht alltäglich irritieren, kann die Routine des Lebens zur Erstarrung unseres seelischen Ausdrucks führen.

Was wir zunächst fürchten – nämlich unsere eigene Lebensweise einer gründlichen Kritik zu unterziehen – kann jedoch eine befreiende Wirkung auf unsere Beziehungen haben (Haus 7/Wassermann). In eigener Verantwortung den Alltag zu strukturieren und sich der eigenen Fehler bewusst zu werden, führt uns zu einem partnerschaftlichen, leichten und inspirierenden Umgang mit anderen. Die Trennung von allem Scheinheiligen schafft uns erst wirkliche Klarheit in der Seele, und der Bruch mit einem überlebten Fleiß-Belohnungs-Schema, das uns letztendlich unseren authentischen Seelenausdruck abkauft, führt uns zu einer aufregenden und freundschaftlichen Beziehung zur Welt.

Übergang in Haus 7 – Aszendent Krebs

Befindet sich die Sollbruchstelle im siebten Haus und liegt somit ein Krebs-Aszendent vor, müssen wir zunächst vorgegebenen Beziehungsmustern folgen. Auch hier erweisen sich Rollenklischees als zunehmend belastend, wenn wir sie auch zunächst erfüllen, da sie die Form unserer Begegnung mit dem anderen Menschen strukturieren. Zugleich spüren wir jedoch den Druck der Befreiung gerade dann, wenn wir auf Menschen treffen, die „anders" sind, die sich Freiheiten herausnehmen, von denen wir selbst oft nur träumen und die offensichtlich das Risiko weniger scheuen als wir selbst. Wir sind hier leicht dazu geneigt, unabhängige Menschen oder unkonventionelle Beziehungsformen als verrückt abzustempeln, ohne jedoch den Groll verringern zu können, der uns angesichts unserer eigenen eingefahrenen Beziehungssituation nicht selten überkommt.

Wir sind mit dieser Konstellation dazu herausgefordert, die Verbundenheit von Bewusstsein und Anziehungskraft wahrzunehmen, und somit konfrontiert uns der andere Mensch stets mit unserem Schatten schlechthin, indem er das, was uns im Bewusstsein über uns selbst fehlt, als Spiegel für uns wahrnehmbar macht. Der Irrtum der Dauerhaftigkeit kann uns dazu verleiten, Beziehungen stets hierarchisch zu strukturieren, weil wir unbewusst davon ausgehen, dass sie anders nicht halten. Wir können dann aber dazu neigen, eine Art Doppelleben zu führen und neben unseren offiziellen, konventionellen Bekanntschaften noch ein paar gern verheimlichte Beziehungen zu einer ausgeflippten, rebellischen oder womöglich auch kriminellen Szene zu pflegen. Letztendlich führt jedoch auch das zum Bruch von

Verträgen aller Art, zudem verliert die Kontaktaufnahme mit anderen hierdurch nichts von ihrer irritierenden Qualität.

Erst der Bruch mit überlebten Liebesnormen eröffnet uns neue Wege der Partnerschaft, auf denen wir lernen können, Individualität und Sicherheit in Beziehungen miteinander zu vereinen (Haus 8/ Wassermann). So lange wir jedoch die „bessere" Hälfte sein und in Beziehungen führen wollen, bleibt mitunter nur der Ehebruch als Forum für die uranische Qualität übrig. Es ist eine Frage unseres Bewusstseins, ob wir in Beziehungen mit anderen dazu stehen können, wie wir sind – und für unsere Ansprüche an Partnerschaften auch die Verantwortung übernehmen. Hierzu ist jedoch vor allem ein Bruch mit der Vorstellung von *Verantwortlichkeit für andere* notwendig. Dies mag uns schwer fallen, führt jedoch zu Bindungen, in denen sich alle Beteiligten frei bewegen und atmen können.

Übergang in Haus 8 – Aszendent Zwillinge

Befindet sich die Sollbruchstelle im achten Haus und liegt somit ein Zwillinge-Aszendent vor, unterliegen wir in unserem Beziehungsverhalten zunächst den Zwängen unserer Familienpsyche. Zumeist haben wir hier ein Drama geerbt, das durch die Rigidität aller Beteiligten in Gang gehalten wird und früher oder später zur qualvollen Erstarrung des Miteinanders führt. Wir sind zunächst gezwungen, den Mustern von Ausbeutung und Dominanz zu folgen, obgleich wir darunter leiden und eigentlich freiheitliche und tolerante Beziehungsformen leben wollen (Haus 9/Wassermann). Hierbei kann das Bekenntnis zu unserer Sexualität eine Schlüsselfunktion haben: Ihre Unterdrückung schreibt das alte Muster fort, ihre Befreiung kommt jedoch einem Ausbruch aus der Unterwelt gleich.

Der Irrtum der Dauerhaftigkeit verleitet uns mit dieser Konstellation unter Umständen dazu, die Form einer engen Bindung über ihren Inhalt zu stellen. Jedoch erlauben wir dadurch die Manipulation unseres Bewusstseins und verlieren durch Bindungen Kraft, anstatt sie zu gewinnen. Entsprechend auszehrend können sich die Somatisierungen dann gestalten. Unsere Aufmerksamkeit will darauf gelenkt werden, dass unser Bewusstsein beeinflussbar ist, dass es lediglich die Spitze eines verborgenen Grundes ist und dass dieser verborgene Grund alles miteinander in Symbiose vereint. Wenngleich wir auch mit überlebten Bindungen und Mustern brechen müssen, so gilt es hier doch auch, das *Prinzip* der Ursymbiose nicht zu verurteilen, denn sonst hält es uns zwanghaft in alten Mustern fest.

Es kann für uns notwendig sein, gerade mit seelischen Bindungen zu experimentieren, um uns die Dynamik der Macht bewusst zu machen. Unter Umständen sind hierzu große Sprünge notwendig – die Auswanderung in ein anderes Land, die Hinwendung zu ungewöhnlichen Weltanschauungen, das blitzartige Erfassen von Zusammenhängen oder die Befreiung von üblichen Erfolgsvorstellungen. Das mag uns schwerfallen, bietet jedoch auch die Chance, mit den rigiden und qualvollen Bindungsmustern unserer Familie und Sippe zu brechen und uns in einer Weise zu binden, die wir vor uns selbst verantworten können. Zwischen uns und dem anderen zu *unterscheiden* führt uns dann zu Bewusstsein, dass Bindungen befreien können.

Übergang in Haus 9 – Aszendent Stier

Befindet sich die Sollbruchstelle im neunten Haus und liegt somit ein Stier-Aszendent vor, müssen wir zunächst einem überalterten Weltbild folgen. Die Erklärungen, die wir übernehmen, schränken jedoch sowohl unsere Aussichten auf Erfolg ein als auch unsere Beziehungsfähigkeit, unser Gefühl vom sinnvollen Dasein und das tatsächliche Begreifen von Zusammenhängen. Dementsprechend irritieren uns alle gesellschaftlichen Veränderungen und werden unsere langwährenden Beziehungen zu einem Prüfstein für unsere Götter. Bei dieser Konstellation ist die Geschichte des Prometheus fast wörtlich zu nehmen, denn wir reifen hier zu Bewusstheit und Verantwortungsfähigkeit, indem wir mit den Göttern brechen und uns über Autoritäten empören (Haus 10/Wassermann).

Der Irrtum der Dauerhaftigkeit lässt uns zunächst an ewig gültige Erklärungen glauben. Jedoch sind wir dazu aufgerufen, die Verbundenheit von Bewusstsein und Erfolg wahrzunehmen und zu erkennen, dass die Enge unserer Welt die Enge unseres Bewusstseins widerspiegelt. Gefühle von Neid, Eifersucht und Zorn können ein guter Gradmesser für die Aktivitäten unseres inneren Rebellen sein. Somatisieren wir diese Energie, ringen wir stets auf irgendeine Weise mit der Bewältigung überschießender Lebenskraft. Wir sind hier dazu aufgefordert, uns das „herauszunehmen“, was wir sonst nur den sogenannten Besseren oder höher Stehenden erlauben. Letztlich müssen wir auf eigene Verantwortung mit Glaubensvorstellungen brechen, die einer Existenz erst bestimmte Bedingungen abverlangen, um ihr Glück zu gestatten.

Im neunten Haus erweitern wir unseren Horizont, und vor dem Wissen steht zunächst einmal das *Erkennen*. Es kann uns schwer fallen, mit alten Erklärungen zu brechen, denn diese sind zugleich die Basis für unser Gefühl der moralischen Überlegenheit. Mit ihnen erkennen wir jedoch früher oder später gar nichts mehr und ermangeln somit der bewussten Mehrung und des echten Wachstums. Um erkennen zu können, müssen wir jedoch zunächst lernen, unsere Unwissenheit zu tolerieren, denn hierdurch schaffen wir ein freies Feld für neue Einfälle. Indem wir mit weltanschaulichen Modellen experimentieren, überschreiten wir jedoch Glaubensmauern und können uns dadurch des individuellen und rebellischen Geistes bewusst werden, der in der Welt und damit auch in uns weht.

Übergang in Haus 10 – Aszendent Widder

Befindet sich die Sollbruchstelle im zehnten Haus und liegt somit ein Widder-Aszendent vor, müssen wir zunächst den gesellschaftlichen Urteilen folgen. Mit dieser Konstellation wirkt sich die übliche Trennung der zwei Seiten und somit die Verteufelung des Steinbock-Prinzips in unserem Bewusstsein und Leben ganz direkt aus. Wir neigen daher dazu, uns von einer Hälfte unserer selbst zu trennen. Der innere Befreiungsdruck will im Grunde die so errichtete Mauer in unserem Bewusstsein sprengen, jedoch können wir den Druck zunächst auch dazu verwenden, unsere eigenen Ansichten von richtig und falsch zur gesellschaftlichen Norm zu erheben. Diese Form von Hochmut führt früher oder später zum Einbruch unserer gesellschaftlichen Position – sei es durch einen plötzlichen Fall aus bereits erklommener Höhe oder durch eine an gesellschaftliche Normen gekettete öffentliche Anti-Haltung.

Wir sind hier dazu aufgerufen, die Verbundenheit von Bewusstsein und Urteil zu erkennen und zu lernen, den Sündenfall als einen Befreiungsakt des menschlichen Individuums wahrzunehmen. Bei dieser Konstellation besteht die Gefahr, sich generell *vom Urteilen an sich* befreien zu wollen, wodurch unser Bewusstsein jedoch zu einem rechtlosen Raum wird und seiner Ordnungs- und Strukturierungsfunktion für unser Leben nicht mehr nachkommen kann. Zwar ist früher oder später ein Bruch mit traditionellen Zielen notwendig, jedoch benötigen wir auch eine Vision davon, *wozu* die neu erworbene Freiheit genutzt werden soll (Haus 11/Wassermann). Der Irrtum der Dauerhaftigkeit kann aus unserer gesellschaftlichen Position eine Art Schleudersitz machen. Sind wir nicht bereit, mit Strukturen zu experimentieren, wird „man" unter Umständen mit uns brechen und uns die Solidarität verweigern.

Unterscheidung und Urteil sind in erster Linie eine individuelle Angelegenheit des menschlichen Bewusstseins und üben bei dem Prozess, sich seiner Grenzen bewusst zu werden, eine wesentliche Funktion aus. Verweigern wir uns diesem Prozess durch einen kompensatorischen Machtkampf mit der Gesellschaft, somatisieren wir womöglich das Thema durch Erstarrung von Steuerungsfunktionen des Körpers (Gehirn, Nerven- oder Hormonsystem). Erst der eigenverantwortliche Bruch mit für uns persönlich überlebten Normen macht es hier für uns möglich, eine Vision unserer Zukunft, unserer Individualität und unserer Freiheit als Mensch zu erlangen.

Übergang in Haus 11 – Aszendent Fische

Befindet sich die Sollbruchstelle im elften Haus und liegt somit ein Fische-Aszendent vor, müssen wir zunächst dem folgen, was uns als

„das Besondere“ nahegelegt wurde. Dieses sogenannte Besondere ist für jeden Menschen bzw. jede Familie oder Gruppe etwas anderes und kann daher hier nicht weiter definiert werden. Wir folgen zunächst völlig unbewusst der Haltung, anders als die anderen sein zu müssen. Dabei werden „die Anderen“ nicht selten als die Schlechteren betitelt. Vor allem Gruppennormen isolieren uns vom Rest der Welt, geben uns aber aufgrund der der Gruppe zugrundeliegenden Ideologie oft auch das Gefühl von Auserwähltheit.

Der mit der Zeit entstehende Befreiungsdruck zielt bei dieser Konstellation demnach eher in Richtung „Normalität“, er will uns zu einem Ausbruch aus der beherrschenden Ideologie oder Gruppe verhelfen und deren Wirksamkeit durch Aufdecken ihrer Lügen zur Auflösung bringen (Haus 12/Wassermann). Möglicherweise empfinden wir diese Dynamik als einen Sprung ins Nichts und scheuen aus Angst davor zurück. Somatisiert sich das Thema dann, können wir in einer Art nervöser Erstarrung leben: chronisch aufgeschreckt und von automatisierten Ticks belästigt. Wir sind hier dazu aufgefordert, die Verbundenheit von Bewusstsein und Freiheit zu erkennen und unsere individuellen Ideen aus dem Kerker der vorgeschriebenen Besonderheit zu erlösen.

Der Irrtum der Dauerhaftigkeit verhindert, dass wir dem anderen Menschen bewusst als ein gleichberechtigtes Wesen auf Augenhöhe begegnen können. So lange wir diesem Irrtum unterliegen, schotten wir uns lieber in Kreisen von Gleichgesinnten ab, müssen jedoch feststellen, dass alle Freundschaften mit der Zeit brechen. Brechen wir mit der Vorschrift, herausragen zu müssen, kann sich das Bekenntnis zur eigenen Fehlerhaftigkeit als ein Tor zu ganz konkreter individueller Freiheit auftun und die vermeintliche Schuld unserer Existenz wie eine Last von uns abfallen. Indem wir uns dessen bewusst werden, dass es normal ist, originell zu sein – da jeder Mensch unverwechselbar ist –, treten wir in die Gruppe der Menschheit ein und befreien uns zum Vertrauen in unsere Zeit.

Übergang in Haus 12 - Aszendent Wassermann

Befindet sich die Sollbruchstelle im zwölften Haus und liegt somit ein Wassermann-Aszendent vor, müssen wir uns zunächst von den kollektiven Ängsten behindern lassen. Vorerst folgen wir einer Vermeidungshaltung, die aus dem Glauben an die Schlechtigkeit der eigenen Existenz und vom Misstrauen gegen das Universum gespeist wird. Zugleich spüren und fürchten wir den Druck der Befreiung, welcher aus der Ahnung der Irrationalität aller Urteile und Unterscheidungen entsteht. Mit dieser Konstellation können wir recht lange lieber mit einem belasteten Unterbewusstsein und schlechten Träumen leben, als dass wir uns den Sprung in den eigenen Willen erlauben. Dieser befördert uns nämlich auf die Position des Außenseiters, Neuerers und Rebellen, und womöglich fürchten wir das noch mehr als die vermeintliche Strafe des Universums für unsere „egoistische Abtrünnigkeit".

Somatisierungen dieses Themas können recht drastische Ausmaße haben: Unser Körper spielt unter Umständen ständig verrückt und erweist sich als ein Quell der Unberechenbarkeit, mit bewährten wissenschaftlichen Erkenntnissen kommen wir seinem Verhalten mitunter nicht einen Schritt näher. Wollen wir uns dieser Konstellation bewusst widmen, so gilt es zunächst, mit überlebten Träumen, alten Sehnsüchten und einer überkommenen Form des Vertrauens zu brechen. Individualität verlangt von uns Mut (Haus 1/Wassermann), welcher jedoch erst aufkommt, wenn wir uns von der kollektiven Furcht vor einer göttlichen Bestrafung getrennt haben. Bewusstsein und Urvertrauen sind miteinander verbunden. Wir können also davon ausgehen, dass die Größe unserer Angst ein Maß ist für unsere Unbewusstheit.

Wir können jedoch lernen, mit unseren Ängsten, Träumen und Sehnsüchten zu experimentieren. Hierzu ist es notwendig, dass wir uns von gesellschaftlichen Idealen lösen und bewusst und in eigener Verantwortung die Realisierung unserer Träume anstreben, obwohl manche Wunder, die wir erhoffen, nicht geschehen. Der Irrtum der Dauerhaftigkeit kann zwar eine Weile verhindern, dass wir dem Gezeitenfluss in unserer Seele folgen, jedoch können aus dem Chaos unseres Lebens auch durchschlagende Ideen geboren werden. Indem wir kollektive Illusionen und Süchte durchschauen, werden wir weniger verführbar durch äußere Autoritätsfiguren und können zugleich unsere nur scheinbar verrückten Ziele in Angriff nehmen.

Das Haus der Sollbruchstelle ist also unser persönliches Experimentierfeld. Folglich ist das vom Wassermann beherrschte Haus jener Lebensbereich, in dem wir das Neue auch tatsächlich konstruktiv einbringen können. Zuvor müssen wir jedoch bestimmte Wagnisse eingehen und mit uns allein dastehen können, ohne zu verzweifeln. Experimentieren bedeutet immer, auf eigene Verantwortung „das Übliche" zu verwerfen, um bessere oder überhaupt Lösungen zu finden. Im Haus der Sollbruchstelle finden Versuch und Irrtum statt, und je mehr wir uns hier auf uns selbst einlassen können, umso mehr können wir uns auch selbst überraschen.

Das soll nicht heißen, dass es hier endgültige Lösungen gibt, denn dieses Haus hat für uns immer einen Versuchscharakter. Haben wir hier Lösungen gefunden, sind *wir selbst* es, die zur nächsten Idee, zur nächsten Herausforderung weiterschreiten, wo immer wir etwas spüren, was uns „nicht passt". Da Saturn dieses Haus beherrscht, ist es hier in der Regel eher die Not, die uns zu Erfindungen treibt, und entsprechend ernst ist es uns auch damit. Diese Ernsthaftigkeit ist nicht selten von dem Gefühl begleitet, dass wir hier zwar für uns persönlich und aus eigener Not Lösungen suchen, dass diese Not jedoch so individuell nicht ist, sondern in vielen Menschen besteht. Somit sind die Lösungen, die wir für uns finden, häufig auch für das Kollektiv wichtig. Im Haus der Sollbruchstelle kann das Paradoxon stattfinden, dass individuelle Lösungen gesellschaftliche Wirksamkeit zeigen. Möglicherweise ist es gerade deshalb wichtig, dass wir hin und wieder scheitern. Gerade in diesem Haus können wir jedoch stets einmal öfter aufstehen, als wir fallen.

3. Erdkontakt: Saturn in den Häusern

Fassen wir hier die bisher behandelten Themen Saturns in der Horoskopdeutung der Übersicht halber noch einmal kurz zusammen: Saturns **Zeichenposition** offenbart das Thema oder anders: den jeweiligen Archetypen unserer bewussten Auseinandersetzung. Wir wollen die Qualität dieses Archetypen von alten Urteilen und Spaltungen befreien und durch seine Mehrdeutigkeit dessen Wesentliches, sein „Prinzip" in unser Bewusstsein heben. Hier geht es um die Verbindung der Licht- und Schattenseiten der betreffenden Qualität und darum, die erfolglose Suche nach der sogenannten richtigen Auslebensform des Prinzips zu beenden. Saturns Zeichenposition entspricht dem Geburtskanal, durch den unser Bewusstsein hindurch muss, um sich von Fremdbestimmung abnabeln zu können.

Das Haus der **Sollbruchstelle** symbolisiert jenen Bereich unseres Lebens, in dem wir leisten wollen. Hier scheitern wir jedoch auch hin und wieder, hier experimentieren wir, fühlen uns beengt und wollen uns befreien. Dieser Bereich korrespondiert direkt mit der Entwicklung unserer von Saturn besetzten Zeichenqualität. Da uns im Bereich der Sollbruchstelle die Tür zur Freiheit winkt, sind wir hier entsprechend ausdauernd und beharrlich bei der steten Strukturierung und Modernisierung des betreffenden Hauses. Das Haus der Sollbruchstelle bringt durch die ihm entsprechenden Erfahrungen die saturnische Energie in uns zur Reife. Wir spüren, wenn auch zunächst unbewusst, dass unsere hier gemachten Erfahrungen auch für die Gemeinschaft wertvoll sein können.

Die **Hausposition** Saturns im persönlichen Horoskop gibt uns nun darüber Auskunft, in welchem Lebensbereich wir tatsächlich konkret werden wollen. Hier geht es weniger um Bewusstseinsprozesse selbst, sondern eher um deren Konsequenzen – und um das Erlangen von Anerkennung und Vollmacht, um die Teilnahme an gesellschaftlichen Bereichen, die der Qualität des Hauses entsprechen. Die Hausposition Saturns zeigt uns an, wie wir jene Themen, über die wir uns umfassend bewusst werden wollen (Saturns Zeichenposition), und unsere eigenen Erfahrungen und Ideen (Haus der Sollbruchstelle) konkret und über uns hinaus wirksam einbringen wollen. Wir suchen daher im Bereich der Hausposition Saturns in der Regel jene Gebiete auf, auf denen die Gesellschaft schon eine bestehende Struktur vorzuweisen hat – oder zumindest haben wir das Bedürfnis danach. Als erwachsener und kompetenter Mensch wollen wir uns hier der Mitwirkung in der Gesellschaft stellen und von ihr ernst genommen werden.

Häufig wird uns jedoch gerade im Bereich von Saturns Hausposition die Verfolgung unserer Bedürfnisse, Bestrebungen oder Ziele zunächst auf schicksalhaft anmutende Weise verwehrt. In der Regel ist es jedoch so, dass wir zumeist selbst nicht wagen, zu den entsprechenden Bedürfnissen, Bestrebungen oder Zielen zu stehen. Unsere Scheu oder innere Blockade hat auch etwas damit zu tun, dass in unserem Unterbewusstsein das Verbot wirksam ist, saturnische Energie selbst zu entwickeln. Wir spüren, dass wir im Bereich des Hauses zu gesellschaftlichem Einfluss, zu Reife und Leistungsfähigkeit gelangen können, dass wir hier Verantwortung tragen und urteilen können, dass wir hier erwachsen werden und das vermeintliche Paradies der Kindheit verlassen können. Wir spüren, dass wir uns im Bereich von Saturns Hausposition ernsthaft auf die Welt einlassen wollen. Doch wir haben gelernt, genau das zu fürchten und flüchten daraufhin nicht selten in eine rigide Ablehnung der betreffenden Themenbereiche, weil sie uns stets an den Verrat an uns selbst erinnern können.

Dennoch haben die Themen des von Saturn besetzten Hauses eine eigentümliche Dauer für uns. Selbst wenn wir vor ihnen fliehen, kommen sie uns in einem anderen Gewand entgegen, und bis wir das gemerkt haben, sind wir schon wieder mittendrin. Gehen wir bewusst und ohne Abwehr mit ihnen um, verändern sie jedoch auch häufig ihr Gesicht, und diese Veränderungen korrespondieren wiederum mit unseren Erfahrungen aus dem Haus der Sollbruchstelle.

So finden wir in jenem Haus, in dem Saturn steht, eine ihm entsprechende Verbindung von Dauer und Veränderung, von Beständigkeit und Variation, von Ende und Anfang – eine lebendige Formkraft, die *in der Zeit* wirksam ist. Hier finden wir den Bereich, in dem wir unter Übernahme von Verantwortung eingreifen wollen, und gerade weil uns das betreffende Thema zunächst verwehrt wurde, ist uns sein

Verbleib im unverbindlichen Wünschen nicht gewährt, sondern wird seine konkret wahrnehmbare Realisierung notwendig.

An dieser Stelle sei noch einmal auf Saturns mythologische Bezüge hingewiesen, die zu Beginn dieses Buches behandelt wurden. Anhand verschiedener Mythen konnten wir sehen, dass Saturn in die Nähe der Mutterreligionen gehört, dass er im Auftrag der Erde handelt oder gar seine Wurzeln im Bild der Göttin Uno hat. Wir erleben die zehnte Tierkreisenergie zugleich als eine Kraft, die auf eigentümliche Weise unterscheidet und verbindet, die uns isoliert, jedoch nicht direkt frei macht, die unser Ich stärkt und es zugleich einschränkt. Im menschlichen Individuationsprozess finden wir mit der Energie des Steinbocks eine Qualität vor, die sich vom kämpfenden Helden zwar unterscheidet, jedoch das Gleiche zum Ziel hat, nämlich den eigenverantwortlichen und freien Menschen. Steinbock ist die Yin-Variante, sich aus der verschlingenden Umklammerung der Großen Mutter zu lösen, und ihr Einsatz auf unserer persönlichen Heldenreise ist neben dem Kampf auch vonnöten.

Während der kämpfende Held den Drachen tötet und seine Individuation dadurch antreibt, dass er sich im *Gegensatz* zum Umfassenden, zum Einen oder zum Ur-Weiblichen definiert, muss die weibliche Energie zur Individuation eine andere sein. Mit Saturn finden wir sie vor: Wir erlangen erst dann eigenverantwortliche Autorität und Macht über unser Leben, wenn wir die Erde, das Eine, das umfassende Ur-Weibliche achtungsvoll *respektieren*, denn einen Kampf dagegen können wir nie endgültig gewinnen. Wir alle sind vom Weiblichen hervorgebracht worden, und achten wir diesen Ursprung (trotz seiner sogartigen Wirkung) nicht, gibt er uns nicht frei und werden wir letztendlich jeden Kampf verlieren. Das Weibliche hat ebenso wie das Männliche eine Seite, die uns zur Individuation und somit Befreiung von ihm selbst beauftragt – nur erlangen wir sie hier nicht mit Kampf *gegen* das Verschlingende, sondern nur mit Achtung und Respekt *vor* ihm. Dazu gehört, dass wir das in Saturn selbst bestehende Paradox ertragen lernen, nämlich *dass wir sollen, was wir wollen*, dass wir also selbst unser Schicksal sind. Mit anderen Worten: dass unsere Mutter (im weitesten Sinne) von uns ebenso frei werden will wie wir von ihr.

Die beschriebene Achtung wird uns in dem Haus abverlangt, in dem Saturn steht. Das bedeutet, dass wir hier konkret werden müssen, dass wir hier die weiblich-irdische Formkraft einsetzen und etwas hervorbringen müssen, das sichtbar, beweiskräftig, allgemein-menschlich, authentisch und so ehrlich wie die Erde selbst ist. Wir können hier nicht im Elfenbeinturm der Theorie verbleiben, sondern müssen uns in die Welt stellen, so, wie wir sind und mit dem, was wir meinen. Wir finden in dem von Saturn besetzten Haus somit nicht weniger als den Bereich unserer potentiellen Meisterschaft, wenngleich sich das nicht so exakt von der Zeichenposition und den Aspekten Saturns unterscheiden lässt, wie es hier vielleicht den Anschein hat. Wenn wir jedoch fragen, wo wir meisterlich werden können, kommen wir an den Gebieten des betreffenden Hauses nicht vorbei.

Obwohl und weil es in ihm zunächst sehr dunkel ist, finden wir hier jedoch auch das Licht. Dabei entwickeln wir bezüglich der Themen des betreffenden Hauses oft einen typisch saturnischen Eigensinn. Wir können hier sehr stur sein, und diese Sturheit kann möglicherweise verhindern, auf konventionellem Weg zu Einfluss zu kommen. Sie kann aber auch bewirken, dass wir hier einen konventionellen Weg gar nicht erst einschlagen.

Unsere eigene und wahrhaftige Umgangsweise mit dem betreffenden Thema schotten wir oft regelrecht von den Einflüssen der Welt ab, was darin begründet ist, dass wir unser Wesentliches durch den Geburtskanal bringen müssen. Der schwierigste Schritt kann es dann sein, den Zeitpunkt zu erkennen und wahrzunehmen, an dem dieses Abschotten nicht mehr notwendig ist, sondern uns eher daran hindert, Situationen zu erkennen, in denen wir reif und integer genug sind, uns aus uns selbst heraus wahrhaftig zu äußern. In diesen Situationen will uns das Mütterliche einen weiteren Schritt aus seiner Obhut entlassen.

Saturns Hausposition sagt uns etwas darüber, wo wir unsere Formkraft auf eine Weise einsetzen können und wollen, dass sie den privaten, innerlichen Bereich übersteigt. Es geht hier immer um etwas Konkretes, äußerlich Wahrnehmbares, und deswegen mögen die nachstehenden Interpretationen vielleicht etwas pragmatisch klingen. Wie oben bereits gesagt wurde, geht es hier jedoch nicht mehr vordringlich um Bewusstseinsprozesse, sondern um Konsequenzen, um Ergebnisse und um die physische Realität. In der Regel geben wir jedoch zunächst nicht so gern zu, dass uns dieses Thema wichtig ist und dass wir es sehr ernst damit nehmen. Unsere Scheu vor dem Hausthema Saturns kommt auch daher, dass wir hier etwas sehr Eigenes anzubieten haben, das trotzdem oder deswegen gesellschaftliche Wirkung haben kann. Und dass wir hier den Auftrag vorfinden, mit dem das Weibliche uns geboren hat.

In der nebenstehenden Tabelle werden daher lediglich wesentliche Themenbereiche des betreffenden Hauses aufgeführt, die wir, abhängig von der Sollbruchstelle, Saturns Zeichenposition und seinen Aspekten entsprechend individuell modulieren. Die wenigen Begriffe erscheinen vielleicht etwas karg, Saturn im Haus beschreibt aber auch das Prinzipielle, das im betreffenden Lebensbereich durch den einzelnen Menschen mit individuellem Leben gefüllt werden will. So ist es hilfreich, sich den Zuordnungen mit Neutralität und Offenheit zu nähern und die Begriffe auf allen Ebenen in sich keimen zu lassen, um dadurch die eigene Verwirklichungsweise erkennen zu können.

Ein Beispiel: Saturn in den Fischen im dritten Haus

Saturns Zeichenposition und das vom Aszendenten abhängige Haus der Sollbruchstelle lassen die wenigen Worte stets in einem anderen Licht erscheinen, weshalb sie als Symbole aufgefasst werden sollten. Es hängt vom Individuum ab, auf welcher Ebene sich was wie verwirklicht. Haben wir beispielsweise einen Schütze-AC mit der Sollbruchstelle im zweiten Haus und befindet sich Saturn im dritten Haus in den Fischen, kann die Tabelle folgendermaßen mit Leben gefüllt werden:

Der Gesellschaftsbereich „Austausch“ ist jener Ort, der aufgesucht wird und von besonderem Interesse ist. Hierunter fallen alle Informationsbereiche, Fernsehen, Presse, Verlage, das Internet, aber auch Transport und Handel. Mit dieser Saturn-Stellung will man hier auf irgendeine Weise ernst machen, die Erfüllung des Austauschs muss jedoch eine spirituelle, künstlerische, mitfühlende oder hintergründige Komponente haben. Er wird sich demnach eher im Bereich der Bilder, der Phantasie oder nicht-logischer Wahrnehmungen oder Kontakte abspielen.

Verdichtung: Übersicht der Häuserthemen Saturns

Saturn in Haus	bestehende Struktur/ Gesellschaftsbereich	Neigung/ Ablehnung	Veröffentlichen/ Ehrlichkeit	physische Form/ konkret werden	Erd-Achtung/ Sogwirkung	Meisterschaft in Bezug auf
1	Kampfgebiete	Egoismus	eigene Motive	Stärke	Triebe	Sieg
2	Wertungen	Besitz	eigene Grenzen	Sinnlichkeit	Schönheit	Einfachheit
3	Austausch	Unverbindlichkeit	eigene Überlegungen	Beweglichkeit	Vielfalt	Vermittlung
4	Innere Bereiche	Empfänglichkeit	eigene Identifikationen	Weichheit	Bedürftigkeit	Nahrung
5	Geltung	Spiel	eigene Produkte	Organisation	Fortpflanzung	Freude
6	Dienste	Sorgfalt	eigene Ernte	Veränderung	Genauigkeit	Ökonomie
7	Kultur	Attraktivität	eigene Vorlieben	Beziehungen	Gleichgewicht	Berührung
8	Macht	Dominanz	eigene Abhängigkeit	Verschmelzung	Kollektivität	Verwandlung
9	Verschiedenheit	Erweiterung	eigene Deutungen	Mehrung	Zusammenhang	Führung
10	Regelung	Bestimmung	eigene Reife	Leistung	Beschränkung	Geduld
11	Versuche	Überraschung	eigene Empörung	Brüche	Sprengkraft	Gemeinschaft
12	Randbereiche	Unterlassung	eigene Phantasie	Durchlässigkeit	Ursprung	Vertrauen

Es besteht eine Neigung zu Unverbindlichkeit bei gleichzeitiger Ablehnung, da man es schließlich ernst meint mit dem, was man sagt, darstellt oder austauscht. Das kann sich in diffusen Aussagen zeigen, aber auch im Schweigen oder darin, hinter die eigene Darstellung zurückzutreten bzw. sich dahinter zu verstecken. Wird die Unverbindlichkeit jedoch nicht beachtet oder verurteilt anstatt genutzt, ist man möglicherweise tagtäglich vom Chaos umgeben und fühlt sich als überforderter Fels in der täglichen Brandung von Konsum und Information.

Man lernt hier, sich seine eigenen Gedankengänge ehrlich einzugestehen und auch vor der Öffentlichkeit dazu zu stehen, denn sonst wäre der erste Bereich „Austausch“ gar nicht aktiviert, sondern lediglich Schein. Das bedeutet, auch die Wahrnehmung des Irrationalen oder „Außersinnlichen“ zuzulassen und sie ernst zu nehmen.

Die innere Verpflichtung, hier konkret zu werden, muss den Faktor „Bewegung“ berücksichtigen. Das bedeutet, dass man hier der Gesellschaft etwas Bewegtes oder Bewegendes beisteuern kann. Saturn in den Fischen wird sich jedoch eher in Metaphern äußern und muss den schwierigen Akt vollbringen, das Unsagbare konkret und für den Austausch tauglich zu machen.

Dem Erd-Prinzip der Vielfalt gilt es zugleich Wachsamkeit entgegenzubringen. Das bedeutet, dass man sich hier nicht dauerhaft auf ein Thema „einschießen“ kann, ohne dass die eigene Neugier und Intelligenz darunter leiden. Wird die Vielfalt ignoriert, kann es dazu führen, dass man sich völlig verzettelt und umso verwirrter wird, je mehr man sich konzentriert.

Der Begriff „Vermittlung“ kann hier zur Meisterschaft führen, denn er stellt einen Menschen mit dieser Konstellation als eine Art Moderator *dazwischen* und enthebt ihn somit von Zuständigkeiten und Verantwortungen, die nicht seine sind. So lange der Begriff der Vermittlung nicht in das eigene Bewusstsein und Verhalten integriert wird, wird man hier mit seinem Ego und seinen Schuldgefühlen ringen und sich für Dinge verantwortlich fühlen, die kollektiven Ursprungs sind. Die Vermittlung führt zu dem bewussten Umgang damit, ein formender Kanal für etwas Formloses zu sein.

Diese Saturn-Stellung könnte beispielsweise ein Pantomime haben, eine Filmemacherin, ein Maler, eine Tänzerin oder ein Redakteur eines avantgardistischen Online-Mediums, Senders oder Magazins. Ebenso kann man sich jedoch hier auch einen Devisenhändler an der Börse vorstellen oder die Verantwortliche für den Fahrplan des öffentlichen Nahverkehrs, die sich wegen des zunehmenden Durcheinanders schließlich ihren Traum erfüllt, zu den Fernzügen wechselt und dort das Bord-Catering übernimmt.

Die Sollbruchstelle im zweiten Haus unterstützt diese Konstellation in einer Form, dass der Mensch durch die stete (und erfolglose) Suche nach dem „richtigen" Platz eine vollkommen eigene Form des Austausches, der Darstellung oder der Vermittlung entwickelt. Zugleich ist er hierdurch aufgefordert, Grenzen zu überschreiten und sich von für ihn sinnvollen Motiven leiten zu lassen, denn ohne die hohe Energie des Schütze-AC lässt sich dieses Saturn-Thema nur mühsam bewerkstelligen. Der konkrete gesellschaftliche Beitrag will allerdings im dritten Haus stattfinden. Die anderen saturnischen Bereiche sind eher Leistungen des Bewusstseins als Ausdruck der eigenen Reifungsprozesse. Zudem werden die Themen des dritten Hauses hier generell als der eigene „Pferdefuß" empfunden. Man müht sich zunächst mit ihnen ab und ist aus einem Mangelgefühl heraus gezwungen, sich auf ernsthafte Weise mit ihnen zu befassen.

Im inneren Erleben durchzieht in der Regel zunächst die fast obligate Spaltung der Welt auch das Hausthema Saturns. Deshalb ist es sehr wirksam, sich den Begriffen in der Tabelle auf eine Weise zu nähern, die ihrer Mehrdeutigkeit Rechnung trägt und sie respektiert. Entheben wir die Themen des uns betreffenden Hauses ihrer Verurteilung und Trennung, erteilen wir uns selbst gleichzeitig die Erlaubnis, auf eigenverantwortliche und ernsthafte Weise einzugreifen.

4. Weggefährten: Planeten im Steinbock

Planeten, die sich im Zeichen Steinbock aufhalten, unterstehen der Herrschaft Saturns. Befinden sich im individuellen Horoskop solche Konstellationen, so ist die betreffende Planetenenergie direkt mit unserer Einstellung zur Realität verbunden. Die beschriebene Spaltung saturnischer Energie wirkt sich damit zugleich auf die im Steinbock stehenden Planeten aus. Da wir hier jedoch auch unsere persönlichen Mittel, der Mehrdeutigkeit der Realität zu begegnen, finden, vermitteln uns Planeten im Steinbock zunächst häufig das Gefühl, mit ihrer Qualität Schwierigkeiten zu haben.

Mit einer Konstellation im Steinbock ist aber die Fähigkeit verbunden, die verschiedenen Facetten der Planetenenergie wahrzunehmen und konkret zum Ausdruck zu bringen. Wir orientieren uns mit dem Einsatz dieser planetaren Kraft meist unbewusst an der physisch erlebten Realität und nehmen hierzu nicht selten die Ordnung und Regulation der Erde als Maßstab. Dies ist der eigentliche Grund, warum Planeten im Steinbock gemeinhin als blockiert gelten. Der Blockade-Effekt entsteht jedoch eher aus solchen Konventionen, die es für gut und richtig – gegenwärtig: „zivilisiert und fortschrittlich" – erachten, sich außerhalb von Gesetzmäßigkeiten und gegen die Natur zu stellen. Planeten im Steinbock erfassen auf ihre eigene und eine ganz wesentliche Weise die physischen Gesetzmäßigkeiten, und sie wollen sich ihnen unterstellen, um der Natur des Gesamten zu dienen. Somit tragen sie zwar zum Aufbau der Zivilisation bei, beziehen ihre innere Ausrichtung jedoch von der „unzivilisierten" Kraft der Erde.

Generell erfahren wir bezüglich jener Planeten die Grenzen unserer persönlichen Macht, denn auch mit ihnen befinden wir uns auf jener Steinbock-typischen Schwelle, die uns den Weg zu Freiheit und Selbstbestimmung weist, indem wir unsere eigenen Grenzen anerkennen. Wir finden hier also eher eine am Schicksal orientierte Haltung als einen rein auf sich selbst bezogenen Willen. Es hängt verständlicherweise vom eigenen Bewusstsein und der persönlichen Integrität ab, ob daraus eine passive Ergebenheit, kompensierende Dauerleistungen oder die Fähigkeit zum Sowohl-als-auch folgen.

Die Orientierung am Irdisch-Wesentlichen hat zur Folge, dass Planeten im Steinbock sich wenig dem Flüchtigen oder Modischen öffnen.

So lange wir hier noch nicht unsere eigene Umgangsform gefunden haben, üben Traditionen aufgrund ihres dauerhaften Charakters einen starken Einfluss auf die betreffende Kraft aus, und es besteht mitunter die Gefahr, dass die Planetenenergie dem Althergebrachten starr unterliegt. Ergreifen wir jedoch die Autorität über unser Leben, können wir gerade mit der im Steinbock stehenden planetaren Energie Maßstäbe setzen. Auch bei Planetenstellungen im Steinbock treffen persönliche Notwendigkeit und gesellschaftliche Wirkung zusammen. Somit stellen unsere persönlichen Entwicklungen der Energie stets einen aktuelleren Maßstab dar als den überlieferten Maßstab, jedoch auch keinen allgemeingültigen oder unvergänglichen.

Grundsätzlich werden planetare Energien im Steinbock mit dem Erdprinzip von Anfang = Ende konfrontiert. Wir fühlen uns hier eher winterlich, also beispielsweise langsam, reduziert, introvertiert, bewahrend etc., jedoch zugleich genau am magischen Punkt der Sonnenwende. Alles, was wir hier erfahren, geschieht im Hinblick auf das werdende Licht. Planeten im Steinbock dienen Saturn – wenn wir uns also bewusst mit ihnen befassen, hat das immer Folgen für unseren Reifungsprozess, unsere Selbstverantwortung und unsere gesellschaftliche Position. Wie bei allen von Saturn berührten Themen sind auch hier Bewusstsein und Erde die Schlüsselbegriffe. In welcher Qualität wir die betreffende planetare Energie erleben, hängt von unserem bewussten Umgang mit ihr ab und davon, inwieweit wir sie tatsächlich konkret werden lassen.

Dabei hängen Bewusstsein und Erde zusammen, das heißt, dass hier der Bewusstheit entsprechende Taten folgen *müssen*. Was Saturn berührt, lässt sich nicht in Theorie und Praxis trennen, ohne dass wir uns innerlich selbst entzweien und Schatten produzieren. Daher haben wir bezüglich der Planetenkräfte im Steinbock häufig das Gefühl, „faule Kompromisse" einzugehen, da uns der Zusammenhang zwischen unserer Realität und unserem Bewusstsein nicht klar ist und die Realität nicht unserem Ideal entspricht. Zunehmende Erfahrung lässt uns jedoch auch zunehmend aus übernommenen Formen ausscheren, Ideale realistischer betrachten und unser „eigenes Ding machen".

Dies hat nur bedingt etwas mit Rebellentum zu tun, sondern eher mit Eigensinn. Je konkreter die eigene Form wird, umso mehr wird jedoch das Etikett „Rebell" von außen verliehen, da mit sichtbarer

Übernahme der Verantwortung für das eigene Leben auch die eigene Individualität hervortritt. Planetenkräfte im Steinbock sind zwar anfällig für Überlieferungen, jedoch auch eigenbrötlerisch, sehr verzichtsfähig und stur. Sie können uns aber dazu führen, in unserer persönlichen Gegenwart alt und neu zu verbinden, und nicht selten entstehen daraus individuelle Umsetzungsformen, die der gesellschaftlichen Entwicklung um Jahre voraus sind.

Wir konnten im Verlauf der umfassenden Betrachtung Saturns erkennen, dass es sein Ziel ist, uns über sich selbst hinaus in Richtung Eigenverantwortlichkeit und Individualität zu führen. Dieser Weg führt uns zu immer weiteren Stufen des Erwachsenseins, und er verlangt von uns das, was wir können. Trotzdem oder deswegen ist er zwar nicht gerade bequem, aber letztendlich befriedigend, denn wir wachsen auf diesem Weg unserem Mensch-Sein entgegen und lernen etwas über dessen Bedeutung. Finden wir im individuellen Horoskop zudem Planetenstellungen im Steinbock, so umfasst das Anliegen Saturns entsprechend konkretere Lebensbereiche. Der Auftrag, erwachsen zu werden, ist jedem Menschen gegeben, Planetenstellungen im Steinbock differenzieren ihn jedoch und räumen Saturn zugleich ein größeres Wirkungsgebiet in der eigenen Seele und im Leben ein. Das mag zum einen als belastend empfunden werden, bietet uns jedoch zum anderen Vielfalt und Verschiedenheit *innerhalb* des Wesentlichen und offenbart den großen Raum im kleinen anstatt umgekehrt.

Planeten im Steinbock sind von einem Treuegefühl durchzogen, das daraus resultiert, dass hier die Zeit ein ganz wesentlicher Faktor ist. Sie wollen konkret etwas formen und unterstellen sich damit den in Raum und Zeit geltenden Gesetzen des Wachstums. Daher hängt ihre Qualität im persönlichen Leben auch wesentlich von einem funktionierenden inneren Fluss der verschiedenen Seelenenergien ab, insbesondere der Mond/Krebs-Qualität, denn sie ist der Quell, der die Steinbock-Energie speist. Die beschriebene Treue ist ein Mittel, bei sich selbst bleiben zu können, um das Wachstum wach und bewusst zu begleiten. Sie kann jedoch auch dazu führen, dass wir uns generell dem Ausgewachsenen, das wir bereits vorfinden, verschreiben und unsere eigenen, schutzbedürftigen inneren Pflänzchen vernachlässigen. Auch hier sind dann saturnische Erfahrungen von Misserfolg oder Depression ein Mittel, uns zum Blick auf die eigene Pflanze, die in uns wachsen will, zu bewegen.

Bei Planetenstellungen im Steinbock ist die Entwicklung unserer Saturnkraft abhängig von den betreffenden Planeten. Sie sind Weggefährten Saturns, und fühlt sich der weise Führer in uns allein gelassen oder ungehört, so wird sich auch hier seine dunkle Seite zeigen. Aus diesem Grund können wir uns mit Konstellationen im Steinbock oft wesentlich dunkler fühlen als andere. Entsprechend intensiver und umfassender zeigt sich bei zunehmender Bewusstwerdung jedoch auch das Licht.

☉ Sonne im Steinbock ♑

Mit der Sonne im Steinbock ist die Verbundenheit von Schöpfung und Endlichkeit ein wichtiges Thema für uns. Dieses Thema zeigt sich mitunter auch umfassender als die Verbundenheit von Leben und Tod. Wir erkennen das Existentielle beider Seiten, und zugleich sind wir hier dazu aufgerufen, auf eine kreative Weise damit umgehen zu lernen. Möglicherweise verweigern wir uns zunächst schöpferischen Prozessen mit der Begründung, dass ohnehin alles einmal wieder vergehen wird, oder wir sehen aufgrund des Todes keinen Anlass, freudig zu leben. Dann bedient sich früher oder später eine äußere Autorität unserer Handlungskraft, und wir selbst können der Freude, die allem Leben und Schaffen innewohnt, nicht bewusst werden. Ein charakteristisches Gefühl ist hierbei, leben zu *müssen*.

Die Koppelung der Lebensenergie Sonne mit dem Steinbock-Feld der Zeit kann uns aber zu einem bewussten Umgang mit unserer Lebenszeit führen. Da sie endlich ist, gehen wir sorgsam mit ihr um, erschaffen das Wesentliche, lassen das Überflüssige und verschwenden keine Zeit. Der bewusste Umgang mit unseren schöpferischen Kräften befähigt uns zu konzentriertem Handeln und dazu, dass wir unsere eigene Mitte nicht verlieren. Übertreiben wir das, dringt irgendwann kein Sonnenstrahl mehr nach außen und wir werden depressiv, weil uns das Echo fehlt. Es ist mit dieser Konstellation daher wichtig, klare Signale zu geben und konkrete Äußerungen unserer selbst in die Welt zu stellen. Je mehr wir uns für das, was wir hervorbringen wollen, verantwortlich fühlen und entsprechend handeln, umso klarer leuchtet in uns das Licht.

☾ Mond im Steinbock ♑

Mit dem Mond im Steinbock sind wir mit der Verbundenheit von Nahrung und Hunger (im weitesten Sinne) konfrontiert. Gerade in der Kindheit oder in schutzbedürftigen Phasen können mit dieser Stellung sehr schmerzliche Erlebnisse einhergehen. Sie befähigen uns jedoch dazu, zu erkennen, was wir wirklich brauchen. Möglicherweise unterdrücken wir wegen der frühen Mangelerfahrungen prinzipiell unsere Bedürftigkeit, jedoch schneiden wir uns damit von unserer Seele ab und erbauen in unserem Leben Formen, die nie gefüllt werden und uns letztendlich nichts bedeuten. Hierbei ist das Gefühl typisch, sich kümmern zu *müssen*, und eine aufrichtige Reflexion unserer Gefühle kann uns weiter bringen als die zähneknirschende Übernahme fürsorglicher oder kindlicher Rollen.

Erkennen wir unsere innere Zähigkeit und Anspruchslosigkeit, erkennen wir auch die Gabe, fasten zu können. Dadurch wird es uns ermöglicht, eigene Wege zu gehen und Durststrecken auszuhalten, um uns über unsere eigene Identität klarzuwerden. Auf diesen Strecken lernen wir, ob uns etwas wirklich nährt oder in Wahrheit auszehrt. Zudem können wir uns hier der zyklischen Wirkweise der Seele bewusst werden und ihrer inneren Ordnungskraft die Führung geben. Werden wir uns unserer eigenen Gefühle bewusst, entspricht unsere Lebensgestaltung auch unseren wahren Bedürfnissen, und wir entwickeln dann ein Gefühl von Geborgenheit, das auf dem Wesentlichen beruht. Es ist mit dieser Konstellation jedoch wichtig, sich nicht selbst verdursten oder verhungern zu lassen, sondern die wenigen und häufig kleinen Bedürfnisse tatsächlich ernst zu nehmen und für ihre Befriedigung zu sorgen. Auch wenn der Hunger stets wiederkehrt, ist es wichtig, ihn zu stillen.

☿ Merkur im Steinbock ♑

Steht Merkur im Steinbock, ist die Verbundenheit von Bewegung und Stillstand ein Thema für uns. Da jeder Weg an ein Ende kommt, kann es sein, dass wir ihn erst gar nicht gehen wollen. Wir sind jedoch dazu aufgefordert, auf eine intelligente Weise damit umzugehen. Suchen wir nur nach garantiert verlässlichen Wegen, kommt irgendwann unser Verstand zum Erliegen. Er kreist dann – zunehmend nörglerisch – in der immer gleichen Routine, und unser Leben und Alltag ist von dem Gefühl begleitet, sich bewegen zu *müssen*. Um unseren eigenen Weg wahrzunehmen, müssen wir jedoch hin und wieder anhalten, uns orientieren und überlegen, was das Beste für uns ist.

Jedes Lernen wird vom Innehalten begleitet, denn sonst kann es nicht vertieft werden. Wird es nicht vertieft, kann es uns nicht zu konkreten Formen befähigen. Dann tun wir in unserem Leben nicht das, was uns zweckmäßig erscheint, sondern richten uns nach ausgetretenen Wegen. Wir sind mit Merkur im Steinbock jedoch fähig, zyklisch fortzuschreiten und die Zeit bei unserem Weg nicht außer Acht zu lassen. Wir benötigen Phasen der Ruhe und Phasen, in denen unsere eigene Intelligenz etwas Selbstgeformtes hervorbringt. Daher lassen wir uns lediglich vom Wesentlichen anregen und können auch Wege beenden, wenn es an der Zeit ist und sie nichts Konkretes mehr bewirken. Mit dieser Konstellation ist es wichtig, dass die geistige Konzentration nicht zu Scheuklappen wird, nur um unterwegs zu sein. Es ist auch ein Zeichen von Klugheit, an Abzweigen innezuhalten, um sich über die Richtung klarzuwerden.

♀ Venus im Steinbock ♑

Hält sich Venus im Zeichen Steinbock auf, wollen wir die Verbundenheit der zwei Seiten wahrnehmen. Das bedeutet, dass wir bei dem, was uns begegnet, den bewussten Austausch anstreben und das Wesentliche auswählen. Auf einer grundsätzlichen Ebene wollen wir Harmonie erleben, Schönheit hervorbringen oder Berührung erfahren. Hierbei kann uns die Verbundenheit von Ausgeglichenheit und Vergänglichkeit zunächst einige Schwierigkeiten bereiten. Wir neigen daher möglicherweise dazu, die äußere Form über den Inhalt zu stellen oder manches zu unterschätzen, nur weil es irgendwann einmal vergehen wird. Da hierdurch jedoch letztendlich keine echte Begegnung stattfindet, fühlen wir uns mitunter isoliert, in Masken erstarrt und haben das Gefühl, nett, attraktiv, diplomatisch, taktvoll oder grundsätzlich in Beziehung sein zu *müssen*.

Venus im Steinbock befähigt uns dazu, das Gleichgewicht durch Bewusstheit zu erlangen. Zunächst mögen wir die Notwendigkeit von Bewertungen, Ausgleich und Begegnung vielleicht nicht einsehen. Wenden wir uns jedoch bewusst unserem eigenen Empfinden für Schönheit zu und verschaffen ihm einen konkreten Ausdruck, leitet uns unser Gefühl für Ästhetik auf eine sehr zuverlässige Weise. Durch die Vergänglichkeit des Schönen bleiben wir in einer steten Fließbewegung und entwickeln ein Bewusstsein für die lebendige Wechselbeziehung beider Seiten. Dieses Bewusstsein will in unsere Beziehungen eingebracht werden, aber auch in die Art und Weise, wie wir unser Leben gestalten, mit Kultur umgehen, das Materielle schlechthin behandeln und unser Dasein genießen können. Es ist stets unsere eigene Wahl, die unsere Richtung bestimmt.

♂ Mars im Steinbock ♑

Mit Mars im Steinbock steht unsere Kampfkraft und Selbstdurchsetzung im Dienst der Klarheit. Das bedeutet, dass wir erst für Konkretes aktiv werden und keine Motivation verspüren, wenn Ziele angestrebt werden, die in unseren Augen unwesentlich, überflüssig oder nicht ausgereift sind. Dabei setzen wir uns immer wieder mit der Verbundenheit von Wille und Grenzen auseinander und beginnen mitunter vieles deswegen nicht, weil die Grenzen absehbar sind. Wird uns jedoch bewusst, dass die Kraft des Anfangs durch nichts zu ersetzen ist und ohne sie gar nichts geschieht, fassen wir auch den Mut, uns unseren eigenen Absichten verantwortlich zu stellen. Dienen wir allerdings Zielen, die nicht auch unsere eigenen sind, haben wir stets das Gefühl, kämpfen, streiten und siegen zu *müssen*.

Hieraus entsteht leicht ein Aktionismus aus Prinzip, jedoch ohne persönliche Motivation.

Das Bewusstsein, dass jeder Wille auf Grenzen stößt, kann uns letztendlich dazu verhelfen, ernsthafte Projekte in Angriff zu nehmen und zugleich den Moment zu erkennen, ab dem unsere eigene Kraft nichts mehr ausrichten kann. Dies schützt uns einerseits vor Überarbeitung und verhilft uns andererseits dazu, gezielt jene Dinge anzugehen, die realistisch sind. Realismus und Delegation bewahren uns davor, alles allein machen zu wollen und unter unseren eigenen, hochgesteckten Zielen zusammenzubrechen oder zu vereinsamen. Die Grenzen der eigenen Kraft zu erkennen, bedeutet auch, sich ihrer Funktion im Ganzen bewusst zu werden. Sind wir uns unserer persönlichen Motive bewusst und werden um ihretwillen aktiv, erkennen wir uns zugleich auch als einen Wegbereiter für andere.

♃ Jupiter im Steinbock ♑

Steht Jupiter im Steinbock, wollen wir uns dem Sinn der Doppeldeutigkeit nähern. Dabei begegnen wir immer wieder der Verbundenheit von Überzeugung und Realität. Es kann uns einige Mühe bereiten, die Endlichkeit unserer eigenen Perspektive zu erkennen. Möglicherweise halten wir starr an Überzeugungen fest, ohne an sie zu glauben und mit ihnen wirklich glücklich zu sein. Wir erfahren hier, dass Mehrung auch durch Reduktion auf das Wesentliche zu erlangen ist. Erforschen wir nicht irgendwann unsere eigene Sicht auf die Welt und ihre Zusammenhänge, entsteht bald das Gefühl, überlegen sein zu *müssen*. Dann leben wir in einem Dauervergleich, ohne uns über die Bedingungen für unser eigenes Glück im Klaren zu sein.

Die damit einhergehenden Anstrengungen können uns eifersüchtig und fanatisch werden lassen. Jupiter im Steinbock fordert uns jedoch dazu heraus, unseren Glauben zu prüfen und eigenverantwortlich zu dem zu stehen, was wir selbst für Erfolg, Sinn und Zuversicht halten. Überprüfen wir Versprechungen auf ihre Realisierbarkeit, ohne den Optimismus zu verlieren, können wir ein weiser Förderer sowohl unserer selbst als auch anderer werden. Wollen wir jedoch aus Prinzip hoch hinaus, werden wir scheitern. Durch unsere Erfahrungen erkennen wir jedoch auch zunehmend das Wesen des Glücks und lernen, ohne großen Aufwand und Ruhm ein erfülltes Leben zu führen. Die Weite, die wir suchen, liegt nicht selten im Geringen, und das Viele wird uns nicht selten gerade deshalb zur Last. Indem wir auf die Bedeutungsebene wechseln, ist es uns mit dieser Konstellation möglich, den Sinn unserer Existenz auf eine grundsätzliche Weise zu erkennen.

♄ Saturn im Steinbock ♑

Mit dieser Konstellation empfinden wir uns in unserem Leben quasi als Herr im eigenen Haus, obwohl zunächst die generelle Verurteilung der Steinbock-Kraft dazu führen kann, dass wir unseren eigenen Urteilen misstrauen und uns lieber anderen unterstellen. Jedoch werden wir immer wieder mit der Verbundenheit von Urteil und Fehler konfrontiert. Auf diese Weise kommen wir nicht umhin, eine eigene Form der Integrität zu entwickeln, die unabhängig von äußeren Autoritäten und institutionell abgesegneten „Richtigkeiten“ ist. Scheuen wir davor zurück, wird unser Leben sehr eng. Wir haben dann wenig Raum, um erwachsen werden zu können und fühlen uns auf statische Weise kanalisiert. Anstatt uns unseren inneren Nöten zu stellen, haben wir das Gefühl, gehorchen zu *müssen.*

Saturn im Steinbock kann zu einer Selbstgerechtigkeit neigen, die aus dem Mangel an Misserfolgen resultiert. In einem solchen Fall vermeiden wir sorgfältig den klaren Blick auf unsere fremdbestimmte Lebensstruktur, um deren Scheitern nicht diagnostizieren zu müssen. Die Notwendigkeit der Not wird uns dann oft vom Schicksal auf eine harte Weise gelehrt, jedoch können wir gerade in solchen Situationen das Wesen der Unterscheidung erfahren. Jenseits fremder Regeln sind wir zu außergewöhnlicher Klarheit fähig, wenn wir hierzu auch zunächst durch einige Fehler stapfen müssen. Der Zusammenhang von „gut und böse“ befähigt uns jedoch mit der Zeit, das Gute im Schlechten sowie das Schlechte im Guten zu erkennen. Hierdurch werden alle Urteile relativ und steht der Eigenverantwortlichkeit nichts mehr im Wege.

⚷ Chiron im Steinbock ♑

Chiron im Steinbock konfrontiert uns mit der irdischen Verwundbarkeit, und dabei erfahren wir uns sowohl in der aktiven als auch der passiven Rolle. Wir müssen hier unseren kindlichen Glauben aufgeben, dass unsere Mutter (im weitesten Sinne) unsterblich, unverwundbar und unerschöpflich ist, und uns der Tatsache stellen, dass es Kräfte gibt, die gegen die Physis gerichtet sind und sie auch besiegen können. Was uns als dauerhaft und ewig erscheint, ist es nicht, und möglicherweise neigen wir daher auf eine fixierte Weise dazu, uns den menschengemachten sogenannten Ewigkeiten zu verschreiben. Den Schmerz der Inkarnation einzumauern, lässt ihn jedoch nicht verschwinden, zumal wir hier dazu aufgerufen sind, ihn an der Gestaltung der Realität mitwirken zu lassen.

Unsere Erfahrungen sind davon geprägt, dass jeder eigenverantwortliche Akt Narben hinterlässt, die uns nicht selten mit ihrem Phantomschmerz quälen. Es kann für uns heilsam sein, dem Leid eine Gestalt zu geben und somit die Physis durch sich selbst zu heilen. Mit jedem Beharren auf unserer Unverwundbarkeit treiben wir uns jedoch selbst immer mehr in eine isolierende Suche hinein. Bekennen wir uns jedoch zu dem schwärenden Gefühl, „hier nicht hinzugehören", können wir beginnen, konstruktiv an neuen Lebensformen zu arbeiten, die der Verletzlichkeit des Irdischen Rechnung tragen. Die Verantwortung zu scheuen, nur weil sie weh tut, ist ebensowenig eine Lösung wie ihr hinterherzurennen, um Immunität zu demonstrieren. Das Bewusstsein über die eigene Verletzung macht uns jedoch zu einem echten Kind unserer Zeit – und zu ihrem potentiellen Heiler.

⚸ Lilith im Steinbock ♑

Steht der schwarze Mond im Steinbock, so fordert die dunkle Seele ihr Recht auf Aufmerksamkeit ein. Diese Konstellation will das Bild des hellen und sanften Mondes korrigieren, und zwar auf eine ernüchternde Weise. Je süßlicher und romantischer wir dem Weiblich-Mütterlichen oder der Natur gegenüberstehen, umso gnadenloser unterminiert Lilith die Struktur unseres Lebens. Es ist nicht leicht, sich dem verlassenden Aspekt des Weiblichen bzw. der Erde schlechthin zu stellen, jedoch befähigt uns diese Konstellation dadurch auch zu einer kompromisslosen und absoluten Abnabelung in die Eigenverantwortung. Wir sind hier letztlich dazu aufgerufen, uns einer Form der Unabhängigkeit bewusst zu werden, die durch die Bejahung des Todes und die ekstatische Vereinigung mit dem Schatten entsteht.

Mit Lilith im Steinbock gehen Verlassenheitsgefühle einher, die sprachlos grauenvoll und grauenvoll sprachlos sind und trotzdem eine physische Gestalt einfordern. So zwingt uns diese Konstellation, in irgendeiner Weise aus der Gesellschaft auszuscheren und uns wohlwissend jene Räume zu erschließen, die sie niemals tolerieren würde. Hier ist eine künstlerische oder anderweitig symbolische Ebene sehr hilfreich, um das absolute Eintauchen in einem begrenzten Rahmen zu ermöglichen. Wir müssen uns jedoch auf konkrete Verwandlungen und grundlegende Umstrukturierungen unserer selbst gefasst machen und zugleich lernen, die Erde bzw. das Weibliche auch als eine Kraft zu betrachten, die sich uns zumutet. Das kann adeln oder vernichten, fordert jedoch in jedem Fall eine Totalität von uns, die vergessen ist. Stellen wir uns dieser Kraft, haben wir auch an ihr teil und können notwendige und massive Veränderungen initiieren.

Leben mit Saturn

Die Energie des Steinbocks ist eine von Zwölfen und stellt in dem vernetzten System unserer Seele eine unersetzliche Fähigkeit dar. Eine wesentliche Funktion des Steinbock-Archetypus besteht darin, über sich selbst hinauszuführen – etwas, das wir gemeinhin als Leistung erleben. Dass Leistung uns oftmals als so bedrückend erscheint, liegt zum größten Teil daran, dass wir ihre archetypische Qualität nicht verstehen. Somit wirkt sie unbewusst, ohne rechten Platz und vornehmlich als von außen gefordert und für als uneigen empfundene Ziele. Es ist das Anliegen dieses Buches, daran etwas zu ändern und den Zugang zu und das Begreifen der saturnischen Dimension durch ihr Hineinstellen in das Ganze ein wenig zu erleichtern.

Betrachten wir die Erde lediglich als einen Parkplatz vor einer vermeintlich hehreren Existenz, haben wir von dem großartigen Geschenk unseres Lebens nicht viel verstanden. Dann erscheint uns der Tod als Erlöser in der Zukunft und wir arbeiten genau darauf hin. Dass eine solche Haltung unbewusst in uns wirkt, ist heute nicht mehr zu übersehen, und ein bewusster Umgang mit der Kraft Saturns kann das ändern. Saturn kann als ein weiser Berater hier und jetzt an unserer Seite sein, indem er uns angesichts unserer Endlichkeit Mut zu uns selbst macht und uns aufrichtige und verantwortliche Entscheidungen fällen lässt. Solche Entscheidungen implizieren Anstrengung und Konsequenzen, die über uns selbst hinausreichen und nie vollständig absehbar sind. Damit stellen wir uns verantwortlich mit unserer Natur als Teil eines größeren Ganzen in das Leben an sich.

Die aufscheinende Wassermann-Zeit braucht Menschen, die genau diesen Mut zu sich selbst besitzen, denn es steht nicht nur Uranus auf dem menschlichen Lehrplan, sondern auch Pluto – von den Objekten der Asteroidengürtel und anderen „special bodies“ mal ganz abgesehen. Saturn kann verhindern, dass wir ein zwar schriller, aber verantwortungsloser Massenmensch werden, denn er verhilft uns zu dem inneren Rückgrat, welches uns ermöglicht, zu einem Individuum mit einem eigenen Weg und einem Leben als Ausdruck unseres Selbst heranzuwachsen. Die bindenden und fixierenden Kräfte von Uranus und Pluto sollten nicht unterschätzt werden, und genau hier kann Saturn mit seiner Kraft, zu unterscheiden und zusammenzuhalten, eine segensreiche Wirkung entfalten.

Dass so viele Hierarchien und Strukturen zerbrechen, ist zugleich eine Aufforderung an jeden einzelnen Menschen, in sich selbst eine zuverlässige Autorität aufzubauen, denn sonst haben wir gerade aus dem 20. Jahrhundert mit seinen umwälzenden Neuerungen und schonungslosen Offenbarungen dessen, wozu Menschen fähig sind, wenig gelernt. Die vielen überlebensgroßen Schatten einschließlich ihrer oft martialischen Bekämpfung haben uns die harte und schmerzhafte Lehre erteilt, dass Bewusstsein und irdische Realität eins sind. Wie schwierig eine solche Erkenntnis in das persönliche sowie kollektive Selbstbild zu integrieren ist, ist an der Geschwindigkeit erkennbar, mit der angesichts der Auflösungserscheinungen überlebter Strukturen global auf alte bis reaktionäre Muster zurückgegriffen wird.

Es ist einleuchtend, dass die bewusste Auseinandersetzung mit dem Element Erde umso dringlicher für uns wird, je intensiver das zehnte Prinzip in unserem Horoskop zur Wirkung kommt. Zunächst empfinden wir starke Saturn/Steinbock-Betonungen daher meist als belastend und bedrückend, was uns jedoch dann wiederum den Weg der Bewusstwerdung beschreiten lassen kann. Dringlich ist dieser Weg aber im Grunde für jeden Menschen, wenn er mit sich und der Welt Frieden schließen und ein Dasein führen will, das ihm und anderen die Würde lässt.

In dem meisten Fällen persönlicher Krisen drängt Saturn auf seine Aneignung, denn hierdurch erlösen wir diese wertvolle Kraft unserer Seele aus dem Verlies der Fremdbestimmung. In diesem Verlies ist Saturn losgelöst aus dem lebendigen Ganzen und kann nur materialistisch und externalisiert wirken. Dann vermittelt er uns schmerzhaft, wie einengend sich eine Sichtweise, welche die Physis vom anderen trennt, anfühlt. Dürfen dagegen Licht, Wasser und Wärme mit Saturn verweben, erkennen wir die Beschneidung unserer Lebensrechte, horchen auf unsere Gefühle und orientieren uns an dem, was unsere Lebensgeister mitnimmt. So entsteht in unserer Seele eine widerstandsfähige Kraft, die uns im Hier und Jetzt, das heißt: *in dem Leben, das wir haben und an dem Ort, wo wir gerade sind*, ein vollständiges und wahrhaft schöpferisches Leben führen lässt. Natürlich ist das mitunter mühsam und erfordert Leistungskraft, wir leben auf diese Weise jedoch *mit* Saturn und nicht gegen ihn, was nicht anderes bedeutet, als dass die Erde uns entgegenkommt, wenn wir wir selbst sind. Wir ernten, was wir säen.

Zu einem großen Teil macht uns jedoch unser weltanschauliches Erbe den Umgang mit Saturn schwer. Es ist nicht mehr zu übersehen: Der bestehende allgemeine Wandel der Weltanschauung(en) erfordert generell die persönliche Integration Saturns, unabhängig von individuellen Betonungen im Horoskop. Bei diesen Bestrebungen wirken sich in unserer Seele jedoch sowohl institutionell-religiöse Erbschaften mit ihrer Körperfeindlichkeit, ihrer Spaltung und Verachtung des Weiblichen und ihrer Erdflüchtigkeit, als auch die Erbschaft des naturwissenschaftlichen Denkens mit ihrer Entseelung des Seins oftmals als verheerend aus. Die institutionalisierte Wissenschaftlichkeit erweist sich hierbei leider oft genug als das größere Problem, indem sie die Erde und das materielle Prinzip zwar studiert, ihm aber Intelligenz, Empfindsamkeit und Kommunikationsfähigkeit abspricht, was wiederum zu Kopfgeburten führt, die mitunter katastrophale Folgen haben. So lange intuitives, subjektives oder „Nacht-Wissen“ als irrelevant und „nur“ Phantasterei angesehen wird, bleibt die Wassermann-Qualität sozusagen einbeinig und einfallslos.

Wir sind fast alle mit der einen oder anderen Form dieser geistig-seelischen Beschränkung aufgewachsen und halten zu oft den Lehm nur für lebendig und wertig, wenn ihm von einem männlichen Gott eine menschliche Seele eingehaucht wird. Das bedeutet zugleich, dass wir seelenlose, tote Materie für möglich halten. Mit dieser Sichtweise wird die Materie der willkürlichen Formung und der Gewalt zugänglich gemacht, und auch wir gestalten unser konkretes Leben oftmals mit der Willkür allmachtsgläubiger Wissenschaftler, ohne auf die Idee zu kommen, dass der geistige Impuls *die Materie selbst ist* und stärker als unser Wille. Ohne auf die Idee zu kommen, dass wir die Schöpfung vergewaltigen, die wir selbst sind.

Es ist daher heilsam und im Sinne Saturns, in allem eine Geist-Seele *vorauszusetzen*. Das aber macht uns „aufgeklärten“ Menschen Angst, denn es rückt uns in die Nähe des magischen Weltbildes der Mutterreligionen und beschneidet unser selbstverliehenes Zugriffsrecht als sogenannte Krone der Schöpfung erheblich. Vielleicht ist aber die Unbewusstheit, welche wir dem nichtmenschlichen Dasein generell gern attestieren, lediglich eine Projektion unserer eigenen Blindheit, um nicht zu sagen: Dummheit. Vielleicht sind alle anderen Erscheinungen auf diesem Planeten intelligenter als wir, und die Eleganz, mit der sich alles in die Bedingungen der Schöpfung fügt und uns die Fähigkeit zum Leben im System demonstriert, lässt einiges dafürsprechen. Könnten wir das ebenfalls und endlich bewusst *hinzutreten*, wäre vielleicht allerorten ein großes Aufatmen zu vernehmen....

Wir sind nur eine von vielen Lebensformen dieser Welt und beziehen wie alle Geschöpfe unsere Lebenskraft aus einem Ganzen, dessen Größe uns nicht vorstellbar ist. Saturn vermittelt uns, dass wir unterschieden und verbunden sind und dass die Erde und ihre Äußerungen immer auch auf uns re-agieren – dass also immer schon ein Dialog im Gange war, der uns nur allmählich (wieder) bewusst wird. Wir gehören dazu, so wie wir sind. Zu diesem Bewusstsein geht ein jeder Mensch seinen eigenen Weg, und Saturn ist sein unermüdlicher Begleiter. Er verlässt uns nicht, sondern viel öfter verlassen wir ihn – in dem Glauben, von toten Steinen umgeben zu sein, die wir behauen können, wie wir wollen. Warum machen wir uns solcherart zu Feinden des Seins?

Saturn verlangt von uns nicht die Auflösung unseres Ichs, aber den bewussten Umgang mit dessen Größenwahn. So entbindet er uns auch erst dann wahrhaftig in uranische Gefilde, wenn wir fähig sind, im System zu leben, und gelernt haben, die ungeheure Kraft, die in uns wohnt, nicht zu missbrauchen. Hierdurch wird das Individuum selbst eine Brücke zwischen Ich und Gesellschaft und muss zulassen können, dass die Qualität der Zeit direkt in sein persönliches Leben eingreift und sich seiner bedient.

Vorauszusetzen, in einer beseelten Welt zu leben, verbindet uns aber auch mit unserer eigenen, kindlichen Seele, mit unserem Dasein als ein Geschöpf der Erde, die uns geboren hat und am Ende unserer Zeit wieder aufnehmen wird. Ohne diese innere Haltung können wir Saturn nicht wirklich begreifen, denn ohne sie haben wir nichts in unserer Seele, das uns für die Zeit unseres Lebens zu uns selbst beauftragt und uns am Ende unseres Lebens reicher erwartet. So wie Mutter Erde uns unser Leben geschenkt hat, so schenken wir ihr unseres im Moment des Todes. Dazu müssen wir es aber gelebt haben, müssen angenommen haben, was die Erde uns geschenkt hat. Schenkt sie uns auch den Auftrag, erwachsen zu werden, so bleiben wir doch zugleich ein Kind der Schöpfung.

Für dieses Kind in uns ist Saturn ein weiser und geduldiger Engel, der unerschütterlich weiß, was richtig für uns ist. Dieser Engel führt uns mit sicherer Hand und kennt uns und die Erde wie kein anderer. Er beschützt uns, leuchtet uns im Dunklen und lässt uns nie im Stich. Selbst wenn er uns über sich hinausführt, tut er es nie vor der Zeit.

Auf jedem Weg gibt es immer wieder Momente, in denen wir eine Schwelle übertreten müssen und unserer Schwellenangst begegnen. Die saturnische Qualität ist eine Tatsache in unserem Leben, ebenso wie unsere Scheu vor Übertritten. Die heilige Scheu ist eine sinnvolle Einrichtung unserer Seele. Sie lässt uns in großen Momenten innehalten und der Zeit nachspüren und verhilft uns zu einem rhythmisch integrierten Verhalten.

In saturnischen Phasen verdichtet sich unser Leben. Unser Schwung, unsere Eile oder unser Vorwärtsstreben stoßen auf einen beinharten Widerstand, vor dem alle Energie massiv und unerbittlich komprimiert wird. Wir geraten dadurch in einen Zustand, der in unserer Kultur wenig Anerkennung findet, denn für eine Weile begleiten uns in solchen Phasen Erfahrungen von Ergebnislosigkeit, Passivität bis zur Erstarrung, Ablehnung oder Scheitern. Diese Etiketten bewerten jedoch bereits eine Qualität, die nichts weiter will, als dass wir die Schwelle wahrnehmen und vor ihr eine angemessene Weile innehalten. Hier bewähren sich Fähigkeiten wie Durchhaltevermögen und Demut, die zwar nicht sonderlich populär sind, aber im wahrsten Wortsinne notwendig. Unsere Seele bedarf dieser Situationen, um zu wachsen, zu reifen und die Zeit wirken zu lassen. Enthalten wir sie ihr vor, verkümmert sie in einer überlangen Kindheit.

Saturn zu integrieren bedeutet zunächst, Saturn zu akzeptieren – denn mehr können wir erst einmal nicht tun. Später folgen dann vielleicht Respekt, Achtung und Liebe, ein ehrfürchtiges Annähern an eine Lebensfacette, die zu fürchten uns gelehrt wurde. Saturnische Schwellen begegnen uns auf allen Wegen, auf den großen und auch auf den kleinen. Und es ist einleuchtend, dass die großen Schwellen uns weniger Angst machen, wenn wir gelernt haben, die kleinen zu bestehen. Die kleinen Tode auf unserem Lebensweg sind paradoxerweise immer jene Türen, die uns zu einem innerlich reichen und erfüllten Leben führen.

Es kommt jedoch wie immer auf unsere Perspektive an, auf welche Weise ein Weg uns erscheint. Nicht immer ist Saturn in unserem Leben dominant, nicht immer stehen wir vor Übergängen, die unsere Integrität und Verantwortungsbereitschaft herausfordern. Und doch ist die Qualität des Steinbocks die unser gesamtes Erdendasein grundsätzlich bestimmende Energie. Somit liegt der Gedanke nahe, unsere Perspektive erheblich auszuweiten und unser Erdendasein selbst als eine Schwelle zu sehen, als ein Innehalten unserer Seele auf ihrem großen Weg. Hier auf der Erde verdichtet sie sich, scheidet das Wesentliche vom Überflüssigen und bereitet sich auf einen Übergang vor, den sie ohne ihre Komprimierung nicht bestehen kann.

Dieser Gedanke denkt nur konsequent weiter, was uns Saturn auf unseren kleinen und großen Wegen lehrt. Dieser Gedanke kann und muss nicht bewiesen werden, doch wenn wir ihn annehmen, hat er Konsequenzen, die für die Menschen an der Schwelle zu einer neuen Zeit sehr heilsam sein können. Er bringt uns die heilige Scheu vor dem Leben zurück.

Exkurs: Zum Sprachgebrauch

Es dient nicht unbedingt der besseren Lesbarkeit und dem besseren Verständnis, in komplexen Texten stets von „Frauen und Männern", „er oder sie", „Leserinnen und Lesern" oder „KlientInnen, Klient*innen oder Klient_Innen" etc. zu sprechen, auch wenn es wohl als „politisch korrekt" gilt. Somit stand ich als AutorIN vor dem Problem, eine Lösung zu finden, die nicht ständig einen Knoten in mein Gehirn macht und überlange Sätze produziert, ohne mich jedoch des möglichen Vorwurfs auszusetzen, den Errungenschaften des Feminismus durch eine gedankenlose Verwendung der Sprache in den Rücken zu fallen.

Seit dem ersten Erscheinen des vorliegenden Buches Ende des letzten Jahrtausends hat sich das Gender-Sprach-Thema zu einem politisch und medial befeuerten Minenfeld entwickelt. So sehr ich die kreative Herausforderung und die entstandene öffentliche Thematisierung von Ungerechtigkeiten begrüße, so sehr verschlucke ich mich an den dadurch entstandenen, teils absurden Sprachmonstern (wie z.B. MitgliederInnen), welche einen erheblichen Schatten generieren: Die unter dem Mikroskop sezierte und bewertete Sprache schafft Spaltung statt Austausch; Menschen *verstummen* in Selbstzensur, um nicht versehentlich auf eine ihnen unbekannte Mine zu treten und sich damit im Zentrum eines Sprachkriegs wiederzufinden. Der menschlichen Seele tut die Zensur der Sprache mehr Gewalt an, als es die Vernachlässigung gender-konformer Sprachregelungen je könnte. Die Unterdrückung der *lebendigen Evolution der Sprache mit den Umständen* nimmt ihr die Schönheit und uns die Ausdrucksmittel und den Disput.

Wie das Leben verändert sich auch die Sprache, immer.

Das ist ihre Natur.

Wenn jedoch von konkreten Missständen, deren Geringschätzung und entsprechendem Nicht-Tun abgelenkt werden soll, wird gern ein Nebenschauplatz aufgemacht und sich darin verirrt: die Form. Man arbeitet sich sodann verkopft an der Sprache als Form ab und glaubt, sich damit dem Vorwurf der Untätigkeit im realen Leben entziehen zu können. Das ist nicht besonders klug, aber leider auch nicht unüblich. Konkret verändert sich dadurch jedoch nichts, außer dass der „Druck im Kessel" steigt. Die vernachlässigte Seite der Welt ist in der Gesellschaft trotz aller Sprachkosmetik weder als ebenbürtig angekommen noch überhaupt wirklich erkannt. Die „dreizehnte Fee" mit all ihrer vermeintlich dunklen Gefolgschaft hat immer noch keinen respektierten Platz am Tisch der Gegenwart.

Ähnlich fragwürdig wie das Erstellen von Nebenschauplätzen sind Anmerkungen, dass XYZ „mitgemeint" sind. Solch hilflose Formulierungen wären heutzutage von nahezu erheiternder Ignoranz, wenn es nicht so traurig wäre. Auch wenn viele Regierungen das anders sehen: Einem Individuum wird von niemandem außer ihm selbst erlaubt, sich von welcher Formulierung auch immer gemeint zu fühlen oder auch nicht und entsprechend zu denken, zu sprechen, zu handeln – oder auch nicht. Das ist eine Leistung des *eigenen Bewusstseins*, mitunter etwas anstrengend, aber lohnend. Es macht den Kopf wieder frei für die Wahrnehmung der Inhalte, die wir leben wollen. Vor allem für die Ungenannten.

Es liegt wohl auch am Thema dieses Buches, dass das Sprachproblem für dessen *Inhalt* wesentlich und unwesentlich zugleich ist. Die Verwendung der Sprache ist jedoch nur so lange ein Problem, wie unser Bewusstsein männlich-übergewichtig ist und nicht – ganz im Sinne Saturns – die Pole als unterschieden und verbunden erkennt. Die Sprache selbst als ein in der Zeit gewachsenes Instrument ist da weiser, und verfolgen wir die Entstehung bestimmter, den Menschen an sich betreffender Worte zurück, wird immer weniger unterschieden und tritt immer mehr das Grundlegende ans Licht. Dies ist ein wesentlicher Grund, warum ich mich nach einigem Ringen zu dem freimütigen Gebrauch der Sprache entschieden habe und die Verwendung des Maskulinums wahrscheinlich häufiger vorkommt (ich habe es nicht ausgezählt...).

Ich möchte jedoch an dieser Stelle die Leserinnen und Leser und Leser*_Innen (?) auf einige sprachliche Verbundenheiten aufmerksam machen[42]. Dass bestimmte Worte miteinander verbunden sind, mag teilweise auch meine subjektive Einschätzung und das Ergebnis meines

42 Alle Sprachableitungen sind entnommen aus: Duden Band 7, Etymologie der deutschen Sprache, 1963.

analogen und klangorientierten Sprachumgangs sein, so dass letztlich jeder Mensch und jede Menschin einen eigenen Weg finden muss, mit seiner oder ihrer Sprache und dem dahinterstehenden Bewusstsein umzugehen. An dem, was mir aufgefallen ist, möchte ich Sie jedoch teilhaben lassen, denn es machte die Notwendigkeit einer sprachlichen Lösung des Geschlechterthemas für mich nicht mehr so notwendig.

Das Wort Mensch ist als Substantiv eine Ableitung eines gemeingermanischen Adjektivs, das es in den Formen *mennisc*, *människ* und *mennskr* im Sinne von „menschlich, männlich" gab bzw. gibt. Dieses Adjektiv wiederum leitet sich aus Verbindungen ab, die hinter unserem heutigen Wort Mann stehen. Das Wort Mann hat mit anderen indogermanischen Sprachen die Wurzel *manu- oder **monu-* im Sinne von *Mensch, Mann* gemeinsam. Laut Duden ist nicht sicher zu klären, welche Vorstellungen dieser Benennung des Menschen zugrunde liegen. Man hält es hier jedoch für möglich, dass es sich um eine Bildung zu einer indogermanischen Verbalwurzel handelt, der auch unser heutiges Wort *mahnen* entstammt. Diese indogermanische Verbalwurzel ist *men* und bedeutet *überlegen, denken*, und danach wäre der Mensch als ein *Denkender* benannt worden.

Die Silbe *men* findet sich im Wort *Mensch*, aber auch in dessen oben angeführten, älteren Wortformen wie *mennisc* (ahd., aengl.) oder *mennskr* (aisl.). Im Dänischen heißt *Mensch* noch heute *menneske*. Die Assoziation zu dem in der Anatomie gebräuchlichen Wort *Meniskus* liegt mehr als nahe, obwohl ein etymologischer Zusammenhang im Duden nicht direkt erwähnt wird.

Das Wort *Meniskus* ist dem griechischen *menískos* entlehnt, welches *Möndchen, mondförmiger Körper* bedeutet und eine Verkleinerungsbildung zu gr. *méne* – Mond ist. Das deutsche Wort *Mond* sowie gemeingermanische Bezeichnungen für den Erdtrabanten – mhd. *man*, ahd. *mano*, got. *mena*, engl. *moon*, schwed. *mane* – gehen auf das indogermanische Wort *menot – Mond, Mondwechsel, Monat* zurück, und auch hier ist die Nähe zu **manu, *monu – Mensch, Mann* (s.o.) nicht zu übersehen.

Aus der griechischen Bezeichnung *men – Monat, Mondsichel* bildeten sich Worte wie *Menses, menstruieren, Semester* und dergleichen. Was oben mögliche Stammwurzel für die Bezeichnung *Mensch, Mann* ist,

ist hier definierte Stammwurzel für ein ausgesprochen weibliches Thema, sei es nun die Menstruation oder der Mond. Das bereits genannte indogermanische Wort *menot* für *Mond* geht laut Duden vermutlich auf die indogermanische Verbalwurzel **me – wandern, abschreiten, abstecken, messen* zurück und bedeutet eigentlich *Wanderer*. Und dies ist keine unpassende Bezeichnung für alle in Raum und Zeit Geborenen.

Abgesehen davon, dass ME als eine Ursilbe gilt, finden wir diese Bezeichnung im Inanna-Mythos wieder: Inanna empfängt die über hundert heiligen ME und füllt damit ihr Mondboot. Die ME sind hier die Gaben und Fähigkeiten des geistigen, religiösen und kulturellen Lebens, welche der Gott Enki (eine Saturn-Entsprechung) verwaltet[43]. An dem sumerischen Mythos fällt auf, dass Inanna die heiligen ME von einem männlichen Gott empfängt, um ihr Mondboot zu füllen. Wir finden den Zusammenhang von Mond und Mann, den die Sprache nahelegt, hier also ebenso wieder wie in den zahlreichen männlichen Mondgöttern verschiedener Kulturen.

Die Verbindung des Weiblichen zum Mond liegt im offensichtlichen Zusammenhang des weiblichen Körpers mit dem Mondzyklus. Die Verbindung des Männlichen zum Mond leitet sich aus dem fruchtbringenden Sperma ab. Der Mond herrscht seit jeher über die Gezeiten, Gewässer und Säfte. So wie die Erde des Regens bedarf, um Frucht hervorzubringen, so bedarf der Regen auch etwas, das er durchdringen kann, um fruchtbar zu sein. Es mag altmodisch klingen, aber ebenso verhält es sich im Grunde mit den Geschlechtern und mit den beiden Seiten in uns selbst. Wir sind alle von Männern gezeugt, von Frauen geboren und nur miteinander fruchtbar. Die kleine Silbe ME im Wort Mensch ist eine Erinnerung daran, dass wir nicht trennen können, was zusammengehört, und mit dem einen immer auch zugleich das andere meinen.

Dies im Gedächtnis, habe ich mir neuerlich erlaubt, auf sprachliche Verrenkungen zu verzichten.

43 Vgl. Elisabeth Hämmerling: Mondgöttin Inanna. Ein weiblicher Weg zur Ganzheit.

Bibliografie

Bibel, Einheitsübersetzung

Bischof, Marco: Biophotonen. Das Licht in unseren Zellen. Zweitausendeins Verlag 1996

Bly, Robert: Die kindliche Gesellschaft. Über die Weigerung, erwachsen zu werden. Kindler Verlag 1997

Bruckner, Pascal: Ich leide, also bin ich. Die Krankheit der Moderne. Eine Streitschrift. Beltz Quadriga 1996

Duden Band 7, Das Herkunftswörterbuch. Eine Etymologie der deutschen Sprache. Dudenverlag 1963

Edinger, Edward F.: Der Weg der Seele. Der psychotherapeutische Prozeß im Spiegel der Alchemie. Kösel Verlag 1990

Forrester, Viviane: Der Terror der Ökonomie. Paul Zsolnay Verlag, 1997

Hämmerling, Elisabeth: Mondgöttin Inanna. Ein weiblicher Weg zur Ganzheit. Kreuz Verlag 1990

Hillman, James: Charakter und Bestimmung (Orig.: The Soul's Code). Eine Entdeckungsreise zum individuellen Sinn des Lebens. Goldmann/Arkana Verlag 1998. Sowie: Re-Visioning Psychology, Harper Collins Publishers 1976

Hurwitz, Sigmund: Lilith, die erste Eva. Eine Studie über die dunklen Aspekte des Weiblichen. Daimon Verlag 1993

Lexikon der antiken Mythen und Gestalten. dtv 1989

Lexikon der Symbole. Mythen, Symbole und Zeichen in Kultur, Religion, Kunst und Alltag. Heyne TB 1992

Lurker, Manfred: Wörterbuch der Symbolik. Kröner Verlag 1991

Meier-Seethaler, Carola: Von der göttlichen Löwin zum Wahrzeichen männlicher Macht. Ursprung und Wandel großer Symbole. Kreuz Verlag 1993

Meier-Seethaler, Carola: Ursprünge und Befreiungen. Die sexistischen Wurzeln der Kultur. Fischer Taschenbuch 1992

Moser, Tilman: Gottesvergiftung. Suhrkamp Taschenbuch 1980

Pinkola-Estés, Clarissa: Die Wolfsfrau. Die Kraft der weiblichen Urinstinkte. Heyne Taschenbuch 1996

Reinhart, Melanie: Chiron - Heiler und Botschafter des Kosmos. Astrodata 1993

Stein, Zane B.: Chiron. Chiron Verlag 1988

Strauß, Ursula: Das sechste Haus. Beruf und Arbeit aus astrologischer Sicht. Überarbeitete Neuausgabe, Books on Demand 2013

Tarnas, Richard: Uranus und Prometheus. Astrodienst Verlag 1996

Tarnas, Richard: Idee und Leidenschaft. Die Wege des westlichen Denkens. Zweitausendeins Verlag, Frankfurt 1998

Voss, Jutta: Das Schwarzmond-Tabu. Die kulturelle Bedeutung des weiblichen Zyklus. Kreuz Verlag 1988

Wolf, Christa: Kassandra. dtv 1996

Wolf, Christa: Medea. Stimmen. Luchterhand 1996

Über die Autorin:

Ursula Strauß, Jahrgang 1958, befasst sich seit Mitte der 1980er Jahre mit der Astrologie. Ihr Schwerpunkt liegt auf der geistig-seelischen Entwicklung des Menschen und seinem schöpferischen Umgang mit konkreten Lebenssituationen. Astrologie ist für sie ein Königsweg, um die innere Spaltung zwischen „Himmel und Erde" aufzuheben und sich der Teilhabe am Ganzen bewusst zu werden. Ursula Strauß ist auch als Musikerin, Malerin und Übersetzerin aktiv. Sie ist verheiratet und lebt mit ihrem Mann in Gelsenkirchen im Ruhrgebiet.

Weitere Informationen unter www.capricornia.name
Kontakt: us@capricornia.name

Ursula Strauß:
Das sechste Haus
Beruf und Arbeit aus astrologischer Sicht
Überarbeitete Neuauflage
Books on Demand, 2013
ISBN 978-3-7322-8322-4

Ausgehend von der Frage, was „Arbeit" wirklich bedeutet und welchen Sinn die alltäglichen Begebenheiten und die Routine unseres Lebens für uns haben können, beleuchtet Ursula Strauß die Erfahrungen und Erlebnisse in Beruf und Alltag aus astrologisch-psychologischer Perspektive. Mit Sachkenntnis und Gespür für die Hintergründe bindet sie das sechste Haus in die Gesamtheit des Tierkreises ein und führt die Leser Kapitel um Kapitel zur wahren Qualität dieses Lebensbereiches. Dabei wird deutlich, dass das sechste Haus nicht nur für berufliche Themen steht, sondern auch ein Schlüsselfeld für Gesundheit, persönliches Wachstum, Beziehungsfähigkeit und das Bestehen von Herausforderungen ist und wie kein anderes astrologisches Haus über sich hinausweist. Den Lesern wird deutlich, wie Beruf und Alltag den Weg zu einer gelebten inneren Ganzheit ebnen können.
Ein inspirierender Leitfaden für den selbstbestimmten und heilsamen Umgang mit Alltag, Arbeit und Beruf in einer neuen Zeit.

CPSIA information can be obtained
at www.ICGtesting.com
Printed in the USA
LVHW090522221220
674784LV00005B/126